"十二五"职业教育国家规划教材

经全国职业教育教材审定委员会审定

财政部规划中等职业学校财经商贸类教材

商品管理

曹汝英　主编

中国财政经济出版社

图书在版编目（CIP）数据

商品管理／曹汝英主编．—北京：中国财政经济出版社，2015.5
“十二五”职业教育国家规划教材　财政部规划中等职业学校财经商贸类教材
ISBN 978－7－5095－5419－7

Ⅰ.①商…　Ⅱ.①曹…　Ⅲ.①商品管理－中等专业学校－教材　Ⅳ.①F760.4

中国版本图书馆 CIP 数据核字（2014）第 103343 号

责任编辑：樊　闽　　　　责任校对：张　凡
封面设计：汪俊宇　　　　版式设计：董生平

内容提要

本书在编写中力求体现教育部职成司“关于全面推进素质教育深化中等职业教育教学改革的意见”的精神，教材的体例结构按照中职国家规划教材的编写要求，依据市场营销专业标准，按项目分类，以任务分层。

本书内容的编排强调了商品管理知识的认知、理论的应用与能力的训练相结合。教材的主要内容有商品的质量与属性、标准与检验、分类与代码等商品管理的知识，商品采购与供应商、商品出入库、包装与储运、盘点与保管等商品管理的理论，商品的属性及有关商品养护和保管等商品管理的技能。

本书能够适应在门店运营过程中，从事市场推广、商品销售、客户服务等工作岗位对商品管理知识、理论和技能的需要。适合中职市场营销等财经商贸类专业的学生使用，参考学时为 72 学时左右。

中国财政经济出版社 出版

URL：http：//www.cfeph.cn

E－mail：cfeph@cfeph.cn

社址：北京市海淀区阜成路甲 28 号　邮政编码：100142

营销中心电话：010－88191537　北京财经书店电话：64033436　84041336

北京富生印刷厂印刷　各地新华书店经销

787×1092 毫米　16 开　12.25 印张　287 000 字

2015 年 5 月第 1 版　2021 年 3 月北京第 4 次印刷

定价：29.00 元

ISBN 978－7－5095－5419－7/F·4384

（图书出现印装问题，本社负责调换）

本社质量投诉电话：010－88190744

打击盗版举报热线：010－88191661　QQ：2242791300

编写说明

本书是“十二五”职业教育国家规划教材、财政部规划教材，经全国职业教育教材审定委员会审定，作为全国中等职业学校财经商贸类专业教材使用。

为全面贯彻落实《国家中长期教育改革和发展规划纲要（2010—2020年）》和《中等职业教育改革创新行动计划（2010—2012年）》，我们编写了中等职业教育国家规划教材，以满足中等职业学校财经类专业教学的新需要。

“商品管理”是中等职业学校市场营销专业学生必修的专业核心课程。本教材在编写中力求体现教育部职成司“关于全面推进素质教育深化中等职业教育教学改革的意见”的精神，注重培养学生必需的专业知识和比较熟练的职业技能，培养学生具有继续学习的能力和适应职业变化的能力以及培养学生的创新精神和实践能力、立业创业能力，使之成为流通领域第一线工作的高素质的劳动者和中初级专门人才。具体表现在：

本教材的体例结构体现了职业教育的特点。教材按照中职国家规划教材编写要求，依据市场营销专业标准，按项目分类，以任务分层。全书共设计了11个项目，每个项目又分为2～5项任务。每个项目都以“案例导入”开始，以“习题与训练”结束；每项“任务”都设计了“背景”、“学习目标”和“基础知识与技术”等模块。

本教材在内容上充分体现了市场营销专业标准的培养目标、职业范围和人才规格的要求，教材内容的编排强调了商品管理知识的认知、理论的应用与能力的训练相结合。教材的主要内容有商品的质量与属性、标准与检验、分类与代码等商品管理的知识，商品采购与供应商、商品出入库、包装与储运、盘点与保管等商品管理的理论，商品的属性及有关商品养护和保管等商品管理的技能。本教材能够适应在门店运营过程中，从事市场推广、商品销售、客户服务、物流管理等工作岗位对商品管理知识、理论和技能的需要。

本教材编写人员有中职和高职学校的教师，有来自企业的业界高管，还有科研院所的科技人员。由曹汝英（山东商业职业技术学院教授）任主编，负责项目三、四、十一的编写，由许亚娟（山东银座商城股份有限公司高新区总经理）负责项目一的编写，奚源（山东银座商城股份有限公司珠宝公司总经理）负责项目二的编写，李珊（山东省济南市历城区农业质量检测检验中心技术员）负责项目五的编写，孙晓君（山东大学国家糖工程技术中心博士生）负责项目六的编写，梁筱（山东商业职业技术学院教师）负责项目七的编写，杨建文（中共文登市委党校教师）负责项目八的编写，朱新枝（郑州工业贸易学校讲师）负责项目九、十的编写。

本教材适合中职市场营销、商品经营、物流等商贸类专业的学生使用，参考学时为72学时左右。

课时分配表

序号	内容	学时	
项目一 商品与商品分类	任务一 商品认知	2	8
	任务二 商品分类	2	
	任务三 选择商品分类标志	2	
	任务四 编制商品目录	2	
项目二 商品代码与商品编码	任务一 商品代码认知	1	8
	任务二 编织商品分类代码	2	
	任务三 编制商品标识代码	2	
	任务四 识别商品条码	2	
	任务五 店内码、图书代码和期刊代码认知	1	
项目三 商品质量管理	任务一 商品质量认知	2	8
	任务二 商品质量要求	4	
	任务三 商品质量因素	2	
项目四 商品的属性认知	任务一 商品的基本属性认知	2	18
	任务二 食品商品的属性认知	6	
	任务三 纺织服装商品属性认知	4	
	任务四 日用工业品商品属性认知	6	
项目五 商品标准与认证认可	任务一 标准与商品标准认知	1	4
	任务二 我国商品标准的分类和分级	1	
	任务三 认可与认证的认知	1	
	任务四 认证认可机构及标志识别	1	
项目六 商品检验与质量监督	任务一 商品检验与质量监督认知	2	4
	任务二 商品质量检验	2	
项目七 商品包装与装潢	任务一 商品包装认知	1	4
	任务二 识别商品包装标志	1	
	任务三 商品包装装潢认知	1	
	任务四 商品商标认知	1	
项目八 商品的采购与供应商管理	任务一 商品的采购认知	1	4
	任务二 商品的采购业务	1	
	任务三 供应商的管理	2	
项目九 商品出入库作业管理	任务一 商品入库作业管理	2	4
	任务二 商品出库作业管理	2	
项目十 商品盘点与库存管理	任务一 商品的盘点管理	2	6
	任务二 商品的库存管理	4	
项目十一 商品养护管理	任务一 商品质量变化及其因素认知	2	4
	任务二 储存期间商品的养护管理	1	
	任务三 运输过程中商品的安全管理	1	
合计			72

本书为用书学校任课老师提供了课后练习的答案和电子课件，如有需要，请登录中国财经教育网（cjjc. cfeph. cn 或 www. zgcjjy. com）下载。

由于编者学识、水平及经验有限，书中不妥之处，敬请读者批评指正。

编　者

2015 年 3 月

目 录

项目一
商品与商品分类 1
任务一 商品认知 1
任务二 商品分类 3
任务三 选择商品分类标志 5
任务四 编制商品目录 8
项目二
商品代码与商品编码 15
任务一 商品代码认知 16
任务二 编织商品分类代码 18
任务三 编制商品标识代码 21
任务四 识别商品条码 26
任务五 店内码、图书代码和期刊代码认知 32
项目三
商品质量管理 40
任务一 商品质量认知 40

任务二 商品质量要求 42
任务三 商品质量因素 47

项目四 商品的属性认知 52

任务一 商品的基本属性认知 53
任务二 食品商品属性认知 57
任务三 纺织服装商品属性认知 65
任务四 日用工业品商品属性认知 73

项目五 商品标准与认证认可 80

任务一 标准与商品标准的认知 80
任务二 我国商品标准的分类和分级 82
任务三 认可与认证的认知 89
任务四 认证认可机构及标志识别 90

项目六 商品检验与质量监督 100

任务一 商品检验与质量监督认知 100
任务二 商品质量检验 103

项目七
商品包装与装潢 113
任务一 商品包装认知 113
任务二 识别商品包装标志 116
任务三 商品包装装潢认知 122
任务四 商品商标认知 125

项目八
商品的采购与供应商管理 129
任务一 商品的采购认知 129
任务二 商品的采购业务 133
任务三 供应商的管理 136

项目九
商品出入库作业管理 142
任务一 商品入库作业管理 143
任务二 商品出库作业管理 147

项目十
商品盘点与库存管理 154
任务一 商品的盘点管理 155
任务二 商品的库存管理 162

项目十一 商品养护管理 168
任务一 储运商品质量变化及其因素认知 168
任务二 储存期间商品的养护管理 177
任务三 运输过程中商品的安全管理 180
主要参考文献 185

项目一
1 商品与商品分类

案例导入

一种产品生产出来，其基本理由就是有需求。人们购物是因为这些物品对他们有用。比如，像保温杯、保温瓶这样的生活用品不断生产出来，是因为人们需要它们。只要保温杯、保温瓶具有保温的效果，使用者便会感到满意，并在众多可选择的物品中选择适合其具体需要的那种……

问题与思考：

1. 什么是商品？
2. 什么是商品分类？如何进行科学的商品分类？

任务一 商品认知

背景

面包能填饱肚子，衣服能保暖。如果生产出的面包，用于自己填饱肚子；而生产出的衣服，不是用来自己穿着保暖，而是卖给别人，获得一定的报酬。

请问：“背景”材料中的面包和衣服同样都是商品吗？

学习目标

理解商品的概念。

2 商品管理

基础知识与技术

一、商品的概念

商品是人类社会生产力发展到一定历史阶段的产物，是用于交换的劳动产品。商品具有使用价值和价值两个因素。

商品价值是指凝结在商品中的一般的人类劳动（包括体力劳动和脑力劳动）。一切商品都是劳动产品，都包含一定的人类劳动。如果把劳动的具体形态撇开，一切商品都包含一般的无差别的人类劳动即抽象劳动。价值是商品的内在因素，是交换价值的基础，交换价值是价值的表现形式。人们之间相互交换商品体现着相互交换劳动的经济关系。价值体现着商品生产者之间相互交换劳动的关系，因此价值是商品社会属性的体现。

商品的使用价值是指它能满足人们某种需要的属性。商品的使用价值主要是由它的自然属性即物理、化学、生物等性质决定的。不同的商品因为具有不同的自然属性，所以具有不同的使用价值。有的商品可以满足人们物质生活的需要。有的商品可以满足人们文化生活的需要。有的商品可以作为生产资料满足生产的需要。同一种商品往往有多方面的使用价值，满足人们的多种需要。

商品的使用价值和一般物的使用价值一样，都是构成社会财富的物质内容。两者的不同点在于：商品的使用价值是通过交换满足他人的需要，是商品交换价值的物质承担者。商品的使用价值是商品的自然属性，反映人和自然的关系，是个历史范畴；一般物品的使用价值则是个永恒范畴。

可见，商品的使用价值和价值具有不同的性质。同时，商品的使用价值和价值具有不同的表现形式：商品的使用价值是通过它本身的自然形态来表现的，而价值则是借助商品的社会形式即交换价值来表现的。价值和使用价值不能同时占有。对于买家来说是通过买的过程占有了使用价值，而卖家则是占有了价值。

商品的交换价值表现为一种使用价值同另一种使用价值相交换的数量上的关系或比例。由于商品的效用不同，所以交换价值各不相同。决定商品交换价值的必须是商品内在的固有的共同的东西，即商品的价值。

二、商品使用价值和价值的关系

商品是使用价值和价值的对立统一体，两者既统一，又矛盾，这是商品的内在关系。

首先，使用价值和价值是互为条件的，二者缺一不可。一方面，使用价值是价值存在的条件，使用价值是价值的物质承担者，没有使用价值的物，尽管人们为它付出了劳动，这种劳动也不会形成价值。这种物既没有使用价值，又没有价值，自然也就不会成为商品。这是从使用价值作为价值的条件方面说的。另一方面，从价值作为使用价值的条件来说，价值是商品最本质的一个因素，有些物品即使有使用价值，但是它之中并不含有一般人类劳动的结晶，这些物品就不能成为商品。如空气、阳光等就是属于这类物品。有些物品既有使用价值，又是劳动产品，但是由于它供生产者自己使用，不是通过交换去供给别人使用，因此这类物品就没有形成价值，也就不能成为商品。

其次，商品的使用价值和价值之间又存在着矛盾，具有对立性，其表现是：从生产者来说，他生产的目的是取得和占有价值。但是要取得价值就必须让渡使用价值，使用价值是取得价值的一种手段，所以对生产者来说，使用价值和价值之间存在着互相排斥的关系；从购买者来说，他的目的是取得商品的使用价值，因此他就必须付给生产者这个商品的价值。总之，使用价值和价值之间存在着互为条件、互相矛盾的关系，这是任何商品共有的。

任务二
商 品 分 类

背景

超市在实际商品管理中，为了采购、销售、理货的方便，将其所经营的商品划分成大类、中类、小类、单品共四个分类层次。

如某超市将大类划分为畜产、水产、果菜、日配、加工食品、一般食品、日用杂货、日用百货、家用电器等。

在日配品这个大类下，划分为牛奶、豆制品、冰品、冷冻食品等中分类；在畜产品这个大类下，细分出熟肉制品的中类，包括咸肉、熏肉、火腿、香肠等；在水果蔬菜这个大类下，又细分出国产水果与进口水果的中类。

“畜产”大类中、“猪肉”中类下，进一步细分出“排骨”、“里脊肉”等小类；“一般食品”大类中、“饮料”中类下，进一步细分出“听装饮料”、“瓶装饮料”、“盒装饮料”等小类；“日用百货”大类中、“鞋”中类下，进一步细分出“皮鞋”、“人造革鞋”、“布鞋”、“塑料鞋”等小类；“糖果饼干”大类中、“饼干”中类下，进一步细分出“甜味饼干”、“咸味饼干”、“奶油饼干”、“果味饼干”等小类。

单品没有进一步细分，是完整独立的商品品项。如“瓶装饮料”小类下，进一步细分为“1 升瓶装”、“2 升瓶装”、“2 升瓶装雪碧”，就属于不同的单品。

在上述某超市的商品分类体系中，将商品划分为畜产、水产、果菜、日配、加工食品、一般食品、日用杂货、日用百货、家用电器等大类；在“一般食品”这个大类下，进一步细分为“饮料”、……等中类；在“饮料”这个中类下，进一步细分出“听装饮料”、“瓶装饮料”、“盒装饮料”等小类；在“瓶装饮料”小类下，进一步细分为“1 升瓶装”、“2 升瓶装”、“2 升瓶装雪碧”等单品。在这个体系内，各层类目上下之间存在从属关系，同一层次类目之间存在并列关系。

请问：“背景”材料中超市用的分类方法是什么？

学习目标

明确商品分类的概念；掌握商品分类的方法。

基础知识与技术

一、分类与商品分类概述

商品、材料、物质、现象乃至抽象概念等都是概括一定范围的集合总体。任何集合总体都可以根据一定的标志或特征逐次归纳成若干范围较小的单元（局部集合体），直至划分为最小的单元。这种将集合总体科学地、系统地逐次划分的过程称为分类。

根据一定的目的，选择恰当的标志，将任何一个商品集合总体逐级进行划分的过程，称为**商品分类**。商品分类一般是将商品逐级划分为不同的大类、中类、小类或品目、品种乃至规格、品级、花色等细目。

二、商品分类的基本方法

商品分类的基本方法有线分类法和面分类法。两种方法通常结合使用。

（一）线分类法

线分类法也称为层级分类法，是将拟分类的商品集合总体按选定的属性或特征层层依次划分，并编制成一个大类、中类、小类、细类等不同层次构成的分类体系。在这个体系内，各个类目彼此之间构成并列的或隶属的关系。由一个类目直接划分出的各类目，彼此称为同位类。同位类的类目之间为并列关系，既不重复，又不交叉。一个类目相对于由它直接划分出来的下一层级的类目而言，称为上位类，其类目也叫母项；由上位类划分出来的下一层级的类目，相对于上位类而言，称为下位类，也叫子项。上位类与下位类之间存在从属关系，即下位类从属于上位类。线分类体系中各种类目之间的并列和从属关系见图 1－1 所示。

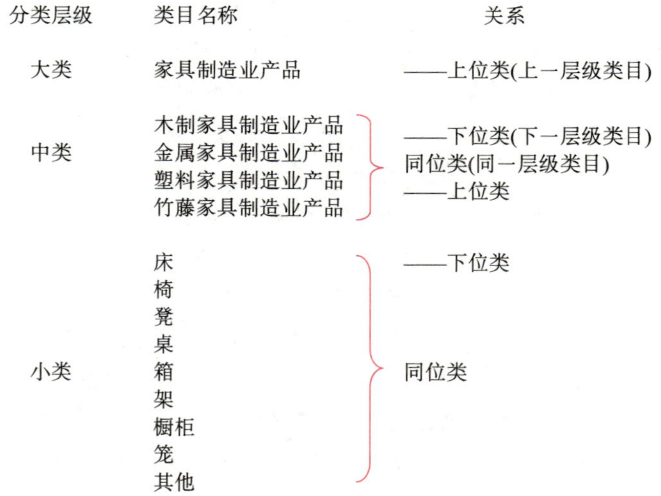

图 1－1　线分类体系中各种类目之间的关系

线分类法的主要优点是信息容量大，层次清楚，逻辑性强，符合传统应用的习惯，既适用于手工操作，又便于计算机处理；主要缺点是弹性差，分类体系一旦建立，其分类体系结构便不能改动。所以，采用线分类法编制商品分类体系时，必须预先留有足够的后备容量。

（二）面分类法

面分类也称平行分类法，它是把拟分类的商品集合总体，根据其本身固有的属性或特征，分成相互之间没有隶属关系的面。每个面中都包含一组类目，将某个面中的一个类目与另一个面中的一个类目合在一起，即组成一个复合类目。面分类法结构如图 1－2 所示。

图 1－2　面分类法结构图

服装分类就是按照面分类法组配的。把服装用的面料、式样和款式分为三个相互之间没有隶属关系的面，每个面又分成若干个类目（见表 1－1），标出了不同范畴的独立类目。使用时，将有关类目组配起来，便成为一个复合类目，如纯毛男式中山装、中长纤维女式西服等。

表 1－1　　服装的面分类法

面料	式样	款式
纯棉 纯毛 涤棉 毛涤 中长纤维	男式 女式	中山装 西装 猎装 茄克 连衣裙

面分类法具有类目可以较大量地扩充，结构弹性好，不必预先确定好最后的分组，适用于计算机管理等优点，然而也存在不能充分利用其容量、组配结构太复杂、不便于手工处理等不足之处。

任务三
选择商品分类标志

背景

在任务二的材料中，某超市的商品分类体系，在日配品这个大类下，划分为牛奶、豆制品、冰品、冷冻食品等中分类；在畜产品这个大类下，细分出熟肉制品的中类，包括咸肉、熏肉、火腿、香肠等；在水果蔬菜这个大类下，又细分出国产水果与进口水果的中类。

如“畜产”大类中、“猪肉”中类下，进一步细分出“排骨”、“里脊肉”等小类；“一般食品”大类中、“饮料”中类下，进一步细分出“听装饮料”、“瓶装饮料”、“盒装饮料”等小类；“日用百货”大类中、“鞋”中类下，进一步细分出“皮鞋”、“人造革鞋”、“布鞋”、“塑料鞋”等小类；“糖果饼干”大类中、“饼干”中类下，进一步细分出“甜味饼干”、“咸味饼干”、“奶油饼干”、“果味饼干”等小类。

请问：任务二“背景”材料中超市的商品分类遵循了哪些原则？用到了哪些分类标志？

学习目标

明确商品的分类原则；掌握商品的分类标志。

基础知识与技术

一、商品分类的基本原则

（一）科学性原则

商品分类的科学性，是指在建立分类体系前，必须明确拟分类的目的及分类范围，选择分类对象最稳定的本质属性或特征作为分类的依据，统一分类对象的名称，能真正反映该对象有别于其他分类对象的本质特征，防止概念不清或一词多义现象。保证商品分类体系的稳定性和唯一性。

（二）系统性原则

系统性是指在建立商品分类体系时，以分类对象的稳定本质属性特征作为分类标志，将分类对象按一定的顺序排列，使每个分类对象在该序列中都占有一个位置，并反映出它们彼此之间既有联系又有区别的关系。

（三）可延性原则

可延性原则是指建立的商品分类体系能够满足不断出现的新商品的需要，留有足够的空位，例如设置收容项目“其他”，以便安置新出现的商品而又不打乱已建立的分类体系或将原分类体系推倒重来。

（四）兼容性原则

兼容性是指相关的各个分类体系之间应具有良好的对应与转换关系。随着国际、国内各种与商品相关的分类体系的建立，也需要设置标准化的分类原则及类目，这样才能满足各个分类体系之间信息交换及相互兼容的要求。

（五）整体性原则

整体性是指商品分类要从系统工程角度出发，在满足管理系统（如国家商品管理系统）总任务、总要求的前提下，全面、合理地满足系统内各分系统（如各行业管理系统）的实际需要。在建立商品分类体系时，要考虑管理系统的整体效益和整体的最优化，要求局部利益服从整体利益。

二、商品的分类标志

商品的分类标志是表明商品特征、用以识别商品不同类别的记号。商品的分类标志主要是指商品的用途、原料、生产方法、化学成分、使用状态等商品最基本的属性和特征。在一个分类体系中常采用几种分类标志，往往每一个层级用一个适宜的分类标志。在商品分类实践中，常用的分类标志有如下几种：

（一）商品的用途

商品的用途是体现商品使用价值的重要标志，以商品用途作为分类标志，不仅适合于对商品大类的划分，也适合于对商品类别品种的进一步详细划分。例如，商品按用途可分为生活资料商品和生产资料商品；生活资料商品按吃、穿、用等用途的不同可分为食品、衣着用品、日用品等；日用品按不同用途又可分为器皿类、玩具类、洗涤用品类、化妆品类等；化妆品商品按用途还可分为护肤用化妆品、美容化妆品、美发用化妆品等。

以商品的用途作为分类标志，便于分析和比较同一用途商品的质量和性能，从而有利于生产部门改进和提高商品质量，开发商品新品种，生产适销对路的商品，便于流通部门经营管理和消费者按需要对口选择。但对多用途的商品，一般不宜采用此分类标志。

（二）商品的原材料

商品的原材料是决定商品质量、使用性能、特征的重要因素之一。例如，纺织品按原料来源不同可划分为棉织品、毛织品、麻织品、丝织品、化纤织品等；鞋类商品可分为布鞋、皮鞋、胶鞋、塑料鞋、人造革鞋等。以原材料作为商品分类标志，不仅使分类清楚，而且还能从本质上反映出每类商品的性能、特点、使用及保管要求。特别是对那些原材料替代种类多，且对性能影响较大的商品比较适用。但对那些由两种以上的原材料所构成的商品，采用此种分类标识进行分类会产生一定困难。

（三）商品的加工方法

很多不同的商品，往往是用同一种原材料制造的，就因为选用了不同的加工方法，最后便形成质量特征截然不同的商品种类。由此可见，生产加工方法也是商品分类的重要标志。这种分类标志对那些可以选用多种加工方法制造且质量特征受工艺影响较大的商品最为适用。例如，按加工方法上的区别，茶叶可分为全发酵茶、半发酵茶和不发酵茶等。

（四）商品的主要成分或特殊成分

商品的很多性能都取决于它的化学成分。很多情况下，商品的主要成分是决定其性能、质量、用途或贮运条件的重要因素。对这些商品进行分类时，应以主要化学成分作为分类标志。例如，化肥可分为氮肥、磷肥、钾肥等。

有些商品的主要化学成分虽然相同，但是所含有的特殊成分不同，可形成质量性质和用途完全不同的商品，对这类商品分类时，可以其中的特殊成分作分类标志。例如，玻璃的主要成分是二氧化硅，但根据其中一些特殊成分可分为钠玻璃、钾玻璃、铅玻璃等。

以主要成分或特殊成分作为分类标志，适用于对化学成分已知，且对质量特征影响较大的商品。采用这种标志分类、便于深入研究商品的特性、包装、储运、使用方法、保管等问题。但对化学成分构成复杂，或容易发生变化，或区别不明显、成分不清楚的商品，不适宜采用这种分类标志。

三、超市分类实例

超市对品种繁多的商品进行分类，是超市科学化、规范化管理的需要，同时商品分类更应该以方便顾客购物、方便商品组合、体现企业特点为目的。在超市实际商品管理中，一般将所有商品划分成为大类、中类、小类和单品四层次，目的是为了便于管理，提高管理效率。虽然超市各种业态经营品种存在较大差异，如小的便利店经营品种不到3000个，而超大型综合超市有3万多种，但商店分类基本上都包括上述四个层次，且每个层次的分类标志也基本相同，只不过便利店各层次类别相对较少，而大型综合超市各层次类别相对较多而已。

（一）商品大类

商品大类是超级市场最粗线条的分类。大类的主要标志是生产来源、方式、处理保存方式等商品特征，如畜产、水产、果菜、日配加工食品、一般食品、日用杂货、日用百货、家用电器等。为了便于管理，超级市场的大分类一般以不超过10个为宜。

（二）商品中类

商品中类着重于功能、用途、制造方式、方法、产地等作为区分的标志。按商品功能与用途划分，如日配品这个大分类下，可分出牛奶、豆制品、冰品、冷冻食品等中分类；按商品制造方法划分，如畜产品这个大分类下，可细分出熟肉制品的中分类，包括咸肉、熏肉、火腿、香肠等；按商品产地划分，如水果蔬菜这个大分类下，可细分出国产水果与进口水果的中分类。

（三）商品小类

商品小类是单品管理前最小单位，也是最细的分类管理单位，主要是以控制单品数量的前哨站。小类主要的分类标志有按功能用途划分，如“畜产”大类中、“猪肉”中类下，可进一步细分出“排骨”、“里脊肉”等小类；按规格包装划分，如“一般食品”大类中、“饮料”中类下，可进一步细分出“听装饮料”、“瓶装饮料”、“盒装饮料”等小类；按商品成分分类，如“日用百货”大类中、“鞋”中类下，可进一步细分出“皮鞋”、“人造革鞋”、“布鞋”、“塑料鞋”等小类；按商品口味划分，如“糖果饼干”大类中、“饼干”中类下，可进一步细分出“甜味饼干”、“咸味饼干”、“奶油饼干”、“果味饼干”等小类。

（四）商品单品

单品是商品分类中不能进一步细分的、完整独立的商品品项。如“355毫升听装××”、“××升瓶装××”、“2升瓶装××”、“2升瓶装雪碧”，就属于四个不同单品。

任务四
编制商品目录

背景

上述超市为了方便管理所经营的商品，按照分类体系，将所经营的全部商品列成了一个明细表，即商品目录，其部分明细见表1－2。

表1－2　　某超市部分商品目录

大类	中类	小类	细类	备注
1 食品干货	11 冷冻	01		
		02 饺子		
		03 汤圆		
		04 面食	01 包子 02 春卷 03 馒头	
		07 冰点	01 冰激淋 02 雪糕	
		09 其他	01 其他	
	12 冷藏	01 鲜奶		
		02 酸奶		
		06 其他	01 其他	
	13 粮油	01 食用油		
		02 粮食	01 面粉	
			02 袋装大米	
	14 调味品、罐头	01 酱油		
		02 醋		
		03 调料	01 固体调料	
			02 调味料（粉）	
			03 其他	
		04 泡菜	01 泡菜（瓶）	
			02 泡菜（袋）	
		06 蛋类		
		08 罐头	01 鱼罐头	
			02 肉罐头	
			03 水果罐头	
			04 汤罐头	
			05 蔬菜罐头	
	15 方便食品	01 袋装方便食品	01 袋装方便面	
			02 袋装方便粥	
		02 碗装方便食品	01 碗装方便面	
			02 碗装方便粥	
		04 八宝粥	01 八宝粥	
			02 其他	

续表

大类	中类	小类	细类	备注
1 食品干货	16 冲调食品	01 袋装儿童奶粉米粉	01 袋装儿童粉	
			02 米粉	
		02 袋装成人奶粉	01 袋装成人奶粉	
		03 罐装儿童奶粉	01 罐装儿童奶	
		05 麦片	01 麦片	
		06 豆奶粉	01 豆粉	
			02 藕粉	
			03 核桃粉	
		07 糊状冲调品	01 芝麻糊	
			02 红枣糊	
			03 莲子糊	
		09 蜂蜜	01 蜂蜜	
		10 咖啡、伴侣及调糖	01 咖啡	
			02 咖啡伴侣	
			03 咖啡调糖	
		11 茶	01 普通茶	
			02 保健茶	
		12 糖	01 砂糖	
			02 冰糖	
			03 葡萄糖	
	17 ……	……	……	
……				

请问：商品目录与商品分类有什么联系？

学习目标

明确商品目录的概念；理解商品目录与商品分类的关系。

基础知识与技术

商品目录是商品分类的具体体现，是提高企业经营管理水平，建立统一的、科学的国民经济核算制度和实行国民经济信息的自动化管理的基础。

一、商品目录的概念

商品目录是指国家或部门根据商品分类的要求，对所经营管理的商品编制的总明细分类集。商品目录是以商品分类为依据，因此亦称商品分类目录或商品分类集。商品目录是在商品逐级分类的基础上，用表格、符号和文字全面记录商品分类体系和排列顺序的书本式工具。

在编制商品目录时，国家或部门都是按照一定的目的，首先将商品按一定的标志进行定组分类，再逐次制定和编排。也就是说，没有商品分类，就不可能有商品目录；只有在商品科学分类的基础上，才能编制层次分明、科学、系统、标准的商品目录。商品分类与商品目录是相辅相成的。商品目录的编制，就是商品分类的具体体现，商品目录是实现商品管理科学化、现代化的前提；是商品生产、经营、管理、流通的重要手段。

二、商品目录的种类

商品目录按编制的目的、对象的不同，商品目录的种类很多。如**按商品用途编制目录**，分为生产资料商品目录和消费资料商品目录；**按管理权限编制目录**，分为一类商品目录、二类商品目录和三类商品目录；**按产销地区编制目录**，分为地产品目录、进口商品目录、内销商品目录、出口商品目录；**按适用范围编制目录**，分为国际商品目录、国家商品目录、部门商品目录、地区及企业商品目录等。下面介绍按适用范围编制的目录。

（一）国际商品目录

目前，在国际上公认和广泛采用的国际商品分类目录主要有：国际关税合作理事会组织制定的《商品名称和编码协调制度》（The Harmonized Commodity Description and Coding System，HS），联合国统计署组织制定的《国际贸易标准分类》（Standard International Trade Classification，SITC），联合国统计署与欧共体统计部门共同制定的《主要产品分类》（Center Product Classification，CPC）等。

（二）国家商品目录

国家商品目录是指由国家指定专门机构编制、在各行业中实行分类统一指导的全国性商品（产品、物资）目录。例如，我国的《全国主要产品分类与代码》、美国的《联邦物资编目系统》（FCS），日本的《商品分类编码》，都属于此类商品目录。

（三）行业（部门）商品目录

行业（部门）商品目录是指由行业或其主管部门编制的，为该行业（部门）、共同采用的商品目录。例如，我国原商业部编制的《SB/T 10135－92》标准，商检局编制的《商检机构实施检验的进出口商品种类表》，海关总署编制的《海关统计商品目录》等，都是行业（部门）商品目录。

（四）地区及企业商品目录

地区及企业商品目录，由地区或企业在兼顾国家或部门商品目录的基础上，因地制宜，充分满足地区、企业的需要而编制的商品目录。这种商品目录适用范围小，一般仅限于本地区或本企业，由于这种商品目录类别少，品种划分更细。例如仓库保管商品目录，营业柜组经营商品目录，必备商品目录等，以利于经营和管理的需要。

各类商品目录应相对稳定，以使各类信息具有可比性、稳定性，这样有利于协调各行业（部门）、各企业、各环节的工作。但商品目录并不是一成不变的，而应随着商品生产和商品经济的发展予以适时修订，这样才能发挥它在商品流通活动中的作用。

习题与训练

△ 名词解释

商品　价值　使用价值　商品分类　线分类法　面分类法　商品目录

△ 选择题

○ 单项选择题

(1) 商品的使用价值是由它的（　　）属性决定的。

A. 自然　　B. 社会

C. 经济　　D. 政治

(2) 选项中的属性属于商品的自然属性的是（　　）。

A. 成分结构　　B. 物理化学性质

C. 装潢　　D. 消费心理

(3) 选项中的属性属于商品的社会属性的是（　　）。

A. 成分结构　　B. 物理化学性质

C. 装潢　　D. 消费心理

(4) 下属选项中是商品分类的作用之一是（　　）。

A. 购买行为的确定　　B. 商品定价

C. 开展商品研究　　D. 消费习惯的确立

(5)（　　）是商品分类的基本原则之一。

A. 目的性　　B. 唯一性

C. 系统性　　D. 排他性

○ 多项选择题

(1) 商品分类的基本原则有（　　）。

A. 可衡量性　　B. 整体性

C. 科学性　　D. 系统性

(2) 商品分类的方法有（　　）。

A. 科学分类法　　B. 线分类法

C. 面分类法　　D. 整体分类法

(3) 常用的商品分类标志有（　　）。

A. 商品标签　　B. 商品的加工方法

C. 商品的原材料　　D. 商品的用途

△ 判断题

(1) 为了自己使用而生产出来的物品才是商品。（　　）

(2) 商品的属性构成了商品使用价值的物质基础。（　　）

(3) 商品是使用价值和价值的对立统一体。 (　　)

(4) 商品科学分类便于商品的经营管理和消费者的选购。 (　　)

(5) 在线分类体系中，上位类和下位类有从属关系。 (　　)

(6) 在面分类体系中，面和面之间具有一定的隶属关系。 (　　)

△ 简答题

(1) 什么是商品？商品的两个因素是什么？

(2) 研究商品的使用价值为什么要研究商品的属性？

(3) 商品分类要遵循什么原则？

(4) 商品分类的方法有几种？各有什么特点？

(5) 常用的商品分类标志有哪些？

△ 论述题

(1) 分析如何选择商品的分类标志？

(2) 分析如何进行科学的商品分类？

(3) 分析商品分类与商品目录的关系？

△ 实训题

实训任务：某企业的商品分类。

在学校附近选择一家小型超市，调查该超市商品分类情况，编写该超市的商品分类体系。

实训目的：该项目训练学生对商品进行分类的能力。

实训要求：

要求教师帮助学生明确商品分类的含义。

要求学生掌握商品的原则、分类方法及分类标志。

要求教师对学生的分类体系做出点评。

实训步骤：

(1) 确定分类的对象。

(2) 确定分类的方法。

(3) 调查分类对象，编写分类体系。

组织形式：以班级学习小组为单位组织训练。

△ 案例分析

蔬果类是某超市经营的生鲜食品大类之一，该超市将蔬果类食品分为蔬菜和水果两个中类。

蔬菜按其食用的部分来划分，有叶菜类、豆荚类、瓜类、茄果类、根茎类、笋类、菌类、水生类、葱蒜类及其他小类。经营的品种有：小白菜、青菜、菜秧、油菜、豌豆叶、韭菜、韭黄、香芹、水芹、西芹、菠菜、生菜、空心菜、西洋菜、芥菜、麦菜、苋菜、红薯叶、枸杞叶、茼蒿、茴香、小葱、胡葱、青蒜、香菜；青椒、辣椒、红椒、番茄、小番茄、大白菜、苞菜、大葱、茄子、莴笋、蒜薹、花菜、西兰花、黄瓜；冬瓜、丝瓜、苦瓜、毛瓜、南瓜、佛手瓜、角瓜；豇豆、毛豆、青豆、四季豆、荷兰豆、豌豆、扁豆、蚕豆、黄豆芽、绿豆芽；土豆、洋葱、红薯、生姜、蒜头、胡萝卜、青萝卜、白萝卜、芋头、玉米；藕、春笋、冬笋、竹笋、菱角、荸荠、茭菰、香菇、平菇、草菇、金针菇、百合、木耳；老豆腐、嫩豆腐、干冻豆腐、血豆腐、内酯豆腐、凉粉、兰花干、五香干、酱油干、白干、千张、千张结、素鸡、面筋、油豆腐、豆腐皮等。

水果按果实的特征分类，有核果类、仁果类、浆果类、柑橘类、聚复果类、荔枝类、瓜类、坚果类等几大类别。核果类特征是果实由子房发育而成，外果皮薄，中果果肉丰厚，内果皮木质化、坚硬成核、核中有仁，如桃、李、杏、梅等；仁果类的果实由花托发育而成，如苹果、梨、山楂等；浆果类果实浆汁含量高，果皮较薄，如葡萄、草莓、猕猴桃、石榴、柿子等；柑橘类的特征是内果多呈薄膜状的缝合的瓤瓣，其瓤瓣中多浆汁、有种子，如柑橘、橙、柚、柠檬等；聚复果类是由整个花序形成的果实，如桑葚、菠萝等。主要经营的品种有：红富士、秦冠、国光、红星、华盛顿苹果、青苹果、青蛇果、加力苹果、智利苹果；水晶梨、鸭梨、贡梨、新疆香梨、早酥梨、砀山梨、雪花梨、日本丰水梨；脐橙、鲜橙、新奇士橙、橘子、蜜橘、金橘、蜜柑、潮州柑、四会柑、沙田柚、福建蜜柚、黄皮西柚、青皮西柚、柠檬；水蜜桃、李子、青布林、红布林、黑布林、油桃、桃驳李、西梅、樱桃、枣、柿子、石榴；进口青提、进口红提、进口黑提、新疆葡萄、巨峰葡萄、草莓、猕猴桃；杨梅、枇杷、杨桃、红毛丹；荔枝、龙眼、番荔枝、榴莲、山竹、木瓜、进口香蕉、大蕉、国产香蕉、菠萝、国产芒果、腰芒、菲律宾芒果、象牙芒、澳洲芒、椰子、椰青、牛油果、鸡蛋果、人参果、火龙果；有籽西瓜、无籽西瓜、黄肉西瓜、哈密瓜、网纹甜瓜、香瓜、黑美人西瓜、珍珠瓜、洋白瓜、蜜瓜等。

问题：怎样才能将该超市所经营的果蔬商品进行科学的商品分类？

分析要求：学生分析案例提出的问题，拟出《案例分析提纲》；小组讨论，形成小组《案例分析报告》；班级交流，教师对各小组《案例分析报告》进行点评。

项目二

2 商品代码与商品编码

案例导入

表 2－1 是 GB/T 7635.1《全国主要产品分类与代码第一部分：可运输产品》有关小麦商品的代码结构；表 2－2 是 GB/T 7635.2《全国主要产品分类与代码第二部分：不可运输产品》有关小麦商品的代码结构；表 2－3 是我国居民身份证、邮政编码和汽车牌号的代码结构。

表 2－1　GB/T 7635.1《全国主要产品分类与代码》有关小麦商品的代码结构

代　码	产　品　名　称
0	农林（牧）渔业产品；中药
01	种植业产品
011	谷物、杂粮等及其种子
0111	小麦及混合麦
01111	小麦
01111·010 —·099	冬小麦
01111·011	白色硬质冬小麦
01111·012	白色软质冬小麦
01111·013	红色硬质冬小麦
01111·014	红色软质冬小麦
01111·100 —·199	春小麦
01111·101	白色硬质春小麦
01111·102	白色软质春小麦
01111·103	红色硬质春小麦
01111·104	红色软质春小麦
01112	混合麦
……	……

表 2-2　GB/T 7635.2《全国主要产品分类与代码》部分代码结构示例

代　码	产　品　名　称
5	无形资产；土地；建筑工程；建筑物服务
51	无形资产
511	金融资产和负债
5110	金融资产和负债
51100	金融资产和负债
512	非金融无形资产
5121	专利
51210	专利
5122	商标
51220	商标
5123	版权
51230	版权
……	……

表 2-3　我国居民身份证、邮政编码和汽车牌号的代码结构

代　码	名　称
37 01 02 19××0101 ××× ×	居民身份证代码
25 0 0××	邮政编码
鲁 A K×7×7	轿车牌照代码
……	……

资料来源：曹汝英：《商品学概论——理论、实务、案例、实训》，高等教育出版社 2010 年版，第 54~57 页。

问题与思考：

1. 什么是商品代码？什么是商品编码？
2. 如何进行科学的商品编码？

任务一
商品代码认知

背景

案例导入中，GB/T 7635.1《全国主要产品分类与代码第 1 部分：可运输产品》代码用 6 层 8 位阿拉伯数字表示。GB/T 7635.2《全国主要产品分类与代码第 2 部分：不可运输产品》代码用 5 层 5 位阿拉伯数字表示。我国居民身份证号码由 4 层 18 位数字组成。中国的

邮政编码结合行政区划、邮运网路等具体情况，采用4层6位数字代码的方式组成。车牌号是3层7位代码。

请问：“背景”中的几种代码各有什么特点？

学习目标

理解分类代码的概念；明确商品分类代码的类型。

基础知识与技术

一、商品代码的概念与功能

商品代码，是指为了便于识别、输入、存储和处理，用来表示商品一定信息的一个或一组有规律排列的符号。目前以全数字符号型商品代码最为普遍。这里所说的一定信息，主要是指分类信息。

商品分类信息是指代码意在说明某项商品在其分类体系中的位置，也就是表明该商品与其上下层级项目或同层级项目之间的隶属或并列关系，或者说是反映该项商品对某一商品群组的归属关系以及各商品群组之间的关系。

依照代码所表示的信息内容的不同，商品代码可以进一步划分为商品分类代码和商品标识代码两类。

商品代码具有分类、标识和便于信息交换的功能。

二、商品分类代码的类型

商品代码依其所用符号组成不同，可分为全数字型、全字母型和数字—字母混合型三种类型。

（一）全数字型商品代码

全数字型商品代码是用一个或若干个阿拉伯数字来表示分类对象信息的商品代码。这种商品代码的特点是结构简单，使用方便，易于推广，便于计算机识别和处理。目前全数字型商品代码在各国际组织和世界各国的商品（产品）代码标准中被普遍采用。

（二）全字母型商品代码

全字母型商品代码，是用一个或若干个字母表示分类对象信息的商品代码。按字母顺序对商品进行分类编码时，一般用大写字母表示商品大类，用小写字母表示其他类目。字母型代码便于记忆，人们有使用习惯，可提供便于人们识别的信息，但不便于机器处理信息，特别是当分类对象数目较多时，常常会出现重复现象。因此，字母型代码常用于分类对象较少的情况，在商品分类编码中很少使用。

（三）数字—字母混合型商品代码

数字—字母混合型商品代码，是由数字和字母混合组成的商品代码。它兼有上述两者的优点，结构严密，具有良好的直观性和表达式，同时又有使用上的习惯。但是，由于代码组成形式复杂，给计算机输入带来不便，录入效率低，错码率高。因此，在商品分类编码中并不常使用这种混合型代码，少数国家在标准分类时采用混合代码。

任务二 编制商品分类代码

背景

“案例导入”中，GB/T 7635.1《全国主要产品分类与代码第 1 部分：可运输产品》代码用 8 位阿拉伯数字表示，代码结构分成六层（见图 2－1），各层分别命名为大部类、部类、大类、中类、小类和细类。其中，第一至第五层各用一位数字表示，第一层代码为 0～4，第二层、第五层代码为 1～9，第三层、第四层代码为 0～9，第六层用三位数字表示，代码为 010～999，采用了顺序码和系列顺序码；第五层和第六层代码之间用圆点（·）隔开，信息处理时应省略圆点符号。

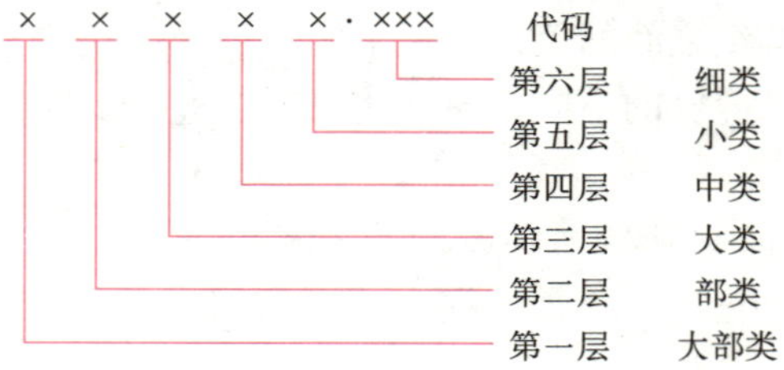

图 2－1 GB/T 7635.1 代码结构

GB/T 7635.2《全国主要产品分类与代码第 2 部分：不可运输产品》代码用 5 位阿拉伯数字表示，代码结构分成五层，各层分别命名为部类、门类、大类、中类和小类，每层 1 位码，其代码结构如图 2－2 所示。第 1 层代码（部类）从“5”开始，以便与 GB/T 7635.1 代码相衔接。

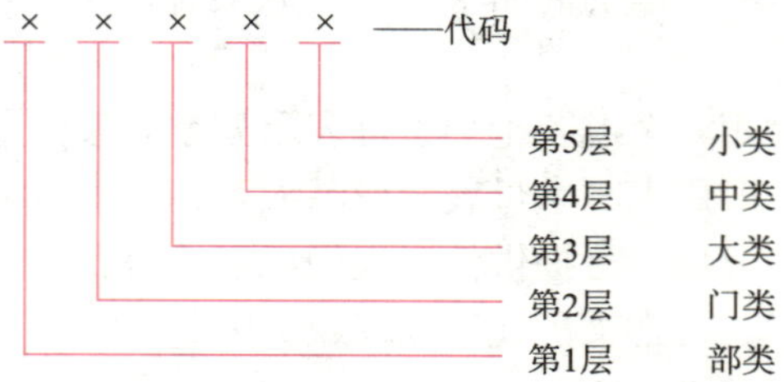

图 2－2 GB/T 7635.2 代码结构

我国居民身份证号码按照《公民身份证号码》国家标准编制，身份证号码由 18 位数字组成：前 6 位为行政区划分代码，第 7 位至 14 位为出生日期码，第 15 位至 17 位为顺序码，第 18 位为校验码。

中国的邮政编码结合行政区划、邮运网路等具体情况，采用 4 级 6 位码的方式组成。头两位数代表省（自治区、直辖市）；第3位数代表邮区（每个省划分若干邮区，即邮件分发、运输网路）；第4位数代表县（市）；末2位数代表邮局及其投递区。在个别情况下，最后两位数仅代表支局代号，不表示投递局。

车牌号的第一个是汉字：代表该车户口所在省的简称；第二个是英文：代表该车所在地的地市一级代码，规律一般是这样的，A是省会，B是该省第二大城市，C是该省第三大城市，依此类推；后五位是这车代码。

请问：“背景材料”中几种代码在编制方法上有什么不同？

学习目标

理解商品分类代码的编码原则；掌握商品分类代码的编制方法。

基础知识与技术

商品编码即编制商品代码，是指根据一定规则赋予某种或某类商品以相应的商品代码的过程。通过商品编码可使繁多的商品便于记忆，简化手续，提高工作效率和可靠性，有利于计划、统计、管理等业务工作。

一、商品分类代码的编制方法

商品分类代码是有含义代码，代码本身具有某种实际含义。此种代码不仅作为编码对象的唯一标识，起到代替编码对象名称的作用，还能提供编码对象的有关信息（如分类、排序等信息）。

商品分类编码常用的方法，有顺序编码法、系列顺序编码法、层次编码法、平行编码法（特征组合编码法）、混合编码法等编码方法。

（一）顺序编码法

顺序编码法是按照商品类目在分类体系中出现的先后次序，依次给予顺序数字代码的编码方法，其优点是使用方便，易于管理，但代码本身没给出任何有关编码对象的其他信息。通常为了满足信息处理的要求，多采用等长码，即每个代码标志的数列长度（位数）完全一致。顺序编码法简单。通常用于容量不大的编码对象集合体。编码时，可以留有“空号”（储备码），以便随时增加类目。

（二）系列顺序编码法

系列顺序编码法适用于分类深度不大的编码对象集合体。它是一种特殊的顺序编码法，是将顺序数字代码分为若干段（系列），使其与分类编码对象的分段一一相对应，并赋予每段分类编码商品编码以一定的顺序代码的编码方法。应用这种编码方法时，把整个编码对象集合体，按一定的属性或特征划分为系列。集合体的每一系列，通常按顺序登记获得代码，在每个系列中留有后备码。其优点是可以赋予编码对象一定属性和特征，提供有关编码对象的某些附加信息，但是附加信息的确定要借助于代码表。我国国家标准《全国主要产品分类与代码第1部分：可运输产品》（GB/T 7635.1）中的“小麦”（第五层级，小类类目），在进一步细分到第六层级（细类类目）时，“冬小麦”、“春小麦”的代码采用了系列顺序编码法，“白色硬质冬小麦”、“白色软质冬小麦”等类目代码则采用了顺序编码法（见表2-4）。

表 2-4 顺序编码法与系列顺序编码法示例

第五层级（小类）代码 第六层级（细类）代码 （与第五层级代码之间用圆点隔开）	01111 01111·010 —·099 01111·011 01111·012 …… 01111·100 —·199 01111·101 01111·102 ……	小麦 冬小麦 白色硬质冬小麦 白色软质冬小麦 …… 春小麦 白色硬质春小麦 白色软质春小麦 ……

（三）层次编码法

层次编码法是按商品类目在分类体系中的层级顺序，依次赋予对应的数字代码的编码方法。即代码的层次与分类层级相一致。这种编码方法经常用于线分类（层级分类）体系。由于分类对象是按层级归类的，类目赋予代码时，编码也是按层级依次进行，分成若干个层次，使每个分类的类目，按分类层级一一赋予的代码。从左至右的代码，第一位（或第一、第二……位）代表第一层级（大类）类目，第二位代表第二层级（中类）类目，依此类推。这样，代码的结构就反映了分类层级的逻辑关系。

国家标准 GB/T 7635.1《全国主要产品分类与代码第 1 部分：可运输产品》和 GB/T 7635.2《全国主要产品分类与代码第 2 部分：不可运输产品》采用的都是层次编码法，见表 2-1 和表 2-2。

层次编码法的优点是代码较简单，逻辑性较强，系统性强，信息容量大，能明确地反映出分类编码对象的属性或特征及其隶属关系，容易查找所需类目，便于机器汇总数据，便于管理和统计；缺点是结构弹性较差，为延长其使用寿命，往往要用延长代码长度的办法，预先留出相当数量的备用号，从而出现代码的冗余。

（四）平行编码法

平行编码法，也称特征组合编码法，是将编码对象按其属性或特征分为若干个面，每一个面内的编码对象按其规律分别确定一定位数的数字代码，面与面之间的代码没有层次关系和隶属关系，最后根据需要选用各个面中的代码，并按预先确定的面的排列顺序组合成复合代码的一种编码方法。它多用于面分类体系，其优点是编码结构有较好的弹性，可以比较简单地增加分类编码面的数目，必要时还可更换个别的面。但这种编码的缺点是代码过长，冗余度大，代码容量利用率低，因为并非所有可组配的复合代码都有实际意义。

（五）混合编码法

混合编码法是层次编码法和平行编码法的合成，代码的层次与类目的等级不完全相适应。在编码实践中，当把分类对象的各种属性或特征分列出来后，其某些属性或特征用层次编码法表示，其余的属性或特征则用平行编码法表示。这种编码方法吸取了两者的优点，效果往往较理想。我国居民身份证、邮政编码和汽车牌号的代码采用的都是混合编码法，见表 2-3。

二、商品分类代码的编码原则

通常，商品分类和商品编码是分别进行的，商品科学分类在先，合理编码在后。商品科学分类为编码的合理性创造了前提条件，但是编码的不合理会直接影响商品分类体系、商品目录的实用价值。因此，编制商品分类代码时必须遵循以下原则：

（一）唯一性原则

唯一性原则是指必须保证每一个编码对象仅有唯一的商品代码，即每个商品代码只能与指定的商品类目一一对应。

（二）简明性原则

简明性原则是指商品代码应简明、易记，尽可能减少代码长度，这样既便于手工处理，减少差错率，也能减少计算机的处理时间和存储空间。

（三）层次性原则

层次性原则是指商品代码要层次清楚，能清晰地反映商品分类关系和分类体系、目录内部固有的逻辑关系。

（四）可扩性原则

可扩性原则是指在商品代码结构体系里应留有足够的备用码，以适应新类目的增加和旧类目的删减需要，使扩充新代码和压缩旧代码成为可能，从而使分类代码结构体系可以进行必要的修订和补充。

（五）稳定性原则

稳定性原则是指商品代码确定后要在一定时期内保持稳定，不能频繁变更，以保证分类编码系统的稳定性，避免造成人力、物力、财力的浪费。

（六）统一性和协调性原则

统一性和协调性原则是指商品代码要同国家商品分类编码标准相一致，与国际通用的商品分类编码标准相协调，以利于实现信息交流和信息共享。

任务三
编制商品标识代码

背景

某客户看到在零售商店里，所销售的商品包装上印制或粘贴的条形码（见图 2－3），与在仓库或配送中心中，所储运的商品包装上印制或粘贴的条形码的符号结构不同（见图 2－4）。当客户打开储运包装时，看到内装的独立包装上所印制或粘贴的条形码与零售店里商品包装上所印制或粘贴的条形码的符号结构相同。

图 2-3　在零售店里商品包装上的条码　　图 2-4　在仓库或配送中心仓储或配送商品包装上的条码

请问：“背景”材料中提到的条码为什么不同？

学习目标

理解商品标识代码的含义；明确商品标识代码的编制原则；掌握商品标识代码的结构类型。

基础知识与技术

一、商品标识代码的含义

商品标识代码，通常是指由国际物品编码协会 EAN · UCC 系统的编码标准所规定，并用于全球统一标识商品的数字型代码。它包括 EAN/UCC-13，EAN/UCC-8，UCC-12 和 EAN/UCC-14 共四种代码。商品条码是用来表示国际通用的商品标识代码的一种模块组合型条码，可被机器快速识读和处理。

ANCC 系统是一套全球统一的标准化编码体系。编码体系是 ANCC 系统的核心，是对流通领域中所有的产品与服务，包括贸易项目、物流单元、资产、位置和服务关系等的标识代码及附加属性代码，如图 2-5 所示。附加属性代码不能脱离标识代码独立存在。

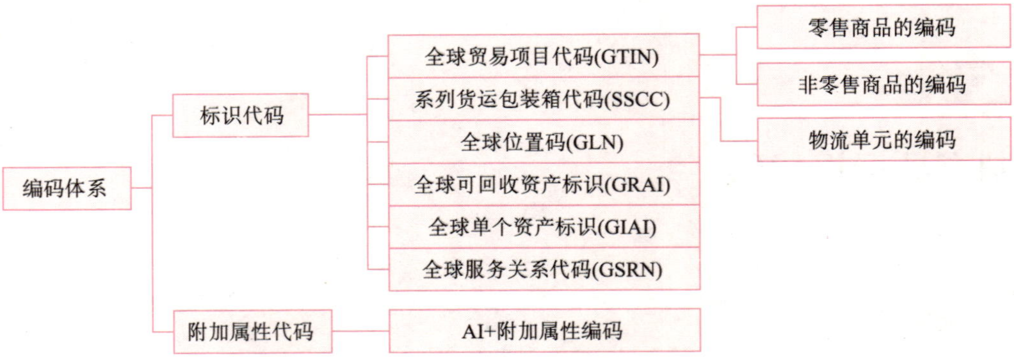

图 2-5　ANCC 系统的编码体系

商品标识代码和商品条码主要用于对零售商品、非零售商品的统一标识。零售商品是指在零售端 POS 系统扫描结算的商品。非零售商品是指不经过 POS 系统扫描结算的用于配送、仓储或批发等环节的商品，包括单个包装的非零售商品和含有多个包装等级的非零售商品。

前者是指独立包装但又不适合通过零售端 POS 系统扫描结算的商品，如独立包装的冰箱、洗衣机等。后者是指需要标识的货物内含有多个包装等级，如装有 24 条香烟的一整箱烟或装有 6 箱烟的托盘等。

POS（point of sales）系统，也就是销售点管理系统，它是利用现金收款机作为终端机与主计算机相连，并借助光电识读设备为计算机录入商品信息。当带有条码符号的商品通过结算台扫描时，商品条码所表示的信息被录入计算机，计算机从数据库文件中查询到该商品的名称、价格等，并经过数据处理，打印出收据。

二、商品标识代码的编制原则

（一）唯一性原则

唯一性原则是商品编码的基本原则。是指同一商品项目的商品应分配相同的商品标识代码，不同商品项目的商品必须分配不同的商品标识代码。基本特征相同的商品应视为同一商品项目，基本特征不同的商品应视为不同的商品项目。通常商品的基本特征包括商品名称、商标、种类、规格、数量、包装类型等。商品的基本特征一旦确定，只要商品的一项基本特征发生变化，就必须分配一个不同的商品标识代码。

在商品条码系统中，商品及商品价格的差异，是靠不同的代码识别的。假如把两种不同价格的商品用同一代码标识，自动识别系统就把它们视为同一种商品，这样不是给顾客造成经济损失，就是给销售商带来经济损失，同时这样做的结果，还会导致销售商和制造商不能准确掌握商品销售信息，使商店自动化系统失去意义。如果同一商品项目有几个代码，自动识别系统将视其为几种不同的商品，这样不仅大大增加数据处理的工作量，而且会造成管理上的混乱。在我国，同一种商品，往往由不同的厂家生产，确保相同商品必须有同一代码就显得格外重要。

为此，中国物品编码中心做出规定，凡是获准使用他人注册商标的商品，必须采用商标注册者拥有的厂商代码和商标注册者统一编定的商品项目代码。唯一性是商品编码最重要的一条原则。

（二）稳定性原则

稳定性原则是指商品标识代码一旦分配，只要商品的基本特征没有发生变化，就应保持不变。同一商品项目，无论是长期连续生产、还是间断式生产，都必须采用相同的标识代码。即使该商品项目停止生产，其标识代码应至少在 4 年之内不能用于其他商品项目上。另外，即便商品已不在供应链中流通，由于要保存历史记录，需要在数据库中较长期地保留他的标识代码，因此，在重新启用商品标识代码时，还需要考虑此因素。

（三）无含义性原则

无含义性原则是指商品标识代码是无含义代码，代码本身不提供任何有关编码对象的信息，代码作为编码对象的唯一标识，只起到代替编码对象名称的作用。通常，商品编码仅仅是一种识别商品的手段，而不是商品分类的手段。无含义使商品编码具有简单、可靠、灵活、充分利用代码容量、生命力强等优点。这种编码方法尤其适于较大的商品系统。

三、商品标识代码的类型

通常，零售商品的标识代码采用 EAN/UCC－13，EAN/UCC－8 和 UCC－12（用于北美地区）代码；非零售商品的标识代码采用 EAN/UCC－14，EAN/UCC－13 和 UCC－12（用于北美地区）代码。

（一）EAN/UCC－13 代码

EAN/UCC－13 代码由 13 位数字组成，该代码有三种结构形式，每种代码结构分为三个层次，如表 2－5 所示。

表 2－5　　EAN/UCC－13 代码的结构

结构种类	厂商识别代码	商品项目代码	校验码
结构一	X_{13} X_{12} X_{11} X_{10} X_9 X_8 X_7	X_6 X_5 X_4 X_3 X_2	X_1
结构二	X_{13} X_{12} X_{11} X_{10} X_9 X_8 X_7 X_6	X_5 X_4 X_3 X_2	X_1
结构三	X_{13} X_{12} X_{11} X_{10} X_9 X_8 X_7 X_6 X_5	X_4 X_3 X_2	X_1

1. 厂商识别代码。厂商识别代码通常由 7～9 位数字组成，其左边的 2～3 位数字（X_{13} X_{12}或 X_{13} X_{12} X_{11}）称为前缀码，是 EAN 编码组织（国际物品编码协会）分配给其所属成员国家（或地区）编码组织的代码。例如，国际物品编码协会分配给中国物品编码中心的前缀码是 690～695。厂商识别代码由中国物品编码中心统一向申请厂商分配。我国以 690，691 为前缀码的 EAN/UCC－13 代码采用表 2－5 中的代码结构一；以 692，693 为前缀码的 EAN/UCC－13 代码采用表 2－5 中的代码结构二。必须指出的是，前缀码并不代表商品的原产地，而只能说明分配和管理有关厂商识别代码的国家（或地区）编码组织。

2. 商品项目代码。商品项目代码是由 3～5 位数字组成，用以表示商品项目的代码。商品项目是按商品的基本特征划分的商品群类。商品项目代码由厂商根据有关规定自行分配。在编制商品项目代码时，厂商必须遵守商品编码的基本原则，同一商品项目的商品只能编制一个商品项目代码，对不同的商品项目必须编制不同的商品项目代码、商品名称、商标、种类、规格、数量、包装类型等商品基本特征不同，应视为不同项目的商品。

3. 校验码。校验码 X_1 为 1 位数字，用来校验其他代码 X_{13}～X_2 的编码的正误，它的数值是根据 X_{13}～X_2 的数值按一定的计算方法算出的，参见表 2－6。

表 2－6　　校验码的计算方法

步骤	举例说明
1. 自右向左顺序编号	位置号 13 12 11 10 9 8 7 6 5 4 3 2 1 代码　6 9 0 1 2 3 4 5 6 7 8 9 X_1
2. 从序号 2 开始求出偶数位上的数之和①	9＋7＋5＋3＋1＋9＝34　①
3. ①×3＝②	34×3＝102　②
4. 从序号 3 开始求出奇数位上的数之和③	8＋6＋4＋2＋0＋6＝26　③
5. ②＋③＝④	102＋26＝128　④
6. 用大于或等于结果④且为 10 最小整数倍的数减去④，其差即为所求校验码的值。	130－128＝2 校验码 X_1＝2

（二）EAN/UCC－8 代码

EAN/UCC－8 代码由 8 位数字组成，用于印刷面积较小的商品零售包装。其结构如表

2－7所示。

表2－7 EAN/UCC－8代码结构

商品项目识别代码（包括前缀码）	校验码
X_8 X_7 X_6 X_5 X_4 X_3 X_2	X_1

EAN/UCC－8代码结构分为商品项目识别代码和校验码两个层次。其中，商品项目识别代码由7位数字组成，校验码为1位数字。

1. 商品项目识别代码。商品项目识别代码是各国（地区）EAN编码组织在国际物品编码协会分配的前缀码（X_8 X_7 X_6）的基础上分配给厂商特定商品项目的代码。EAN/UCC－8代码与EAN/UCC－13代码有所不同。为了保证代码在全球范围内的唯一性，我国凡需使用EAN/UCC－8代码的商品制造厂家，除正常申报加入中国商品条码系统的手续外，还须将本企业准备使用EAN/UCC－8代码的商品目录及其外包装（或设计样张）报至中国物品编码中心或其分支机构，由中国物品编码中心统一赋码；已具备中国商品条码系统成员资格的厂家，其新产品要使用EAN/UCC－8代码时，只能上报中国物品编码中心并由中国物品编码中心统一分配使用。

2. 校验码。与EAN/UCC－13代码相同，校验码X_1为1位数字，其数值的计算方法与EAN/UCC－13代码相同（只需在X_8前面加上5个0，补齐至13位数）。

（三）UCC－12代码

UCC－12代码是在美国和加拿大等北美国家已使用30多年的12位数字的商品标识代码。表示UCC－12代码的条码符号结构有两种，即UPC－A码（12位）和压缩了零的UPC－E码（8位），见表2－8和表2－10。

表2－8 UPC－A码（12位）

厂商识别代码和商品项目识别代码	校验码
X_{12} X_{11} X_{10} X_9 X_8 X_7 X_6 X_5 X_4 X_3 X_2	X_1

X_{12}是系统字符，其应用规则是：0，6，7应用于一般商品；2应用于商品变量单元；3应用于药品及医疗用品；4应用于零售商店内码；5应用于优惠券；1，8，9保留。中间10个数字是编码数字，分为中左5位码和中右5位码，前者为制造厂商识别代码，用于标识制造厂商，由美国统一编码委员会（UCC）分配和管理；后者为商品标识代码，用于标示商品的特征和属性，由商品制造厂商根据美国统一编码委员会的规则自行编制和管理。最后一位数字为校验码，用于检验代码输入的正确性，校验码的计算方法见表2－9。

UPC－E商品代码是将系统字符为0的UCC－12代码进行消零压缩所得，其中，X_8为系统字符，取值为0；校验码为消零压缩前UPC－A商品条码的校验码（见表2－10）。

通常情况下，一般不选用表示UCC－12代码的商品条码（UPC商品条码），只有当产品出口到北美地区并且客户指定时，才申请使用UPC商品条码。中国厂商如需申请使用UPC商品条码，需经中国物品编码中心统一办理。

表 2－9 校验码的计算方法

步骤	举例说明
1. 将前面 11 位数字自左向右顺序编号	位置号 1 2 3 4 5 6 7 8 9 10 11 代码 6 9 0 1 2 3 4 5 6 7 8 X_1
2. 求出奇数位上的数之和①	6＋0＋2＋4＋6＋8＝26 ①
3. ① ×3 ＝ ②	26×3 ＝78 ②
4. 求出偶数位上的数之和③	9＋1＋3＋5＋7＝25 ③
5. ② ＋ ③ ＝ ④	78＋25＝103 ④
6. 用大于或等于结果④且为 10 最小整数倍的数减去④，其差即为所求校验码的值。	110－103＝7 校验码 X_1 ＝7

表 2－10 UPC－E 码（8 位）

商品项目识别代码	校验码
X_8 X_7 X_6 X_5 X_4 X_3 X_2	X_1

（四）EAN/UCC－14 代码

EAN / UCC－14 代码由 14 位数字组成，是用于非零售商品的标识代码，其结构如表 2－11所示。EAN / UCC－14 代码结构分为指示符、内含商品的标识代码（不含校验码）和校验码三个层次。其中，指示符为 1 位数字，内含商品的标识代码，包括内含商品的厂商识别代码和商品项目代码共为 12 位数字，校验码仍为 1 位数字。

表 2－11 EAN/ UCC－14 代码结构

指示符	内含商品的标识代码（不含前缀码）	校验码
X_{14}	X_{13} X_{12} X_{11} X_{10} X_9 X_8 X_7 X_6 X_5 X_4 X_3 X_2	X_1

1. 指示符。指示符的赋值区间为 1～9，其中 1～8 用于定量的非零售商品，9 用于变量的非零售商品。最简单的方法是按顺序分配指示符，即将 1，2，3，…，8 分别分配给非零售商品的不同级别的包装组合。

2. 内含商品的厂商识别代码、商品项目代码以及校验码。其含义与 EAN/UCC－13 零售商品标识代码相同。

任务四
识别商品条码

背景

在某一超级市场内，有位顾客在结算时，看到收银员多次用机器扫描商品的条码没有成功，收银员便使用键盘将条码下方的数字录入了进去，便询问收银员："你这样做不会错吧？"原来这位顾客担心键盘输入和机器扫描的信息不一样。

请问：顾客的担心有道理吗？为什么？

学习目标

理解商品条码的概念和特点；掌握商品条码的符号结构。

基础知识与技术

一、商品条码概述

（一）商品条码的概念

条码是将表示一定信息的字符代码转换成用一组黑白（或彩色）相间的平行线条，按一定的规则排列组合而成的特殊图形符号（英文叫 Bar Code）。条和空分别有深浅不同，且满足一定光学对比度要求的两种颜色（通常为黑、白色）表示。条为深色，空为浅色。为了便于人们识别条码符号所代表的字符，通常在条形码符号的下部印刷所代表的数字、字母或专用符号。前者用于机器识读，后者供人们直接识读或通过键盘向计算机输入数据使用。

商品条码是指由国际物品编码协会（EAN）和统一代码委员会（UCC）规定的、用于表示商品标识代码的条码，包括 EAN 商品条码（EAN－13 商品条码和 EAN－8 商品条码）和 UPC（通用产品码）商品条码（UPC－A 商品条码和 UPC－E 商品条码）。

商品条码一般印在商品包装上，或将其制成条码标签附在商品上。对于小批量产品来说，条码也可印在不干胶上张贴。所有零售商品，例如食品，饮料，卷烟，土特产品，服装、鞋帽，医药品，化妆品、牙膏、香皂、洗衣粉等日用化工品，图书，胶卷、空白磁带等信息用化学品，文教体育用品，工艺美术品及玩具，日用塑料制品及日用橡胶制品，日用搪瓷制品，餐具饮具，电视机、收音机、录音机、电冰箱、洗衣机等家用电器，手工工具，剪刀等日用五金制品，日用杂品等都适宜采用条码。

商品条码系统成员编制商品项目代码应按照国家标准 GB12904《商品条码》的规定，在国家中心分配的厂商识别代码的基础上，以商品项目为单位进行编码，并同时计算校验码，最终得出一个完整的商品条码。

商品条码是表示商品特定信息的标识。零售商品代码与条码是指以满足零售扫描结算为主要目的，为商品单元编制的代码和条码标识；非零售商品代码与条码是指以满足非零售结算为目的，为商品单元所编制的代码和条码标识。在流通环节中，可以对该商品单元进行定价、订购或开具发票；物流单元代码与条码是指对物流中临时性商品包装单元所编制的代码和条码标识；位置代码与条码是指对厂商的物理位置、职能部门等所编制的代码与条码标识；店内条码是指商店为便于商品在店内管理而对商品自行编制的临时性代码及条码标识。

厂商识别代码是指国际通用的商品标识系统中表示厂商的唯一代码，是商品条码的重要组成部分。

商品代码与条码是指包含厂商识别代码在内的对零售商品、非零售商品、物流单元、位置、资产及服务编制的全球唯一的代码和条码标识。

（二）商品条码的特点

商品条码是商品的“身份证”，是商品流通于国际市场的“共同语言”。商品条码是实现商业现代化的基础，是商品进入超级市场、POS 扫描商店的入场券。

商品条码是用于表示国际通用的商品代码的一种模块组合型条码，是计算机输入数据的一种特殊代码，包含有商品的生产国别、制造厂商、产地、名称、特性、价格、数量、生产日期等一系列商品信息。只要借助于光电扫描阅读设备，即可迅速地将条形码所代表的信息准确无误地输入电子计算机，并由计算机自动进行存储、分类排序、统计、打印或显示出来。这不仅实现了售货、仓储、订货的自动化管理，而且通过产、供、销信息系统把销售信息及时提供给生产厂家，实现了产、供、销之间的现代化管理。因此，条形码是快速、准确地控制商品信息流和物流的现代化手段。条码作为向电子计算机输入数据的一种特殊代码，有以下主要优点：

1. 准确度高。通过扫描条码输入数据，其准确度要比键盘输入高得多。研究表明，键盘输入错误率为三千分之一，而条码输入错误率为三百万分之一。

2. 输入速度快。一般来说，条码输入速度为键盘输入速度的 20 倍。

3. 制作容易。条码易于制作，对印刷技术、设备和材料无特殊要求。

4. 设备经济实用。条码识别装置结构简单、可靠性高、易操作、价格便宜。

二、商品条码的符号结构

（一）EAN 条形码的符号结构

EAN 条形码是国际通用商品代码，有 13 位标准条码（EAN－13 条码）和 8 位缩短条码（EAN－8 条码）两种版本（见图 2－6）。

6 901234 567892

EAN-13条形码符号

6900 0003

EAN-8条形码符号

图 2－6　EAN 条形码符号示意图

1. EAN－13 商品条码的字符结构。EAN－13 商品条码是由左侧空白区、起始符、左侧数据符、中间分隔符、右侧数据符、校验符、终止符和右侧空白区及供人识别字符组成，见图 2－7 和图 2－8。

左侧空白区：位于条码符号最左侧的与空的反射率相同的区域，其最小宽度为 11 个模块宽。

起始符：位于条码符号左侧空白区的右侧，表示信息开始的特殊符号，由 3 个模块组成。

左侧数据符：位于起始符右侧，表示 6 位数字信息的一组条码字符，由 42 个模块组成。

中间分隔符：位于左侧数据符的右侧，是平分条码字符的特殊符号，由 5 个模块组成。

图 2－7　EAN－13 商品条码的符号结构

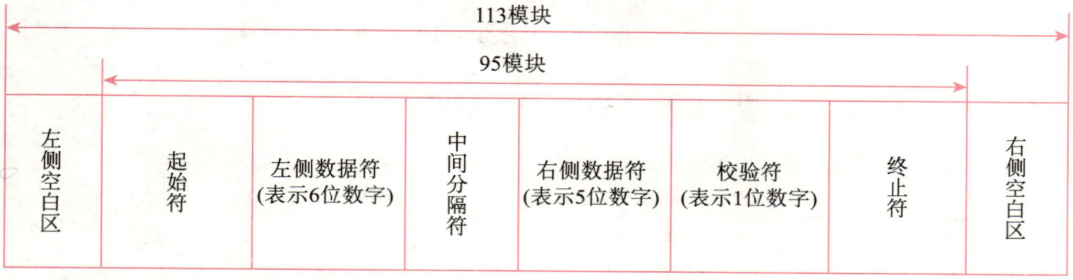

图 2－8　EAN－13 商品条码的符号构成示意图

右侧数据符：位于中间分隔符右侧，表示 5 位数字信息的一组条码字符，由 35 个模块组成。

校验符：位于右侧数据符的右侧，表示校验码的条码字符，由 7 个模块组成。

终止符：位于条码符号校验符的右侧，表示信息结束的特殊符号，由 3 个模块组成。

右侧空白区：位于条码符号最右侧的与空的反射率相同的区域，其最小宽度为 7 个模块宽。为保护右侧空区的宽度，可在条码符号右下角加“ > ”符号，“ > ”符号的位置见图2－9。

图 2－9　EAN－13 商品条码符号右侧空白区中“ > ”的位置

供人识别字符：位于条码符号的下方，与条码相对应的 13 位数字。供人识别字符优先选用 GB/T 12508 中规定的 0 C R－B 字符集；字符顶部和条码字符底部的最小距离为 0. 5 个模块宽。EAN－13 商品条码供人识别字符中的前置码印制在条码符号起始符的左侧。

2. EAN－8 商品条码的符号结构。EAN－8 商品条码由左侧空白区、起始符、左侧数据符、中间分隔符、右侧数据符、校验符、终止符、右侧空白区及供人识别字符组成。见图 2－10和图 2－11。

图 2－10　EAN－8 商品条码的符号结构

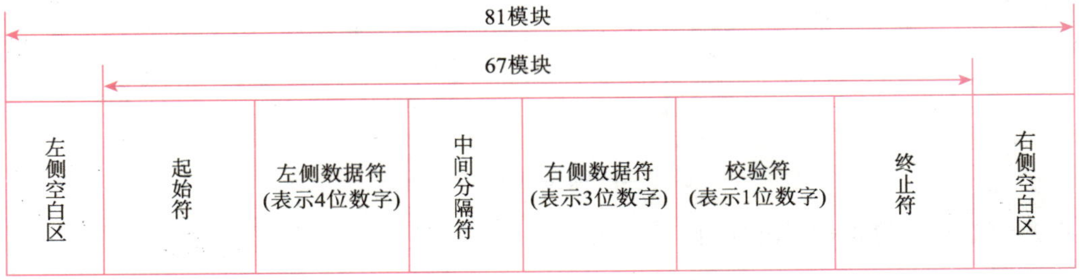

图 2－11　EAN－8 商品条码的符号构成示意图

EAN－8 商品条码的起始符、中间分隔符、校验符、终止符的结构同 EAN－13 商品条码。

EAN－8 商品条码的左侧空白区与右侧空白区的最小宽度均为 7 个模块宽。为保护左右侧空白区的宽度，可在条码符号左下角加 “ < ” 符号，在条码符号右下角加 “ > ” 符号，“ < ” 和 “ > ” 符号的位置见图 2－12。

图 2－12　EAN－8 商品条码符号空白区中 “ < ” 和 “ > ” 的位置

供人识别字符：是与条码相对应的 8 位数字，位于条码符号的下方。

根据国际物品编码协会的规定，只有当 EAN－13 条码所占面积超过总印刷面积的 25% 时，使用 EAN－8 条形码才是合理的。EAN－8 条形码主要用于印刷空间不足的小包装商品，如化妆品、香烟等。缩短码尺寸为：6.73mm×21.64mm，放大系数取值范围是 0.80～2.00，间隔为 0.05。

（二）UPC 商品条码的符号结构

1. UPC－A 商品条码的符号结构。UPC－A 商品条码左、右侧空白区最小宽度均为 9 个模块宽，其他结构与 EAN－13 商品条码相同，见图 2－13。

图 2－13　UPC－A 商品条码的符号结构

2. UPC－E 商品条码的符号结构。UPC－E 商品条码由左侧空白区、起始符、数据符、终止符、右侧空白区及供人识别字符组成，见图 2－14。

图 2－14　UPC－E 商品条码的符号结构

任务五
店内码、图书代码和期刊代码认知

背景

某顾客在超市购买了几样店内包装的水果，发现水果包装上的条码是由超市机器打印后粘贴的，而且条码的前几位数字与超市里绝大多数预包装商品上的条码不同；该顾客又去新华书店买了一本图书，并在附近报摊上买了一本生活杂志，发现两种印刷品上面的条形码的符号结构也不同，而且与超市里的商品条码结构也有差异（见图 2－15 店内码、图书代码和期刊代码）。该顾客很是疑惑。

图 2－15 店内码、图书代码和期刊代码

请问：“背景”材料中几种商品的条码的前缀码为什么与超市里的预包装商品的条码不一样？

学习目标

理解商品店内码的概念；掌握商品店内码、图书代码和期刊代码的符号结构及含义。

基础知识与技术

一、店内码

有些商品，如鲜肉、水果、蔬菜、熟食品等以随机重量销售的。这些商品的编码任务一般不宜由商品的生产者承担，而是由零售商完成。零售商进货后，对商品进行包装，用专用设备对商品称重并自动编码和制成条码，然后将条码粘贴或悬挂在商品包装上。这种专用设备取决于编码方法，所以设备制造商必须依据与零售商签订的协议生产设备。零售商编的代码，只能用于商店内部的自动化管理系统，因此称为店内码。有些零售商为了实现商店的自动化管理，不得不对本应由制造商编码的商品进行编码，这样的商品代码虽然也可以称为“店内码”，但已超出店内码的原来含义了。这种“店内码”的长度应从常规的商品代码长度中选取，如13位、8位、12位。表示“店内码”的条码也应按常规的印刷方法印刷。

在国外使用条码管理的商场中，有两种做法：一种做法是无论商品上原来有无条码，一律使用用户自己制作的“店内码”；另一种做法是充分利用商品上原有的条码，对没有条码的商品才标上用户自己制作的店内码。在国内已推广使用条码管理的商场中，也不外乎这两种情况。前一种做法基本上是中高档商场或专卖店，后一种做法基本上是所有超市和连锁店，因为商品价值较低、商品销售量大，全部使用店内码会增加商品的成本，从而不利于超市和连锁店的商品销售。当然，后一种做法对所有商场也都是适用的。而全部使用“店内码”的好处是可以根据用户自己对管理商品的要求来编制“店内码”，从而达到用户自己的管理要求。另一个好处是可以采用流水作业自动生成店内码，提高了条码制作效率。

国际上常用的几种店内码模式有EAN－13代码、EAN－8代码、UPC－A代码和UPC－E（LAC）代码，下面仅介绍EAN－13代码。

目前我国商店采用的店内码是EAN推荐的EAN－13（标准版）店内码，其结构与EAN/UPC－13商品代码不同，见表2－12。

表2－12　标准版EAN－13店内条码的代码结构

前缀码	商品项目代码	校验码
I_{12} I_{11}	I_{10} I_9 I_8 I_7 I_6 I_5 I_4 I_3 I_2 I_1	C

在EAN－13（标准版）店内码系统中，前缀码I_{12} I_{11}由两位数字组成，其值为20和21，22～29预留给其他闭环系统。前缀码用于指示该13位数字代码为商店用于表示商品变量消费单元的代码。C为校验码，其计算方法与EAN/UPC－13商品代码校验码计算方法相同。商品项目代码是中间10位数字（I_{10} I_9 I_8 I_7 I_6 I_5 P_4 P_3 P_2 P_1），用于标识商品信息，10位商品项目代码可用不同的方法构成，以表示商品种类、净重或计算出的价格或单元的数量。

商品项目代码的结构可由物品编码组织或零售商与设备供应商共同研究确定。为了提高店内条码打印设备的通用性，与设备供应商和零售商协商一致后，EAN推荐如表2－13所示的代码结构。

表2－13　EAN推荐的EAN－13店内条码的代码结构

结构		前缀码	商品项目代码	校验码
无价格校验码	4位数字价格码	I_{12} I_{11}	I_{10} I_9 I_8 I_7 I_6 I_5 P_4 P_3 P_2 P_1	C
	5位数字价格码		I_{10} I_9 I_8 I_7 I_6 P_5 P_4 P_3 P_2 P_1	
有价格校验码	4位数字价格码	I_{12} I_{11}	I_{10} I_9 I_8 I_7 I_6 I_5 VP_4 P_3 P_2 P_1	C
	5位数字价格码		I_{10} I_9 I_8 I_7 I_6 VP_5 P_4 P_3 P_2 P_1	

注：表中I为商品项目代码；V为价格校验码；P为价格代码（包括一位或两位小数）。

二、EAN系统的图书代码

图书作为一种商品，不仅具有商品的一般属性，而且具有流动量很大、流速快、流通范围广、流经环节多等特点。国际物品编码协会（EAN）与国际标准书号中心（International Standard Book Number，ISBN）达成一致协议，把图书作为特殊的商品，将EAN前缀码978作为国际标准书号（ISBN）系统的专用前缀码，并将ISBN书号条码化。

按照国际物品编码协会的规定，图书代码可以用两种不同的代码结构来表示，一种是把图书视为一般商品，按EAN商品编码方法进行编码；另一种是利用图书本身的ISBN书号，按照EAN和ISBN协议规定，将978作为图书商品的前缀进行编码。

1. 将图书按一般商品进行编码。将图书按一般商品进行编码，其代码结构见表2－14。

表2－14　图书按一般商品进行编码的代码结构

国别代码	图书代号	校验字符
$P_1\ P_2\ P_3$	$X_1\ X_2\ X_3\ X_4\ X_5\ X_6\ X_7\ X_8\ X_9$	C

$P_1 \sim P_3$：前缀码，是国际编码组织分配给各国编码组织的国别代码。

$X_1 \sim X_9$：图书代码，图书代码的具体结构由各国编码组织根据本国特点自行定义。比如：厂商代码＋书名代码；或出版社代号＋书名代码；或出版物代码＋价格代码。

C：校验字符，计算方法与EAN代码的校验字符相同。

2. 直接采用图书的ISBN号。直接采用图书的ISBN号，其代码结构见表2－15。

表2－15　直接采用图书的ISBN号的代码结构

前缀码	图书项目代码	校验字符
978	$X_1\ X_2\ X_3\ X_4\ X_5\ X_6\ X_7\ X_8\ X_9$	C

前缀码978：EAN分配给国际ISBN系统专用的前缀码，用以标识图书。978为EAN留给ISBN系统的备用前缀码。

图书项目代码$X_1 \sim X_9$：直接采用图书的ISBN号（不含其校验码）。

校验字符C：图书代码的校验码，计算方法与EAN代码相同。

3. EAN系统的中国图书代码的结构。根据EAN的规定，各国编码组织有权根据自己的国情在图书编码的两种方案中，做出自己的选择。由于我国已加入国际ISBN组织，全国的图书已采用ISBN书号，ISBN书号完全可以满足EAN物品标识的需要。因此，我国选择第二种方案标识我国的图书出版物，并于1991年发布了《中国标准书号（ISBN部分）条码》国家标准。开始在全国图书上推广普及条码标志。

（1）中国标准书号代码结构。中国标准书号代码结构，按国际标准书号（ISBN）的构成，结构见表2－16。

表2－16　按国际标准书号（ISBN）的构成

组号	出版社号＋书序号	校验码
X	X X X X X X X X	X

组号：是国家、地区、语言或其他组织集团的代号，由国际 ISBN 中心负责分配，中国的组号为 7。

出版社号：由国家 ISBN 中心分配，其位数视情况由 2 ~6 位数字组成。

书序号：由出版社自行分配，每个出版社的书序号是固定的，计算方法是：

书序号 = 9 - （组号位数 + 出版社号位数）

书序号的位数由 6 ~2 位。

校验码：中国标准书号的第 10 位数字。

（2）EAN 系统的中国图书代码的结构。中国图书代码由 13 位数字构成，见表 2 - 17。

表 2 - 17 EAN 系统的中国图书代码的结构

前缀码	ISBN 号（不含校验字符）	校验字符
978	$X_1\ X_2\ X_3\ X_4\ X_5\ X_6\ X_7\ X_8\ X_9$	C

三、EAN 系统的期刊代码

按照 EAN 的规定，期刊可以有两种不同的编码方式，一种方式是将期刊作为普通商品进行编码，编码方式按照标准的 EAN - 13 代码的编码方式进行。这种方法可以起到商品标识的作用，但体现不出期刊的特点。另一种方法是按照国际标准期刊号 ISSN（International Standard Serials Number）体系进行编码。ISSN 是由国际标准期刊号中心统一控制，在世界范围内广泛采用的期刊代码体系。按照这个体系编码完全可以达到标识系列出版物的目的。因此，国际物品编码协会（EAN）与国际标准书号中心签署协议，并将 EAN 前缀码 977 分配给国际标准期刊系统，供期刊标识专用。

1. 按 EAN - 13 代码的编码方式进行编码。

对于每个国家具体采用何种编码方法来标识期刊，国际物品编码协会不作统一规定。每个国家的 EAN 编码组织可以根据自己的实际情况进行选择。

按普通商品编码规则编码的构成见表 2 - 18。

表 2 - 18 按普通商品编码规则编码的构成

国别代号	期刊标识代码（由各国 EAN 编码机构自行定义）	EAN - 13 代码的校验字符	补充代码 表示期刊的系列编号
$P_1\ P_2\ P_3$	$X_1\ X_2\ X_3\ X_4\ X_5\ X_6\ X_7\ X_8\ X_9$	C	$S_1\ S_2$

$P_1P_2P_3$：国别代号，由国际物品编码协会分配。我国的国别代号是 690。

X_1 ~ X_9：期刊标识码，是用来唯一标识期刊的代码，代码的结构由各国物品编码组织自行确定。利用这种结构的代码来标识期刊，期刊的价格应表示在 X_1 ~ X_9 中确定的位置，并且能直接在出版物的所在国使用。这样一旦该出版物流通国外，尽管价格可能不再适用，但作为普通标识编码的整体并没有破坏，同样可以作为期刊标识编码使用。

C：EAN - 13 代码的校验字符，可以由通过商品代码（EAN 码）的方法计算出来。

S_1S_2：期刊代码的补充代码，由两位数字构成，表示一周以上出版的期刊的系列号（即周或月份的序数）。

2. 直接采用ISSN号对期刊进行编码。直接采用ISSN号对期刊进行编码，其代码结构见表2－19。

表2－19　直接采用ISSN号对期刊进行编码的代码结构

前缀码	ISSN号	备用码	校验字符	期刊系列号
977	$X_1X_2\sim X_7$	Q_1Q_2	C	S_1S_2

前缀码977：国际物品编码协会分配给国际标准期刊号系统的专用前缀码。

$X_1\sim X_7$：国际标准期刊号（ISSN），不含其校验码。

Q_1Q_2：备用码，当$X_1\sim X_7$不能清楚的标识期刊时，可以利用备用码Q_1Q_2来辅助区分出版物。日刊或一周内发行几次的期刊，可以利用Q_1Q_2分配不同的代码。

S_1S_2：期刊系列号，仅用于表示一周以上出版一次的期刊系列号（即周或月份的序数）。期刊系列号的代码构成如下：

周刊S_1S_2：01～52（周的序数代码）；

双周刊S_1S_2：02，04，06，……52或01，03，05，……51；

月刊S_1S_2：01～12（月份的序数代码）；

双月刊S_1S_2：02，04……12或01，03，……11（月份的序数代码）；

季刊S_1S_2：与双月刊类似（以第一期的发行月份决定月份的序数代码的使用，01，04，07，10；02，05，08，11；03，06，09，12）；

季节性刊物：S_1是用年度的最后一位数（如2013年即为3）表示；S_2用季节代码表示：春季－1，夏季－2，秋季－3，冬季－4；

双季节性刊物S_1S_2：与季节性刊物相同。S_1为本年度的最后一位数表示；S_2为第二季度的代码（如春夏季刊物取2）；

年刊S_1S_2：01～12，用出版月份的序数表示；

特殊刊物（不定期）S_1S_2：01～99。

习题与训练

△ 名词解释

商品代码　商品编码　商品标识代码　商品条码

△ 选择题

○ 单项选择题

(1) 商品代码是用来表示商品一定信息的一个或一组有规律排列的（　　）。

A. 符号　　B. 字母

C. 数字　　D. 文字

(2) 商品代码要同国家商品分类编码标准一致，与国际通用的商品分类编码标准相协调，以利于实现信息交流和信息共享，体现了（　　）编码规则。

A. 唯一性　　B. 稳定性

C. 统一性和协调性　　D. 简明性

（3）（　　）适用于分类深度不大的编码对象集合体。

A. 层次编码法　　B. 系列顺序编码法

C. 平行编码法　　D. 混合编码法

（4）商品条码的最后一位数字用以表示（　　）。

A. 前缀码　　B. 厂商代码

C. 商品项目代码　　D. 校验码

（5）EAN－13 条形码前 2 位或前 3 位代表（　　）。

A. 国家或地区代码　　B. 厂商代码

C. 商品项目代码　　D. 校验码

（6）按照 EAN 和 ISBN 协议规定，将（　　）作为图书商品的专用前缀码。

A. 690－692　　B. 2

C. 978　　D. 977

○ 多项选择题

（1）商品代码按其使用的符号类型可分为（　　）等。

A. 汉字　　B. 数字型代码

C. 字母型代码　　D. 汉字—字母混合型代码

（2）商品编码的方法有（　　）。

A. 顺序编码法　　B. 层次编码法

C. 平行编码法　　D. 混合编码法

（3）编制商品分类代码的原则是（　　）。

A. 唯一性和简明性　　B. 层次性和可扩性

C. 稳定性　　D. 统一性和协调性

（4）商品的店内码包括（　　）。

A. 前缀码　　B. 厂商代码

C. 商品项目代码　　D. 校验码

（5）条形码技术的优越性主要有（　　）等。

A. 准确度高　　B. 输入速度快

C. 美观　　D. 方便购物

（6）EAN 条形码是国际通用商品代码，有（　　）版本。

A. 13 位标准版条码　　B. 12 位标准条码

C. 8 位缩短码　　D. 7 位缩短码

△ 判断题

（1）商品代码不具有信息交换功能。（　　）

（2）商品分类代码中的层次编码法对应的是商品的面分类法。（　　）

(3) 商品分类代码中的平行编码法对应的是商品的线分类法。 ( )
(4) 条码中的条形幅和数字码所代表的信息是不同的。 ( )

△ **简答题**

(1) 什么是商品代码？商品代码有几种类型？
(2) 什么是商品编码？商品编码的原则是什么？
(3) 编制商品分类代码的方法有哪些？
(4) 什么是商品标识代码？商品标识代码有几种类型？
(5) 什么是商品条码？商品条码有何特点？
(6) 什么是店内码？

△ **论述题**

(1) 分析商品分类代码的几种编制方法。
(2) 试述商品标识代码的特点。

△ **实训题**

实训任务：识别商品条码（包括店内码、图书和期刊代码）。

在学校附近选择一家超市，随机记录预包装商品条码、裸装商品的店内码若干，计算并验证这些商品条码。

实训目的：该项目训练学生对商品条码的识别与鉴别能力。

实训要求：

要求教师帮助学生明确识别商品条码的含义。

要求学生掌握商品条码的代码结构及验证方法。

要求教师对学生的识别和验证鉴别做出点评。

实训步骤：

(1) 确定识别和验证的对象。
(2) 确定识别和验证的方法。
(3) 调查编码对象，计算并验证商品条码。

组织形式：以班级学习小组为单位组织训练。

△ **案例分析**

条码——商品超级市场的“入场券”

在扫描商店，当顾客采购商品完毕在收银台前付款时，收银员只要拿着带有条码的商品在装有激光扫描器的台上轻轻掠过，就把条码下方的数字快速输入电子计算机，通过查询和数据处理，机器可立即识别出商品制造厂商、名称、价格等商品信息并打印出购物清单。这样不仅可以实现售货、仓储和订货的自动化管理，而且通过产、供、销信息系统，使销售信息及时为生产厂商所掌握。世界上 POS 店正以惊人的速度发展。事实上，条码已成为商品进入超市的必备条件，商品条码化是企业提高市场竞争力，扩大外贸出口的必由之路，是实现生产流通环节自动化的前提条件，同时也是制造商适时调整产品结构的技术保障。

问题：

（1）商品条码有什么特点？

（2）试述商品条码在流通领域的应用。

分析要求：学生分析案例提出的问题，拟出《案例分析提纲》；小组讨论，形成小组《案例分析报告》；班级交流，教师对各小组《案例分析报告》进行点评。

3 项目三 商品质量管理

案例导入

消费者使用某种商品，是因为该商品对其有用，即该商品具有满足其某种需求的属性，如成分、结构和性质，也即该商品具有使用价值。若商品仅仅具有使用价值，还不一定能进入市场销售。因为，商品能否进入市场流通，还要看该商品的质量是否合格。只有合格质量的商品才能允许被出售给消费者。否则可能导致质量事故，如因为劣质奶粉引发的“大头娃娃事件”。

按照国家食品药品管理局的规定：0～3个月的婴儿食用的奶粉，蛋白质含量必须达到12%，3～6个月的婴儿食用的奶粉，蛋白质含量应不低于10%，而这些劣质的奶粉中蛋白质含量大多数只有2%、3%，低的只有0.37%、0.45%，钙、磷、锌、铁等含量也普遍不合格。而且这些劣质奶粉中的成分和含量均不符合标准。

问题与思考：

1. 什么是使用价值？什么是质量？
2. 商品的使用价值与商品质量有什么关系？

任务一 商品质量认知

背景

某顾客看到在超市销售奶粉的货架上摆满了各种各样不同品牌、不同配方、用于不同消费对象的奶粉，便询问超市营业员“婴幼儿奶粉与其他人群食用奶粉最大不同在哪里？若随便购买其他人群食用奶粉给婴幼儿喝会怎么样?”超市营业员讲“这些奶粉的主要区别是奶粉的营养成分的种类和含量以及其他质量属性，其中蛋白质的含量是评价奶粉的使用价值和质量的一项重要指标。婴幼儿以奶粉为主食，若奶粉中的蛋白质含量不足以满足其生长发育的需要，就会出现营养不良的状况，甚至会出现孩子长成‘大头娃娃’的严重后果”。

请问：在其他指标合格，而蛋白质含量不能完全满足婴幼儿需要的婴幼儿奶粉有没有使用价值？这样的婴幼儿奶粉的质量又如何？

学习目标

理解商品的使用价值和质量的概念；明确商品的使用价值和质量的关系。

基础知识与技术

商品的使用价值是由商品体本身的属性所形成的。商品的属性构成了商品使用价值的物质基础，因此研究商品的使用价值就必须研究与商品有用性相关的各种属性。研究商品的使用价值，不仅要研究商品是否具有使用价值，重要的是研究商品使用价值的高低，而商品质量是衡量商品使用价值高低的尺度。

一、质量的概念

根据国际标准化组织在 ISO9000《质量管理体系基础和术语》中的定义：质量是指“一组固有特性满足要求的程度”。

定义中并没有将质量限定于产品或服务，而是泛指一切可单独描述和研究的事物。因此，质量概念既可以用来描述产品和活动，也可以用来对过程、人员甚至组织进行描述。这个概念突出反映了质量概念的广泛包容性。

定义中的“要求”既可以是明确表述出来的，也可以是隐含的、不言而喻的。

定义中的“特性”是指事物可以区分的特征。固有特性是指事物本来就有的，尤其是永久的特性。质量特性包括功能性、准时性、可靠性、安全性等。正是由于事物具有各种特性才使得它能够满足顾客以及其他利益相关方的要求。

二、商品质量的概念

商品质量分为狭义的商品质量和广义的商品质量。

狭义的商品质量指产品质量，习惯上称为商品品质。它是指产品与其规定标准技术条件的符合程度。它以国家标准、行业标准、地方标准、企业标准或订购合同中的有关规定作为最低技术条件，如加工精度、操作性能、使用寿命、安全可靠、外观要求等。

广义的商品质量指商品实体满足规定和潜在需要能力的特性之总和。广义商品质量不仅要反映满足用户需要的性能、可靠性、可维修性等指标，又要反映兼顾供需双方利益的经济要求，追求物美价廉基础上的适宜质量，同时还要反映维护社会利益的安全性、环境保护、能源等的要求。因此，质量要求的规定要同时考虑供给、需求及社会等方面的利益和要求，把质量定义为“使顾客满意”仅反映了一方面的利益，不够全面。

三、商品质量的特点

（一）商品质量具有动态性

质量要求不是固定不变的，随着技术的发展、生活水平的提高，人们对产品会提出新的质量要求。因而，应定期评定质量要求，修改规范，不断开发新产品、改进老产品，以满足已变化的质量要求。

（二）商品质量具有相对性

不同国家、不同地区因自然条件不同，技术发达的程度不同，消费水平不同和风俗习惯等的不同，会对产品提出不同的要求，产品应具有这种对环境的适应性，对不同地区应提供具有不同性能的产品，以满足该地区用户的需要。否则，在某地被评为质量很好的产品，销往另一地区时很可能被评为质量差，不好用。例如，日本销往中国的彩电要符合中国的电视制式、电压及电压的波动范围等质量要求而与销往欧洲地区的不同。

商品质量，通常是指商品的外观质量和内在质量两个方面。

商品的外观质量，主要指商品的外表形态，如商品的艺术造型、形态结构、花纹图案、式样规格以及气味、滋味、光泽、声响、包装等；商品的内在质量是指商品在生产过程中形成的商品体本身固有的特性，如化学性质、物理性质、机械性质以及生物学性质等。

因此，为了具体地表明某一商品质量的优劣，一般都要有对具体商品规定技术要求的质量指标。例如肥皂质量指标可分为感官指标和理化指标两大项。感官指标包括外观形状、色泽、气味等；理化指标包括总脂肪物含量、未皂化物含量、泡沫、硬度、溶解度、游离碱等。这些指标反映了这个时期生产的技术水平和人们对商品的不同要求。但这些质量指标也是随着社会发展和生产技术的不断进步以及人们需求的不断提高，而不断地加以修改的。

任务二
商品质量要求

背景

2012 年 3 · 15 晚会的现场，曝光了一些生产企业和零售企业生产和销售不合格产品的事件，其中有食品、塑料儿童玩具、玉石首饰、灭火器、液化石油气等等，每一件都令人触目惊心！这些产品不仅使用价值低或没有使用价值，甚至会危害到使用者的身体健康和生命、财产的安全，令现场的观众和电视机前的观众震惊和愤怒。主持人在问、观众也会问“这样的产品能流入市场吗?”“生产者和经营者不知道其生产经营的产品，应该满足消费者的哪些要求，具备什么样的属性吗!”

请问：这些商品的生产或经营者不清楚对商品质量有哪些基本要求吗?

学习目标

明确商品的质量属性；掌握商品质量的基本要求。

基础知识与技术

商品质量的基本要求是根据其用途和使用方法或使用目的提出来的。由于商品种类繁多，其用途和使用方法各不相同，因此，商品质量要求也各不相同。

一、对食品商品质量的基本要求

食品商品中含有人体生长发育和保证健康的营养物质。研究和提高食品的质量，对增强人民体质具有重要意义。根据食品的作用和消费习惯，对食品的质量要求有以下三方面：

（一）食品的卫生无害性

食品的卫生无害性是指食品成分中不能含有对人体有害的物质和不洁物，这是食品是否符合卫生要求的重要条件，是食品一个极为重要的质量指标。不符合卫生要求的食品会影响人们身体健康，甚至危及生命安全。卫生无害是对食品的最起码要求。

食品中有害物质的来源，一般有以下五个方面：

1. 自身产生的毒素。有些天然食品本身就含有毒成分，如河豚鱼内脏的河豚毒素，河蟹死亡后产生的组胺，白果中的氰甙及土豆的发芽部位所含龙葵素等。

2. 生物对食品的污染。有的食品含有寄生虫和寄生虫卵，食用后对人体健康危害也很大。如绦虫病、蛔虫病都是因食用了含有此类虫卵的食品所致。

3. 加工中混入的毒素。添加剂或香精等超出规定限量，罐头铁皮中的铅锌等重金属成分溶于食品中，油炸食品时生成的甘油醛等，都会造成食品的污染。

4. 保管不善产生的毒素。食品因保管不善可能感染微生物而腐败或霉变，食品发生霉烂变质时往往会产生有毒物质，如花生、玉米等发霉后产生的黄曲霉素可致癌。

5. 环境或化学药品造成的污染。主要指“三废”或不适当地施加农药等原因造成的环境污染而侵害食品。大气、水和土壤受到污染后，往往由于食物链的传递而使有毒物质在某些食品中上万倍地富集起来。在运输、销售过程中，因不注意食品卫生，受到化学药品、菌类、重金属污染的食品食用后除能引起急性中毒外，大部分能导致慢性中毒。

为了确保食品商品卫生，有效地防止食品污染，保障人体健康，所有从事食品商品生产和经营的单位和个人，都必须切实按照有关法规，对食品、食品添加剂、食品容器、包装材料、食品用具、设备和生产、经营场所以及有关环境，采取必要的防范和处理措施，并且接受食品卫生机关和消费者的监督，切实保证销售的食品符合卫生标准要求。

（二）食品的营养价值

能给人体提供营养物质，这是一切食品的基本特征。食品的营养价值包括营养成分、可消化吸收率和发热量三项指标。

1. 营养成分。是指食品中所含蛋白质、脂肪、碳水化合物、维生素、矿物质及水分等。不同的食品营养成分不同，在要求上也有区别，这是因为食品商品的种类非常多，很少有某一种食品能够包含全部营养物质。因此，各种食品所含的物质及其营养功能各有不同。所以人们需要从多种食品中获得各种营养成分，以维持正常生长和健康的需要。为了保持各种成分的齐全和均衡，饮食中需要克服偏食的习惯。

2. 可消化吸收率。是指食品在食用后，可能消化吸收的百分率。它反映了食品中营养成分被人体消化吸收的程度。因为食品中的营养成分，只有在被人体消化吸收后，才能发挥其基本作用。例如纤维素如果被水解后能产生葡萄糖，但人不能将纤维素消化水解，因而对人来讲纤维素不是一种营养物质，不具备营养价值。不同的营养成分被人体消化吸收的程度各不相同，即使同一种营养成分被不同的人消化吸收的程度也不完全一样。

3. 发热量。指食品的营养成分经人体消化吸收后，在人体内产生的热量。它是反映食品营养价值最基本的综合性指标。因为食品的热能是人体运动的能量源泉，人体对食品的需求量，通常是采用主要营养物质，如糖类（碳水化合物）、蛋白质、脂肪所产生的热量来表示的。1 克糖类经消化或完全氧化后产生的热量约为 16. 72 kJ，1 克蛋白质经消化或完全氧化后产生的热量约为 17. 1kJ，1 克脂肪产生的热量约为 37. 6 kJ。如已知食品中主要营养成分含量，即可计算出该食品的发热量。人体每天所需的能量主要包括基础代谢和从事劳动所需要的能量两个方面，因人的性别、年龄、劳动量、气候等因素的不同，人体对能量的需要也不同。

人们吃的主食，包括各种米、面之类，是供给人体热量的主要来源：副食中的鱼、肉、蛋、奶及其加工制品也是热量的重要来源；副食中的蔬菜、水果等是供应人体维生素、矿物质的主要来源。人体需要从多种食品中获得养分，以保证身体健康。因此，食品的营养价值是评价食品商品质量的基本条件。

（三）食品的色、香、味、形

食品的色香味形，是指食品的颜色、香气、滋味和总体风格，是评价食品质量的感官指标。分析食品的感官质量，可以鉴别食品的新鲜度、成熟度、加工精度、品种特征以及质量变化等。食品的色香味形还具有促进人们食欲、提高食品的消化率的作用。凡是颜色好的、气味香的、滋味可口的食品，只要见到或闻到，甚至想到，就会使人产生旺盛的食欲，引起人体消化器官分泌较多的消化液，从而提高对各种营养成分的消化和吸收。所以，食品的色香味形是评定食品质量的重要指标。

二、对纺织品商品质量的基本要求

纺织品商品包括纺织品和针织品两大类，对纺织品商品一般从原料、组织结构、机械性能和服用性能等方面来评定其质量。

（一）材料选择适宜性

纺织品商品的基本性能及其外观特征，主要由其所用的纤维材料决定，纤维材料的种类、品质对织品性能有重要影响。不同种类的纤维如棉、麻、丝、毛、涤纶、腈纶等纤维，其织品的性能特点各有不同；即使同种纤维不同品种，其织品也各有特色。因此，纺织品用途不同，所选择的纤维的种类和品质也各不相同。所以对纺织品的基本要求之一是材料选择要适宜。

（二）织物结构合理性

影响织物结构的因素很多，主要包括织物组织、织品的重量和厚度、织物的紧度和密度、幅宽、匹长及织物歪斜等。纺织品的组织结构影响着织物的外观和机械性能，如纺织品的厚度、紧度等可影响其透气性、保暖性、柔软性和硬挺性等；又如织纹组织可以变幻纺织品的花色品种。

（三）良好的机械性

在外力作用下，织物产生的应力与形变之间的关系，统称为织物的机械性能。主要指断裂强度与断裂伸长率、撕裂强度、耐磨强度、抗疲劳强度及弹性回复率等指标。强度是衡量纺织品耐用性能的指标。弹性回复率是衡量织物去除外力后恢复原状的能力。在检验中对这些指标应从织物的经向和纬向分别进行考察。某些机械强度还会直接影响织物尺寸稳定性和手感以及成品风格。

（四）适宜的服用性

纺织品的服用性主要是要求织品在穿用过程中舒适、美观、大方。服用性能涉及多个方面，其一，是指织品的缩水率、刚性、悬垂性，要求其符合规定标准；其二，吸湿性、透气性要符合卫生要求；其三，起毛起球、花型、色泽、色牢度及外观疵点处理方面，也都要符合有关标准。

（五）安全性

纺织服装要符合国家标准《国家纺织产品基本安全技术规范》（GB18401），并要标注服装的安全技术类别。

1. 产品分类。产品分为3类：

A类：婴幼儿用品；

B类：直接接触皮肤的产品；

C类：非直接接触皮肤的产品。

2. 技术要求。

（1）纺织产品的基本安全技术要求见表3－1。

表3－1

项　目		A类	B类	C类
甲醛含量（mg/kg）		20	75	300
pH值		4.0～7.5	4.0～7.5	4.0～9.0
色牢度	耐水（变色、沾色）	3～4	3	3
	耐酸汗渍（变色、沾色）	3～4	3	3
	耐碱汗渍（变色、沾色）	3～4	3	3
	耐干摩擦	4	3	3
	耐唾液（变色、沾色）	4	—	—
异味		无		
可分解芳香胺染料*		禁用		
a. 后续加工工艺中必要经过湿处理的产品，pH值可放宽至4.0～10.5之间。				
b. 洗涤褪色型产品不要求。				
c. 在还原条件下染料中不允许分解出的致癌芳香胺。				

（2）婴幼儿用品应符合 A 类产品的技术要求，直接接触皮肤的产品应符合 B 类产品的技术要求，非直接接触皮肤的产品应符合 C 类产品的技术要求。

（3）婴幼儿用品必须在使用说明上表明“婴幼儿用品”字样。其他产品应在使用说明上表明符合的安全技术要求类别。

一般适于身高 80 厘米及以下婴幼儿使用的产品可作为婴幼儿用品。

三、对日用工业品质量的基本要求

日用工业品包括的种类很多，各种商品有着不同的用途和使用特点。根据日用工业品的用途和使用特性，对其质量的基本要求有以下几方面：

（一）适应性

适应性是指某种商品满足其主要用途所必须具备的性能，它是构成这种商品使用价值的基本条件。不同商品的适应性各有不同要求，即使同一类商品，由于品种不同用途也不一样，其适应性的要求也不相同。同属玻璃制品，保温瓶的适应性主要是指其保温效能，窗玻璃则是指其透光性，如果保温瓶无保温作用，就不能称其为保温瓶了。因此，适应性是日用工业品质量的基本要求之一。

（二）安全卫生性

安全卫生性是指日用工业品在使用过程中，对保护人体健康和环境所必须具备的既安全又卫生的性能。日用工业品如盛放食品的器皿、餐具、玩具、化妆品、牙膏、肥皂等及其包装材料，都应无毒、无害、安全卫生，各种机械商品如自行车等，在使用过程中更应当有安全可靠性，对于工业品，使用时或使用后还应要求不污染环境，不引起公害，这一点已引起世界各国的普遍重视。

（三）耐用性

耐用性是指商品在使用时，抵抗各种外界因素对其破坏的性能。它反映了某一商品的使用寿命和使用次数，指商品的耐用程度；对于消耗性的日用工业品，如日化商品，其耐用性应指其使用效能，即用量和效果。对于非消耗性的日用工业品，其耐用性指使用时间长短。

（四）造型结构合理性

造型结构主要是指商品的形状、大小、部件装配及花纹色彩等。要求式样大方新颖、造型美观、色彩适宜、装潢适时，具有艺术感和时代风格，并且应无严重影响外观质量的疵点。如果商品造型结构不良，花纹图案不恰当，即使它们的适应性和耐用性都很好，也不会得到消费者的欢迎，结果造成滞销积压。对于那些起着美化装饰作用的日用工业品，它们的造型结构更具有特殊意义。

商品质量的各项基本要求，并不是孤立的、绝对的、静止的，而是相互联系和相对变化的。对某一种商品提出具体的要求时，不仅要根据不同的用途对其所属的各种属性进行分析，而且还必须与社会生产力的发展水平、国民经济的发展水平以及人民的消费水平、不同的消费习惯相适应。

四、对家用电器商品质量的基本要求

家用电器种类繁多，用途功能各异，对于这类商品的基本要求有以下几方面：

（一）安全性和可靠性

大多数家用电器都用交流电源，因此，家用电器必须有良好的电气绝缘性和良好的防护设施，以保证使用绝对安全。否则，不仅会从经济上给消费者带来损失，而且会造成人身伤害或火灾等严重事故，所以，对家用电器的起码要求是安全性。

家用电器属于耐用消费品，而且一般价格较高。对家用电器要求平均无故障时间长，可维修性强、维修方便，有较长的使用寿命。否则，不仅会使消费者经济上受损，生活上也会产生诸多不方便。因此要求家电商品要性能可靠。

（二）适用性、多功能性

适用性是指各种家用电器必须具备其所应具有的各种性能。如电冰箱的制冷性能，必须达到各星级的规定值；电视机要灵敏度高、图像清晰、不失真、画面柔和、音质效果好等。

家用电器商品的用途已由单功能发展成为多功能，自动化程度越来越高。对其要求是一物多用、自动控制、使用方便。如全自动洗衣机，有洗涤、漂洗、甩干、烘干等多种功能。另外，无论哪种家电都要求耗电量小、节约能源。

（三）外观要求

家用电器商品具有装饰环境和美化生活的作用，对外观质量要求高。如要求造型美观、结构合理、色调柔和、装饰新颖等。

任务三
商品质量因素

背景

有一顾客来到某百货商店买衣服，看到店里琳琅满目的服装，不知选哪件好。这时服装导购员过来接待了她，了解到该顾客的要求后，便告诉该顾客选购服装时应考虑的一些质量因素。在导购员的帮助下，该顾客挑选了一件纯棉针织休闲套装，满意而归。

请问：消费者选购商品时应考虑哪些质量因素？

学习目标

明确影响商品质量的因素；理解质量因素影响的机理。

基础知识与技术

影响商品质量的因素有许多方面。一种商品从生产开始到进入流通领域一直到使用寿命结束需要经历很多不同的环节，每一个环节都有可能成为影响其质量的因素。通常情况下，影响商品质量最根本的因素是生产过程中的原材料和生产工艺，其次是流通过程和使用过程的诸因素。

一、生产环节

生产环节是影响商品质量的首要因素。这个环节主要是要注意对原材料的合理选择和使用，提高和改进生产工艺，以及注意商品的包装。对于农副产品则要注意所选用品种及饲养、栽培、收获方法和生产条件、收获季节等。

（一）原材料

原材料是构成商品的物质基础，在其他条件相同的条件下，原材料的性质直接决定商品质量的高低优劣。用不同原料制成的用途相同的商品，其质量不会相同。因此在衡量商品质量时，首先应当对其原材料或零配件进行认真分析研究，尤其要注意原材料的化学成分、结构、性质对该商品质量的影响，分析商品质量的各种特点，以便找出更好的提高商品质量的有效途径。

商品的用料应当符合节约原则，在确保商品质量的前提下，力求合理利用原材料。在生产中节约原材料和使用代用原料的目的，是为了改善产品性能。不能把节约原材料同保证和提高商品质量对立起来，应当不断发掘新材料、开发新产品，并提高材料利用率。

（二）生产工艺

商品的各种有用性是在生产过程中形成和固定下来的，因此生产工艺在一定条件下对商品质量起决定作用。生产工艺主要是指产品在加工制造过程中的配方、操作规程、设备条件以及技术水平等。生产工艺过程都是按照科学规律制定的，必须根据规程规定进行生产，这样才能保证商品质量。相同的原材料，由于工艺方法或加工技术水平不同，往往会造成商品质量的差异。

商品的生产工艺，还表现在商品结构的合理设计上。商品的结构主要是指商品的外形、大小和各个部件的装配方法等。结构合理与否对商品质量的影响是很大的。因为结构不良不仅会影响商品的外观，也会降低商品的适用性和坚固耐用性。如果商品结构设计新颖、样式流行、花样众多、装配坚固，商品的质量也会随之提高，从而受到消费者的欢迎。

（三）商品包装

商品包装是商品生产的继续，也是商品生产的最后一道工序。商品只有经过包装以后，才算完成了全部生产过程，才能进入流通和消费领域。包装不好，不仅给商品运输、保管、销售带来不便，而且也会使商品遭到破损、污染或受到微生物侵入而霉腐变质。因此，适宜的商品包装能够保证商品质量的完好，有的商品还因有了良好的包装而身价倍增。

二、流通环节

流通环节也存在着对商品质量影响的因素。流通过程是指商品离开生产过程进入消费过程前的整个区间，主要指商品运输、保管和购销条件等方面。商品在流通过程中，都要经过时间和空间的转移。商品的贮存和运输是不可避免的，在这期间，由于受到各种外界因素的影响，往往会发生商品质量不断降低的现象。商品在流通中停留的时间越长，质变的可能性就越大。因此，商品周转快慢是流通中影响商品质量的主要因素。商品的运输、保管和购销条件及方法也是十分重要的因素。如果在流通中恰当地选择运输工具、保管场所、销售地点和环境等，合理地进行商品运输、贮存，控制各种环境因素对商品质量的影响，就可以延缓商品质量向劣质方向发展，保护其使用价值。

三、使用环节

商品使用过程中影响商品质量的诸因素，是指商品的安装、使用和保养。商品在使用过程中，除对商品进行合理的保养和维护外，商品的合理安装和使用方法对商品质量的影响也很大。如果安装和使用方法不当，会损坏商品体，降低其使用价值，有时甚至能直接危害人身安全。所以，对有些商品应认真编制使用（食用）和养护说明书，并采取多种形式向消费者宣传、传授使用（食用）和养护知识，设立必要的咨询中心、维修网点等，这些都是在使用过程中保护商品质量的重要途径和措施。

习题与训练

△ 名词解释

质量　商品品质　商品质量　内在质量　外观质量

△ 选择题

○ 单项选择题

(1) 纺织产品的基本安全技术类别中 A 代表的是（　　）。

A. 婴幼儿用品　　B. 青少年用品

C. 中年人用品　　D. 老年人用品

(2)（　　）是食品质量最起码的要求。

A. 卫生无害　　B. 营养成分

C. 可消化吸收率　　D. 发热量

(3) 决定商品质量的因素是（　　）。

A. 生产工艺　　B. 原材料

C. 商品包装　　D. 商品储存

○ 多项选择题

(1) 商品质量的特点有（　　）。

A. 动态性　　B. 相对性

C. 绝对性　　D. 统一性

(2) 对纺织品商品质量的基本要求，一般从（　　）等方面来评价。

A. 原材料　　B. 组织结构

C. 机械性能　　D. 服用性能

(3) 对日用工业品商品质量的基本要求，一般从（　　）等方面来评价。

A. 适应性　　B. 耐用性

C. 安全卫生　　　　D. 造型结构

△ 判断题

(1) 质量合格的商品质量也是指消费者满意的商品质量。 (　　)
(2) 商品的感官指标对应的是商品的内在质量。 (　　)
(3) 食品的营养价值是评价食品质量的最基本的指标。 (　　)

△ 简答题

(1) 什么是商品质量？商品质量的基本要求有哪些？
(2) 决定和影响商品质量的因素有哪些？

△ 论述题

(1) 列出某类商品的质量属性。
(2) 分析食品、纺织品和工业品质量的基本要求。
(3) 试述决定和影响商品质量的诸因素。

△ 实训题

实训任务：分析绿茶与其各质量因素之间的关系。

实训目的：该项目训练帮助学生掌握分析商品质量的影响因素，提高商品质量管理能力。

实训要求：

查阅茶叶相关知识，列出绿茶详细的质量属性。
依据所学相关理论，选择绿茶几个主要的质量属性。
依据所查阅茶叶资料，分析各质量属性形成的因素。
依据所学相关理论，分析各质量属性变化及其影响因素。

实训步骤：

(1) 列出质量属性。
(2) 找出质量因素。
(3) 确定绿茶与各因素的关系。

组织形式：以班级学习小组为单位组织训练。

考核要点：茶叶质量属性的把握是否准确；影响因素的分析是否合理。

△ 案例分析

聚焦2012年3·15晚会

在2012年CCTV“3·15晚会”上，集中曝光了一些生产企业和零售企业生产和销售的产品，其中有推迟食品的生产日期和保存期；利用废旧塑料（二料）制作塑料儿童玩具；普通石头经加工处理后制作玉石首饰；为降低成本减少了灭火器中的有效成分；用二甲醚部分替代液化石油气灌装在液化石油气瓶中；等等。

问题：

（1）质量管理部门为什么对上述产品的生产者或经营者进行处罚？

（2）对上述产品质量的基本要求有哪些？

（3）对生产领域和流通领域的商品质量分别有哪些部门来监管？

分析要求：学生分析案例提出的问题，拟出《案例分析提纲》；小组讨论，形成小组《案例分析报告》；班级交流，教师对各小组《案例分析报告》进行点评。

项目四

4 商品的属性认知

案例导入

话说“C”元素

金刚石、石墨都是由碳（C）元素组成的单质，但它们的物理性质有很大的差别，这是因为金刚石、石墨中碳原子的排列方式不同（见图4-1）。金刚石是最硬的一种矿物，用于制作钻探机钻头、刻刀、装饰品等；石墨则是一种最软的矿物，用于制作电极、铅笔芯、润滑剂等。

金刚石结构是立方晶系，面心立方格子。每个碳原子和周围4个碳原子形成碳-碳共价单键。每个碳原子位于正四面体的中心，周围四个碳原子位于四个顶点上，在空间构成连续的、坚固的骨架结构。

石墨中的碳原子与相邻的三个碳原子结合，形成正六边形蜂巢状的平面层状结构。所以单层极为坚硬，其层与层之间极为柔软。

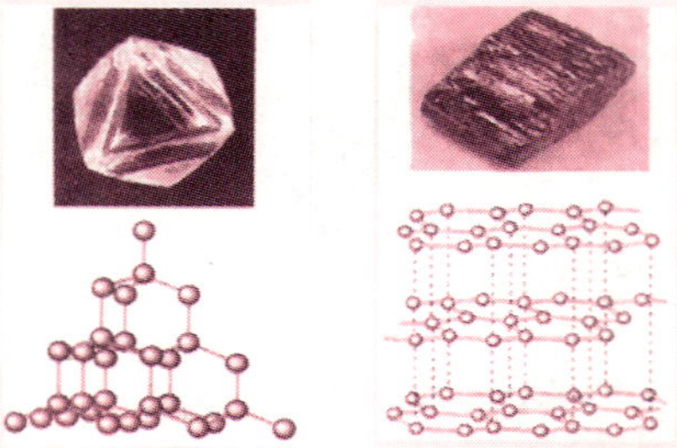

图4-1　金刚石（左图）与石墨（右图）

资料来源：曹汝英：《商品学概论——理论、实务、案例、实训》，高等教育出版社2010年版，第87页。

问题与思考：

1. 商品的成分、结构和性质与商品属性有什么关系？
2. 商品的属性与商品的使用价值有什么关系？

任务一
商品的基本属性认知

背景

电子商务策划需要对商品属性的规划，这是因为在实体店可以真实的看、感触、体验到真实的商品，而网上购物只能通过计算机了解商品之后决策是否购买，了解商品其实是了解商品的属性。网上购物了解商品的过程其实是了解该商品相关属性的过程，如买一件衣服需要关心图片、价格、材质、款式、分类等，其实都是该商品的属性。如果网上销售的商品属性没有规划好，等于商户自己都不清楚在卖什么东西！商品属性的重要性表现在以下三方面。

第一，商品属性的展示为商品的展示及筛选提供了多个维度，在丰富商品内涵的同时，使商品信息的标准化成为可能，为买家提供了更好的购物体验。

第二，商品属性是定义商品分类的核心。据统计，80%的用户会直奔其想要了解的商品品类栏目，因此商户需要让客户能在第一时间以最方便的途径找到其想要看的商品品类。所以对商品进行合理分类是非常关键的。

第三，商品搜索的本质其实是搜索商品的属性，用户的购物目的性越强，使用搜索功能就越频繁。网站的商品越多，搜索功能也就越重要。现实中，商户可以通过扩大卖场来展示更多的商品；购物网站却只能用显示器屏幕来展示。搜索功能的完善是个技术问题，而核心基础是商品基本属性的规划部署。

（资料来源：《电子商务策划之商品属性规划》，http：// www. chinaz. com/web/，2012 - 03 - 28。引文有增删。）

请问：“背景”材料中商品属性主要由哪些因素构成？

学习目标

理解商品的成分、结构和性质的含义及其相互关系；明确商品的成分、结构、性质与商品使用价值的关系。

基础知识与技术

商品使用价值的高低取决于商品的质量属性，而商品的质量属性主要是由商品的成分、结构和性质所决定的。因此，研究商品在流通和使用过程中质量属性的变化及其变化规律，合理组织商品购销，科学进行商品的运输和储存，满足消费需求，必须深入研究商品的成分、结构和性质。

一、商品的化学成分

商品的化学成分是商品各种化学组分的总称。不同的商品有不同的成分。有的商品所含化学成分比较单纯，有的则相当复杂。自然界中所有的物体，都是由物质组成的，物质分为无机物和有机物。

（一）商品中的无机物

商品中的无机物分为单质和化合物。一般把不含碳的化合物（一氧化碳和二氧化碳、碳酸和碳酸盐及氰化物等除外）统称为无机化合物，简称为无机物。

1. 单质。由同种元素的原子组成的物质叫做单质，单质又分为金属和非金属两类。

金属：常温下为固体（除汞外），具有良好的导热性、导电性和延展性，有特有的金属光泽，如金、银、铜、铝、镁、钾等。

非金属：在常温下有的是气体，有的是固体，只有溴是液体。大多数固体非金属比重较小，非金属气体的化学性质一般比固体活泼，如氧气、氢气、碳、硫、碘等。

2. 化合物。由两种或两种以上元素组成的物质叫做化合物。化合物按其组成和性质的不同又分为氧化物、碱、酸和盐。

氧化物：金属或非金属元素与氧结合成的物质。如氧化铜、五氧化二磷等。

碱：由一个或几个氢氧根（OH）和金属离子组成的化合物。如氢氧化钠、氢氧化钙等。

酸：由其分子中能被金属置换的氢离子和酸根组成的化合物。如硫酸、硝酸、盐酸等。

盐：是由金属离子和酸根组成的化合物。如氯化钠、硫酸铜、碳酸氢钠等。

一般来说，陶瓷、耐火材料等硅酸盐制品和各种金属制品，其成分都是无机物；在食品商品中，某些常量元素，如钙、镁、磷、氯等，和微量元素如铜、碘、氟等，都是无机物。

（二）商品中的有机物

有机物系指含碳的化合物（一氧化碳、二氧化碳、碳酸和碳酸盐等几种简单化合物除外），统称为有机化合物，简称有机物。

1. 低分子有机物。低分子有机物主要有碳氢化合物、碳氢化合物的衍生物、碳水化合物、含氮的化合物。碳氢化合物是由碳氢两种元素组成物质，简称为“烃”。烃类由于结构不同，又分烷烃、烯烃、炔烃、脂环烃和芳香烃等；烃的分子中的氢被其他原子或原子团取代后的产物叫做烃的衍生物，如醇、酚、醚、醛、酮、酸、酯等；碳水化合物是指单糖和双糖等；含氮的化合物是指硝基化合物、胺类、氨基酸等。

2. 高分子有机物。高分子有机物分为天然高分子有机物和合成高分子有机物。天然高分子有机物主要有淀粉、纤维素、蛋白质、橡胶等；合成高分子有机物主要有合成橡胶、合成纤维、合成塑料。

一般由有机物质为原料制成的商品，为有机成分的商品，如绸缎（蚕丝）、毛线（羊毛）、棉布（棉花）、麻布（各种麻类）；由无机物质为原料制成的商品，为无机成分商品，如铁制品、铝制品（各种金属）、玻璃制品、水泥制品（硅酸盐）。

二、商品的结构

商品的结构是指商品各个部分的总配合，包括原材料及其组合、商品形态以及商品体内部的原子、分子组合等。不同种类的商品，由不同成分的原材料、经过不同的生产工艺加工制成，因而具有不同的结构。

商品的种类繁多、形态各异，概括地说，其物理状态一般分为气态、液态和固态三类。工业品中只有少数商品是气体和液体，绝大部分是固体。因此，在这里着重分析固体商品的结构。

（一）固体商品的宏观结构

固体商品的宏观结构是指商品体的外形结构、组织结构以及一切可被肉眼或放大镜（10 倍以下）所观察到的结构。商品的宏观结构使商品显示一定的物理机械性能，是衡量商品质量的一个重要因素。

农副产品大多具有天然的结构。如鸡蛋的结构可分为蛋壳、蛋清、蛋黄三部分，按重量计，蛋壳约占 10%，蛋清占 60%，蛋黄占 30%。果品类的外形结构，一般为圆形、卵形或扁圆形。内部结构因品种而异。

加工品的结构，是在生产过程中人为设计的，这类商品的宏观结构是衡量商品质量的一个重要因素。例如，皮鞋是由鞋帮和鞋底结构的不同。鞋帮一般包括包头、中帮和后帮三部分，各部分的细微变化，都使皮鞋具有不同的特色，并且影响穿着的舒适程度。其中，鞋底的厚薄、材料变化、鞋跟的高矮，也都赋予皮鞋不同的质量和风格。

工业品商品通常是由若干个零件、部件组装而成的。按其功能可以分为基本结构和辅助结构。使商品具有使用价值的结构为基本结构，使商品更好地发挥使用价值的结构称为辅助结构。

（二）固体商品的微观结构

商品的微观结构是指用光学显微镜（放大数十倍、数百倍）可以观察到的结构单元的组合。研究商品的微观结构，是为了深入探讨商品的内在质量及与商品质量有关的因素，明确商品加工、销售和使用的正确方法，如用显微镜观察到棉纤维的结构状态，可以判定纤维的成熟度。

（三）商品的内部结构

商品的内部结构是指用光学显微镜观察不到的物质内部的原子、分子的结构或者更大一些的结构单元。

工业品中有许多是以高分子物为原料制成的。这些高分子物的内部结构相当复杂，研究其内部结构与其性能之间的关系，有助于掌握高分子物的共同属性。

三、商品的性质

商品的成分和结构决定商品的性质，商品的性质概括地可以分为化学性质和物理性质。

（一）商品的化学性质

商品的化学性质是指商品抵抗各种外界因素对其发生化学作用的能力。

1. 耐水性。耐水性就是商品在不同温度下，对于水的连续作用或间歇作用所产生的反应。耐水性包括两个内容，一是商品抵抗水分子对其溶解的能力，二是商品对于水对其水解作用的稳定性。商品耐水性强弱，常用来确定其使用条件，储运、包装条件等。

2. 耐酸性和耐碱性。耐酸性和耐碱性是指商品抵抗酸、碱对其腐蚀的能力。研究商品对酸或碱的稳定性，有利于对商品的合理加工和使用，延长商品的使用期限。

3. 耐氧化、耐光、耐候性。耐氧化、耐光、耐候性是指商品在加工、保管和使用中抵抗空气中氧，日光中的紫外线和气候等外界因素的作用的能力。

（二）商品的物理性质

商品的物理性质是指商品在重力、湿、热、光等物理因素作用下的反应。

1. 比重。商品的比重可以直接用来表示和评价某些商品的质量（如纺织品、纸张、皮革、包装食品等），可作为鉴定商品或确定材料性质的指标，用来判断材料的本质、结构特点等。通过判定商品比重还可以计算出原材料消耗和商品的用途，以及运输商品的装载量。

2. 吸湿性。物体吸附和放出水分的性质称为吸湿性。具有吸湿性的商品在潮湿环境中能吸收水分，在干燥环境中能放出水分。它的含水量随着外界温湿度的变化而改变。吸湿性越强，其含水量改变的范围越大。商品吸湿性的强弱决定于商品的成分和结构。

3. 透气性和透水性。物体能被水蒸气透过的性质称为透气性，能被水透过的性质称为透水性。具有透水性的商品具有透气性；透水性大，透气性也大。

商品透气、透水性的大小取决于其结构的紧密程度，组织松弛则透气、透水性大，同时还与成分有关，成分中含亲水性基团，则透气、透水性大。

4. 热学性质。导热性是指物体传递热能的性质，影响商品导热性的主要因素是其成分和组织结构等。

耐热性是指商品受温度变化而不致破坏或显著降低强度的性质。影响商品耐热性的因素除商品成分、结构均匀性外，与导热性、膨胀系数也有关系。导热性大而膨胀系数小的物质耐热性高，反之耐热性差。

5. 光学性质。光学性质是指物体受到光线作用时所表现出来的性质。当光线照射物体时会发生透过、吸收和反射三种现象，因而反映出不同的颜色和具有一定的光泽。颜色和光泽是商品的一项重要外观质量指标。

6. 机械性质。机械性质是指商品受到外力作用时所表现出来的性质，是反映商品耐用性的重要质量指标。

（1）弹性和塑性。商品体在承受外力作用时产生的形变，有可复原和不可复原两类。可复原的形变叫弹性形变，这种物体叫弹性体，不可复原的形变叫塑性形变，这种物体叫塑性体。

（2）强度。商品抵抗外力作用保持体态完整的能力，称为强度。主要有抗张强度、抗磨强度、抗弯曲强度和硬度等。

①抗张强度。是表示商品抵抗拉伸荷重的能力，又称抗拉强度。

②抗磨强度。是商品抵抗其他物体摩擦的能力。

③抗弯曲强度。是表示商品抵抗弯曲荷重的能力。

（3）硬度。商品的硬度是指商品抵抗较硬物体对其压入的能力。

物体的硬度与其成分、结构，尤其与原子的排列及分子间的内聚力有关，与物体的抗张强度、抗磨度强和抗弯曲强度也有关，所以是一项综合性的指标。

任务二
食品商品属性认知

背景

民以食为天，我们生活的每一天都离不开吃。千百年来，广大人民群众从生活中总结出了药食同源的实践经验，并把防治疾病的措施寓于膳食之中，展示了科学饮食维系健康的科学道理。吃是人们永谈不衰的话题，吃得营养，吃得科学合理，吃得爽口，吃而不厌，吃得心旷神怡，吃得精力倍增。因此，食品中的营养成分的种类和含量是非常重要的。

请问：食品的营养成分与食品的营养价值以及人体健康有什么关系？

学习目标

掌握食品的分类；明确食品的成分、结构、性质与商品使用价值的关系。

基础知识与技术

食品是指各种供人食用或饮用的成品和原料，以及按照传统既是食品又是药品的物品，但不包括以治疗为目的的物品。随着时代发展和科技进步，新型食品不断涌现，食品的种类和品种越来越多。

一、食品的分类

食品的种类繁多，分类方法不尽统一，常见的分类方法有：

（一）按照食品的来源分类

按照来源食品分为动物性食品、植物性食品和矿物性食品。

动物性食品来源于动物界，主要包括畜类、禽类、蛋类、鱼虾类、奶类等，以及它们的各种加工产品。

植物性食品来源于植物界，主要包括谷类、杂粮、豆类、薯类、植物油、蔬菜、果品、茶叶、可可、咖啡、糖类、海产植物等，以及它们的各种加工产品。

矿物性食品来源于非生物界，主要有食盐、矿泉水等。

（二）根据食品是否经过加工分类

根据食品是否经过加工分为原料食品和加工食品。

原料食品是由各生产部门（农、林、牧、渔业等）所提供的没有经过再加工的产品。主要包括鲜活食品、生鲜食品和粮谷类食品。

鲜活食品，如水果、蔬菜、鲜蛋、水产品等具有生命活动的产品；生鲜食品，如畜、禽肉、鲜乳、水产鲜品等等。鲜活食品和生鲜食品，含水分多，易腐烂变质，故称为易腐食品。

粮谷类食品，主要包括小麦、稻谷、大豆、玉米、高粱、小米等。含水量少，性质稳定，比较耐贮藏。

加工食品是以原料食品的基础再经过进一步加工处理所得到的各种产品。

（三）根据食品的食用功能分类

根据食品的食用功能分为普通食品、强化食品、保健食品、绿色食品、功能食品。

普通食品属一般性食品，这类食品用量大且面广。

强化食品是指对食品中的一种或几种营养成分，人为地给予提高改进的食品。如强化维生素的饼干，强化铁的蛋制品等。

保健食品是指能促进和改善人体健康的食品。食品中含有特定营养成分，有突出的营养功能，对人体有保健作用。

绿色食品是指无污染、安全、营养类食品。具体地说是指其原料产地具有良好的生态环境，与原料生产有关的水质、土质、肥料、饲料等，必须符合一定的无公害控制标准，产品的生产、加工、包装等达到有关食品卫生质量标准的食品。

功能食品是指具有某种特殊作用的食品，供人们特殊情况下食用。

二、食品的营养成分及质量特性

食品的化学成分不但决定食品的质量和营养价值，同时还与食品的性质及其质量发生的各种变化有密切关系，也是决定食品加工、保管、包装方法的主要因素。因此，食品的化学成分是研究食品质量、营养价值和食品贮藏的重要依据。

食品营养价值主要取决于其所含的营养成分，因此，对其他成分不作研究。**食品的营养成分主要有糖类、蛋白质、脂肪、维生素、矿物质和水分等。**

（一）糖类

糖类广泛存在于动植物体内，糖类在人体内除少量的粗纤维不能被消化吸收外，大部分都能被人体利用产生热量，是食品中最易获得的比较经济的热量来源。

1. 糖的分类。糖类由碳、氢、氧三种元素组成，按其分子结构可分为单糖、双糖和多糖。

（1）单糖类。是糖类中最简单的不能再水解的糖。常见的单糖有葡萄糖、果糖和半乳糖。它们的分子式均为 $C_6H_{12}O_6$。单糖都溶于水，能够形成结晶，能够被人体直接吸收。单糖在酵母菌的作用下进行酒精发酵，在乳酸菌作用下进行乳酸发酵。由于分子的结构不同，不同的单糖具有不同的甜味和吸湿性。

（2）双糖类。是由两个单糖分子缩合而成的糖。常见的双糖有蔗糖、麦芽糖和乳糖。它们的分子式均为 $C_{12}H_{22}O_{11}$。双糖都能形成结晶，具有不同的甜度和吸湿性。双糖都不能直接被人体吸收，也不能被微生物直接发酵。

转化糖是蔗糖水解后的产物，即等量的葡萄糖与果糖的混合物，蜂蜜中含有天然的转化糖。

（3）多糖类。是由许多单糖分子缩合而成的较复杂的糖。常见的多糖有淀粉、糖原、半纤维素和纤维素等。它们的分子式为（$C_6H_{10}O_5$）n。其中淀粉是人们饮食中热量的主要来源。米面等主食中都含有大量的淀粉。淀粉无甜味、不溶于水，只有经消化水解成葡萄糖后才能被人体吸收。

食物纤维在体内不能被消化，因此不能视为营养成分，但由于食物纤维对肠壁的刺激作用，能引起肠壁的收缩蠕动，这促进了消化液的分泌，不仅有利于食物的消化，而且能促进粪便的排泄，从而阻止便秘的发生；食物纤维能吸收较多的水分，从而增加肠内物质的持水力，有利于营养成分的吸收；食物纤维能螯合胆固醇和胆汁盐，可减少血液中胆固醇的含量，降低心血管疾病的发病率；食物纤维能促使人体内代谢产生的有“毒”物质——粪便快速地排出体外，减少有毒物质的积累和与结肠接触的时间，从而可以防止或减少病症的发生。

2. 糖类主要的营养属性。

（1）是人体最重要的能量物质。每克单糖和其他糖类物质在人体内经氧化可产生16.72 kJ的热量，是人体内最主要的供能物质。在人类的饮食中，特别是在植物性食品为主的膳食中，糖所占的比例最大。

（2）对蛋白质有节约作用。如果膳食中糖类含量不足，无法满足人体活动所需的热能，就会动用一部分蛋白质氧化供能；如果糖类含量充足，人体所需热能有糖类提供，就能起到节约蛋白质的作用。

（3）有抗生酮作用。如果膳食中糖类严重不足，人体主要依靠脂肪氧化供热，脂肪在氧化过程中会发生一系列变化，其中有些产物累积起来会造成所谓的“酮症”，引起人体疲乏、恶心、呕吐及呼吸深而快，严重者还会导致昏迷。如果膳食中糖类充足，机体就不会过度动用脂肪，上述“酮症”也就不会发生。

（4）参与人体某些组织的构成。糖类也是构成人体某些组织的成分，例如血液中含有一定数量的血糖。肌肉和肝脏中含有糖原，是人体内所贮存的重要能源。此外，人体细胞核中的核糖、细胞膜中的糖蛋白、脑神经细胞的糖脂、结缔组织中的粘蛋白等等，也都有糖类物质参加其组成。

（二）脂肪

脂肪是由碳、氢、氧元素组成，有些脂类还含有磷、硫两种元素。

1. 脂类的分类。根据脂类的元素组成和结构，可把脂类分为脂肪和类脂两大类。

（1）脂肪。脂肪的主要成分是甘油三酯，脂肪中脂肪酸所占的比例为95%左右，所以脂肪的性质和营养功能主要取决于脂肪酸的性质。

根据脂肪酸碳链上是否含有双键，可分为饱和脂肪酸和不饱和脂肪酸。含不饱和脂肪酸较多的脂肪在室温下为液体，习惯上称之为油；含饱和脂肪酸比例较多的脂肪，在室温下为固体，习惯上称之为脂。用于食品加工和烹饪的油脂，一般通称之为食用油脂。

（2）类脂。类脂是一类性质类似脂肪的物质，主要有下列几种：

①蜡质。蜡质是由高级脂肪酸和高级一元醇缩合而成的酯类。昆虫表皮、植物体及其果实表面都含有蜡质。未经精制的植物油常含有油料作物种子种皮表面的蜡质。

②磷脂。磷脂除了含有甘油和脂肪酸外，还含有磷酸与有机碱。磷脂在生物体内具有重要的生理功能，其中以卵磷脂最为重要。在植物的种子、动物的卵、神经组织中都含有卵磷脂，其中蛋黄中的含量最高。

③固醇。固醇是环戊烷多氢菲醇的衍生物，因常温下为固体而得名。固醇依来源不同，可分为动物固醇和植物固醇。动物固醇中最主要的是胆固醇，它是脊椎动物细胞的重要组分，主要存在于脑、神经组织和脂肪组织中。植物固醇是植物细胞的组分之一，主要有存在于谷类的胚芽中的谷固醇，存在于大豆油及其他豆类油脂中的豆固醇，存在于酵母及某些植物中的麦角固醇。胆固醇和麦角固醇经紫外线照射可分别转变为维生素 D_3和维生素 D_2。

2. 脂类主要的营养属性。

（1）人体重要的能源物质。每克脂肪在体内氧化能产生 37.6 kJ 的热能，是等量糖类或蛋白质的 2.2 倍。食用含脂肪多的膳食，可减少进食量，减轻胃肠负担。如果人体对脂肪的摄入量长期超过需要，或膳食中糖类和蛋白质的摄入量超过人体需要，其中多余的部分也会转化为脂肪贮存在人体内，就会使人体发胖。

（2）提供人体必需的脂肪酸。必需脂肪酸（EFA）是机体生命活动所必需的，又不能为肌体合成，必须从食物中摄取的脂肪酸。必需脂肪酸多存在于植物油中，目前公认的亚油酸、亚麻酸和花生四烯酸具有 EFA 的活性。

（3）保护功能和保温功能。贮存在人体内脏器官表面的脂肪，具有保护内脏器官免受剧烈震动和摩擦的作用；贮存在皮下的脂肪组织，由于脂肪的导热性能差，具有保持体温的作用。

（4）促进其他营养素的吸收。食物中的脂溶性维生素 A、D、E、K 和胡萝卜素，能溶解在脂肪里，因此脂肪能促进上述维生素在人体里的吸收。磷脂还能在胃肠中促进食物中各种营养成分的乳化作用，扩大它们与消化酶的接触面积，也有利于人体对各种营养素的消化与吸收。

（5）改进食品的风味。在烹调中脂肪能增进食物的风味，除去原料中的异味，增进食欲。

（三）蛋白质

蛋白质存在于所有的生物体内，是一切生命现象的物质基础。除了少数矿物性食品外，几乎所有的食品都或多或少地含有蛋白质。

蛋白质都含有碳、氢、氧、氮四种元素，许多蛋白质含有硫元素，一些蛋白质含有磷元素，有的还含有铁、锌、铜、锰等元素。蛋白质中氮的含量比较恒定，约占总重量的 16%。蛋白质的分子结构极为复杂，其水解的最终产物是氨基酸。构成蛋白质分子的氨基酸种类主要有 20 种，多肽链是蛋白质的基本结构。

1. 蛋白质的分类。根据蛋白质分子组成，可分为单纯蛋白质和结合蛋白质两大类。

（1）单纯蛋白质。水解时只产生氨基酸的蛋白质称为单纯蛋白质。主要有清蛋白、球蛋白、谷蛋白、醇溶谷蛋白、精蛋白、组蛋白、硬蛋白。

（2）结合蛋白质。水解除了产生氨基酸外，还产生其他化合物的蛋白质称为结合蛋白质。主要有核蛋白、磷蛋白、脂蛋白、糖蛋白、色蛋白。

2. 蛋白质的主要营养属性。

（1）构成人体的细胞组织。人体的任何一个细胞、组织和器官都含有蛋白质。人体中除了水分，几乎一半以上是蛋白质组成的。人体各组织的更新和修补都必须有蛋白质参与，没有蛋白质就没有生命。

（2）参加物质的代谢调节。酶是由生物活细胞产生的，具有催化活性的特殊蛋白质。食物在人体内的消化吸收、血液循环、肌肉收缩、神经传导、感觉功能、遗传素质以及记忆、识别等高级思维活动，都要有酶的参加。人体新陈代谢过程是无数个带有顺序性和连续性的化学反应，能够互相配合、有条不紊地进行的过程，如果没有酶的催化，人体的生理活动和各种生命现象均无法进行。

（3）增强人体的抵抗力。当病原微生物和毒素入侵人体后，会刺激肌体的免疫系统，经过一系列复杂的反应，有关细胞会分泌出多种具有免疫作用的球蛋白，称之为抗体。抗体可存在于血清中，也可存在于消化道或呼吸道的分泌液中。抗体能识别相应的病原微生物和毒素，并与之结合，使病原微生物失去侵袭力，使毒素失去毒性作用。因此抗体是人体中具有重要保护作用的蛋白质。

（4）运载体内的代谢物质。蛋白质是人体内物质运输的载体。人体吸入的氧气和产生的二氧化碳是由血液中的血红蛋白来输送的；脂类一般不溶于水，它在血液中的转运是由蛋白质与其结合成脂蛋白的形式来输送的；体内许多小分子和离子也是由蛋白质来转运的，如服用体内的药物，被吸收进入血液之后，药物中的成分与血浆蛋白结合，输送到体内各部分组织中去。

（5）肌肉的收缩与松弛。人体内各种脏器的活动和一切机械运动，如心脏跳动、肺脏呼吸、胃肠蠕动、血管舒张、肢体运动和泌尿生殖过程等等，都是通过肌肉的收缩与松弛来实现的；而肌肉的收缩与松弛，取决于肌肉中肌动蛋白和肌球蛋白这两种蛋白质的结合与分离。

（6）提供人体的必需氨基酸。人体中千差万别的各种蛋白质，都是由20种氨基酸按不同的组合构成的，其中有8种氨基酸是人体不能合成的，必须从食物中摄取，这些氨基酸称为必需氨基酸（EAA）。它们是：异亮氨酸、亮氨酸、赖氨酸、蛋氨酸、苯丙氨酸、苏氨酸、色氨酸和缬氨酸。此外，组氨酸也是婴儿的必需氨基酸。食物蛋白质所含EAA的种类、含量、比例与蛋白质的营养价值具有十分密切的关系。

（7）提供人体所需的部分热能。当膳食中糖类和脂肪这两种能源物质的摄入量不足，或人体急需热能又不能及时得到满足时，蛋白质也能氧化产生热能供肌体需要。每克蛋白质在体内氧化可提供17.1kJ热量。如果在膳食中摄入的蛋白质超过人体的需要量时，多余的部分则在体内分解提供热能，或转变为糖原和脂肪贮存在体内，作为机体的能源储备物质。

（8）结缔组织的特殊功能。人体中以胶原蛋白为主体的结缔组织，不仅是皮肤、肌腱、韧带、软骨、毛发、指甲的主要成分，而且广泛散布于细胞之间，组成各器官的包膜及组织间隔，对于调节人体细胞外液的化学组成，维持细胞代谢的动态平衡，保持器官组织的正常形态及润滑、防御病菌和毒素的入侵，促进创伤的愈合等具有重要的作用。

此外，蛋白质还有激素的生理调节功能、遗传信息的控制、调节体液的渗透压等营养功能。

（四）无机盐

构成生物体的元素除去碳、氢、氧、氮四种构成水分和有机物质的元素以外，其他元素统称为无机盐。这些无机盐元素除了少量参与有机物的组成（如硫和磷）外，大多数均以无机盐的形态存在。食品中的无机盐经高温煅烧，不易挥发，一般人们称这些不挥发的残留物为食品的灰分。

1. 无机盐的分类。在人体内无机盐总量不超过体重的4% ~5%，根据不同无机盐元素在体内的含量，无机盐可分为常量元素和微量元素。

（1）常量元素。在人体内含量超过0.01%的无机盐元素称为常量元素或大量元素。钙在人体中的含量最高，第二是磷，第三是硫，接下来是钾、钠、氯和镁。

（2）微量元素。在人体内含量低于0.01%者称为微量元素或痕量元素。在众多的微量元素中，有些可能是通过食物和呼吸偶然进入体内的，并非人体所必需的，称之为非必需元素；而有些微量元素是人体所必需的，称之为必需元素，如铁、锌、铜、碘、锰、钼、钴、硒、铬、镍、锡、硅、氟和钒。

2. 无机盐主要的营养属性。无机盐虽然不能提供热能，但具有重要的营养与生理功能。

（1）构成人体的组织。无机盐是构成人体组织的重要材料，如钙、磷、镁是骨骼和牙齿的重要成分；磷和硫是构成组织蛋白的成分；细胞中普遍含有钾；体液中普遍含有钠。

（2）参与某些具有特殊生理功能物质的组成。铁是血红蛋白和细胞色素的重要成分；锌是构成胰岛素的重要组成；碘是甲状腺素中的成分。有些无机离子还是酶的组成部分，如过氧化氢酶中含有铁；酚氧化酶中含有铜；碳酸酐酶中含有锌等。

（3）作为某些酶的激活剂或抑制剂。镁离子对参与能量代谢的多种酶类有激活作用，而有些离子则对酶有抑制作用。由于某些无机离子与许多酶的活性具有密切的关系，所以它们也影响着机体代谢的调节。

（4）维持体液的渗透压。人体体液的渗透压主要取决于所含质点的浓度。体液的渗透压主要由其中所含的无机盐（主要是氯化钠 NaCl）和蛋白质来维持，一个氯化钠分子可以电离出一个 Na^+ 和一个 Cl^-，使质点数比分子状态增加一倍，因此这一体系能维持各组织细胞一定的渗透压，从而使细胞蓄留一定量的水分，保持细胞的紧张状态，并对细胞内外物质的进出方面起着重要的调节作用。

（5）保持机体的酸碱平衡。人体的体液必须维持在一定的酸度范围之内，例如血液的pH应在7.3 ~7.4之间，如果超出这个范围就会发生不同程度的酸中毒或碱中毒。在人体中依靠无机盐与蛋白质一道组成一个强有力的缓冲体系，对保持机体的酸碱平衡起着非常重要的作用。

（6）维持神经与肌肉的应激性。存在于人体组织液中的各种无机离子，特别是 K^+、Na^+、Ca^{2+}、Mg^{2+}，当它们的浓度保持一定比例时，对维持神经、肌肉的兴奋性、细胞膜的通透性以及所有细胞的正常功能，具有十分重要的意义。

3. 酸性食品与碱性食品。人体吸收的矿物元素，由于它们的性质不同，在生理上则有酸性和碱性的区别。属于金属元素的钠、钾、钙、镁等，在人体内氧化生成带阳离子的碱性氧化物，如 N_2O、K_2O、CaO、MgO 等。含这些带阳离子金属元素较多的食品，在生理上称它们为碱性食品。

食品中所含的另一类矿物元素为非金属元素：如磷、硫、氯等。它们在人体内氧化后，生成带阴离子的酸根，如 PO_4^{3-}、SO_4^{2-}、Cl^- 等。含有带阴离子非金属元素较多的食品，在生理上称它们为酸性食品。

大部分蔬菜、水果、豆类都属于碱性食品。水果中虽然含有各种有机酸，在味觉上呈酸性，但这些有机酸在人机体内经氧化，生成二氧化碳和水而排出体外，所以水果在生理上并不显酸性。而水果中存在的矿物元素属于碱性元素，所以水果在生理上却属于碱性食品。

大部分的肉、鱼、禽、蛋等动物食品中含有丰富的含硫蛋白质；而主食的米、面及其制品中含磷较多，所以它们均属于酸性食品。

（五）维生素

维生素（Vitamin，V）是人体为了维持正常的生理功能而必须从食品中获得供给的微量低分子有机物质。能在机体内转化为维生素的物质称为维生素原。维生素是机体代谢必不可少的营养素，它们虽然不能提供人体所需热能，在生理上的需要量也很少，但能够调节生物体的各种生理活动，而且有些维生素还是酶的组成部分。不同的维生素在人体内具有不同的作用方式和发挥不同的生理功能。人体如果缺乏某种维生素，就会引起该种维生素的缺乏症。

1. 维生素的命名。

（1）以字母命名。食品中的维生素在人们还没有了解维生素的化学组成和分子结构之前，多以英文大写字母 A、B、C、D、E…命名，分别称之为维生素 A、维生素 B、维生素 C、维生素 D、维生素 E 等，简写为 VA、VB、VC、VD、VE 或 A、B、C、D、E 等。

（2）以化学组成命名。现在维生素的化学组成和分子结构已被人们了解并能进行人工合成，所以许多维生素以其化学组成命名，如 VA 命名为视黄醇、VD 为骨化醇、VE 为生育酚、VB_1为硫胺素、VB_2为核黄素、VB_3为泛酸、VB_5为烟酸、VC 为抗坏血酸等等。

（3）以主要功能命名。不同维生素具有不同的生理功能，因此许多维生素以其主要功能进行命名，如 VA 命名为抗干眼病维生素、VD 为抗佝偻病维生素、VE 为生育维生素、VB_1为抗神经炎维生素、VB_5为抗癞皮病维生素、VC 为抗坏血病维生素等等。

2. 维生素主要的营养属性。由于维生素种类很多，下面分类介绍对人体比较重要又容易缺乏的维生素 A、D、E、B_1、B_2、B_5、C 的生理功能与食物来源。

（1）脂溶性维生素。

维生素 A。维生素 A 能维持人体的正常视力，也是维持上皮组织健全所必需的物质，并且有利于眼、呼吸道、尿道、生殖系统等黏膜细胞中糖蛋白的生物合成，促进骨骼和机体的正常发育。维生素 A 的良好食物来源是动物肝脏，鱼肝油富含维生素 A。胡萝卜素在体内转化为维生素 A，称为维生素 A 原。维生素 A 主要来源于有色蔬菜，如胡萝卜、豌豆苗、菠菜、鸡毛菜、荠菜、塌棵菜、香菜和苋菜，西瓜也含有较多的胡萝卜素。

维生素 D。维生素 D 能促进钙和磷在人体内的吸收和骨骼组织钙的沉积，减少尿中的排磷量，使血磷、血钙浓度增加，有利于钙、磷最终成为骨质的基本组成。在食物中维生素 D 含量丰富的是动物的肝脏和禽蛋，鱼肝油中维生素 D 含量也很高。

维生素 E。维生素 E 与人体的生殖功能可能有关，临床上常用来治疗不孕症、习惯性流产、月经异常和更年期综合症等。维生素 E 还具有抗衰老的功能，能消除或减轻体内脂肪的过氧化反应，减少体内脂褐质的堆积。维生素 E 的良好食物来源是黄豆、豌豆、小麦粉和玉米油，花生油和芝麻油也富含维生素 E，多数绿色蔬菜如菠菜、芥菜、生菜等，以及肉类、乳类、蛋类等也含有维生素 E。

（2）水溶性维生素。

维生素 B1。维生素 B1 是脱羧辅酶的重要成分，是机体利用糖类所必需的维生素。维生素 B1 广泛存在于生物界中，在植物的胚芽、麸皮和糠皮中含量较高，所以加工精度不高的米、面含有较多的 B1；在动物组织中以心、肝、肾的含量最多，乳及蛋黄中也含有相当多的 B1；酵母能自己合成维生素 B1，所以酵母片含有大量的 B1。

维生素 B2。维生素 B2 是人体生物氧化酶系统辅基的重要组成部分，参与肌体内物质与能量的代谢过程，是细胞内产热营养素进行氧化反应必不可少的物质。维生素 B2 的膳食来源主要是动物性食品，其中以肝、心和肾为最高，奶类和蛋类也含有比较多的 B2。在植物性食品中 B2 的含量较低，除了豆类和绿叶蔬菜有一定含量外，谷类和一般蔬菜都很少，但有些菌藻类食品和野菜的含量则较为丰富。

维生素 B5。维生素 B5 有许多名称，除了被称为烟酸外，还称为尼克酸和维生素 PP。B5 在人体内参与构成辅酶Ⅰ和辅酶Ⅱ，是细胞内生物氧化过程中重要的递氢体，是电子转移系统的起始传递者。维生素 B5 往往与 B1、B2 同时存在于食物中，在谷物的麸皮、米糠、豆类和菌藻类中含量较多，畜、禽、鱼肉和内脏富含 B5，特别是在肝、肾、心中含量尤高。

维生素 C。维生素 C 是所有具有抗坏血酸生物活性的化合物的统称，其中 L－抗坏血酸的效价最高。维生素 C 主要来源于新鲜蔬菜和水果，含量较丰富的有柑橘、枣、山楂、番茄、辣椒、豆芽等。有些野菜和野果含有大量的维生素 C，如野苋菜、刺梨、番石榴、沙棘、猕猴桃、酸枣和金樱子等，其中刺梨、沙棘、猕猴桃的含量为柑橘类水果的几十倍至上百倍。

（六）水分

水是最普通的物质，也是各种动植物体内最丰富的化学成分。各种新鲜食品都含有大量的水分，食品中的水在人体内虽然不产生热能，但它也是一种重要的营养成分。因为人体的各种组织都含有水，并且水在机体的各种代谢过程中都发挥着十分重要的作用。

1. 水主要的生理属性。水具有某些特殊的物理性质，如溶解能力很强，是一种很好的溶剂；介电常数很大，能促进电解质电离；热容量很高，热量有变化时温度不会有大的波动；黏性很小，可减少接触面之间的摩擦力。由于水具有这些特殊的功能，所以它在人体内具有许多特殊的生理功能。

（1）参与各种生理活动。食品中的许多营养成分都溶于水，即使不溶于水的脂肪和某些蛋白质，在适当的条件下也能分散在水中成为乳状液或胶体溶液。食品的消化是属于水解过程，水不仅作为食品营养成分的溶剂和酶的载体，而且参加了水解反应。因此食品的消化需要水，消化后营养物质的输送也要有水参加，直至把废弃物排出体外，都不能离开水。

（2）参与渗透压的调节。人体的细胞和体液都维持一定的渗透压，才能维持细胞的完整和细胞内外物质的交换。渗透压的大小与液体的浓度成正比，当溶液中溶质的质点数不变时，水分增加了，渗透压就变小；反之则增大。所以机体通过对水的吸收与排泄，可以调节其渗透压的高低，以保证细胞正常的生理功能。

（3）维持人体正常的体温。水的比热大，因此当人体内热量增加或减少时，不至于造成体温会有较大的波动。水的蒸发潜热也很大，因此皮肤表面少量汗水的蒸发就可以散发人体大量的热量，通过血液流动就能起到平衡全身体温的作用。

(4) 在体内起润滑作用。人体内关节、韧带、肌肉、膜等处的滑润液都是水溶液，由于水的粘度小，可使摩擦面润滑，减少损伤，即使是食物的吞咽，也需要水的帮助。

由于水在人体内发挥着重要的功能，所以人体一刻也不能离开水。一个人即使他贮存的糖原和脂肪全部被消耗掉，蛋白质消耗掉一半，生命仍然能够勉强维持；但占人体重量70%的水分，如果损失10%，人就会感到不舒服，损失量达20%时，就可能会导致死亡。

2. 人体所需水的来源。人体所需水量因体重、年龄、气候、劳动强度各有不同。一般正常成年人每天需水2~3升，每千克体重每天需水40毫升，由于婴幼儿新陈代谢旺盛，每日需水量按体重比成年人高2~4倍。

人体所需水量主要由人体饮水，食物中所含水分和人体内生物氧化产生的水来提供。人体饮水是人体内需水量的主要来源，它随需要量不同有增有减。食品中的含水量，绝大多数食品都来源于动物界和植物界，由于水是动植物体中含量最丰富的物质，所以无论是动物性食品，还是植物性食品都含有大量的水分。人体内生物氧化产生的水，人体内由脂肪、糖、蛋白质氧化所产生的水是因食物不同各异。

3. 水的硬度与人体健康。水的硬度是指溶解在水中的盐（Ca^{2+}、Mg^{2+}）的含量，通常水的硬度以"度"表示。1升水中钙、镁离子含量相当于10毫克氯化钙时，称为1度。根据水的硬度大小把水分为极硬水（硬度在30度以上），硬水（硬度为16~30度），中等硬水（硬度为8~16度），软水（硬度为4~8度）、极软水（硬度在4度以下）。一般人体可以饮用水的硬度在10~20度之间。

对于硬水、软水的处理方法较多。家庭用水可以采用简易的办法，如一般硬度较大的水可以经煮沸使之软化，可以达到适宜的硬度；对于饮用软水的地区的人们可多吃一些含钙、镁离子丰富的食物，同时，限制食盐的摄入量。

此外，食品中还含有有机酸、芳香油、叶绿素等形成食品色、香、味和独特风味的成分和一定量的水分。

任务三
纺织服装商品属性认知

背景

纺织服装是穿于人体起保护、保暖和装饰作用的制品，其同义词有"衣服"和"衣裳"。中国古代称"上衣下裳"。最广义的衣物除了躯干与四肢的遮蔽物之外，还包含了手部（手套）、脚部（鞋子、凉鞋、靴子）与头部（帽子）的遮蔽物。服装又是一种带有工艺性的生活必需品，而且是一定程度上反映国家、民族和时代的政治、经济、科学、文化、教育水平以及社会风尚面貌的重要标志。

御寒、保暖，给您最贴心的呵护！同时让人更加美丽、时尚、高雅、大方。正如俗话所说“人靠衣装，马靠鞍”。

请问：选购服装时应考虑哪些质量属性？

学习目标

掌握纺织品的分类；明确纺织品的成分、结构、性质与商品使用价值的关系。

基础知识与技术

纺织品是经过纺织、印染或复制等加工，可供直接使用，或需进一步加工的纺织工业产品的总称，如纱、线、绳、织物、毛巾、被单、毯子、袜子、台布等。纺织品的质量主要取决于纺织品的原料纤维和组织结构。

一、纺织纤维的种类及其质量特性

纤维通常是指长度达到数十毫米以上，具有一定柔软性和弹性的纤细物质。纤维的种类很多，通常把用来制造纺织品的纤维称为纺织纤维。纺织纤维应具备一定的强度，一定的长度和细度，较好的吸湿性、保温性、抱和性、染色性等适合纺织的性能。纺织品所用的原料可以分为天然纤维和化学纤维两大类。

（一）天然纤维

天然纤维是人类直接从自然界中取得的一类纤维材料，有植物纤维、动物纤维和矿物纤维。植物纤维因其主要组成物质是纤维素，又称天然纤维素纤维，包括棉纤维和麻纤维两类；动物纤维因其主要组成物质是蛋白质，又称天然蛋白质纤维，包括毛纤维和蚕丝两类；矿物纤维因其主要组成物质是无机的金属硅酸盐类，又称天然无机纤维，包括各类石棉。

天然纤维和化学纤维中的粘胶纤维、富强纤维等纤维都具有吸湿、透气性好，易染色，其织品无熔孔性（遇热不会发软、发粘、熔融，而是先分解后炭化），穿着舒服等特点，但由于这些纤维强力较低，不耐磨，因此，这些纤维织品一般耐用性较差，尤其是普通粘胶纤维织品表现明显。这类纤维织品在保管中要注意防霉防蛀。

（二）化学纤维

化学纤维是利用天然的高分子物质或合成的高分子物质，经化学工艺加工而取得的纺织纤维总称，有人造纤维和合成纤维两类。人造纤维又称再生纤维，它是利用含有纤维素或蛋白质的天然高分子物质如木材、蔗渣、芦苇、大豆、乳酪等为原料，经化学和机械加工而成。包括人造纤维素纤维（如粘胶纤维）、人造蛋白质纤维（如酪素纤维）等；合成纤维是采用石油化工工业和炼焦工业中的低分子物，经聚合和机械加工而成。包括聚酯纤维（涤纶）、聚酰胺纤维（锦纶）、聚丙烯腈纤维（腈纶）、聚乙烯醇缩甲醛纤维（维纶）、聚丙烯纤维（丙纶）、聚氯乙烯纤维（氯纶）等。

合成纤维具有强力大、弹性好、耐磨、耐蚀性好，不易被霉腐和虫蛀等优点。因而用合成纤维加工的织品具有耐用性好、保形性好等特征。但由于这种纤维的吸湿性小，耐热性差（遇热收缩变形），因而其织品透气性差，在穿着过程中易起毛，起球，吸附灰尘（静电作用）。

由于各种纺织纤维的化学组成不同，对热和燃烧的反应特征也不同，因此可以利用这一特征对纤维进行鉴别。常用纤维的燃烧情况概述如表4－1。

表 4－1　　常用纤维的燃烧情况

纤维种类	接近火焰	火焰中	离开火焰	燃烧时的气味	燃烧后灰分或剩余物质的颜色和形状
棉、麻	在火焰边灼烧	燃烧很快产生黄色火焰有蓝烟	继续燃烧不熔融	烧纸样气味	深灰色细软粉末
蚕丝	在火焰边卷曲灼烧	缓缓燃烧缩成一团，放出火焰	缓缓燃烧有时自动熄火	烧毛发的臭味	形成黑褐色小球，用手指一压就碎
羊毛	同上	缓缓燃烧，冒出蓝灰色烟而起泡	继续燃烧	同上	形成有光泽的不定型黑色块状用手一压就碎
粘纤、富纤	在火焰边灼烧	燃烧快，产生黄色火焰，无烟	继续燃烧	烧纸样的气味	灰烬极少，呈浅灰色或深灰色
锦纶	在火焰边迅速卷缩	熔融而缓缓燃烧，有白烟，但无火焰	时常自动熄灭	稍有芹菜气味	冷却后形成坚韧的浅褐色硬球，不易研碎
涤纶	在火焰边灼烧并收缩	燃烧时有很亮黄色火焰，无烟	同上	有芳香气	同上
腈纶	在火焰边先软化再收缩	熔融而燃烧	熔融并继续燃烧	有辛辣的特殊气味	形成黑色脆性小硬球
维纶	发生很大收缩，稍有熔融	徐徐燃烧，同时出现熔融，纤维顶端有火焰	继续燃烧	有臭味	有黄褐色不定形硬块凝结在纤维顶端，用手指强压可压碎

上述所列燃烧情况为单一纤维的燃烧特征，而混纺织品是几种纤维的综合燃烧情况，所以在试验观察单一纤维燃烧时，应仔细观察不同纤维混纺纱的不同燃烧特征。同时还应注意整理剂对纤维燃烧特征的干扰。

二、纺织品的结构及质量特性

（一）纺织纤维的显微结构

将纺织纤维在显微镜下进行观察，根据其纵向和截面形态与已知的纺织纤维形态比较，来判断纤维的种类。几种不同纤维的纵横截面形态如表 4－2 所示。

表 4－2　　几种不同纤维的纵横截面形态

纤维种类	纵向形态特征	断面形态特征
棉	扁平带状，有天然转曲	腰圆形，有中腔
苎麻	横节，竖纹	腰子形，有中腔及裂缝
羊毛	表面有鳞片	圆形或接近圆形，有些有毛髓
桑蚕丝	平直	不规则三角形或三角形
粘胶纤维	纵向有沟槽	有锯齿形或多页形边缘
富强纤维	平滑	较少齿形或圆形
维纶	平滑	腰圆形
腈纶	平滑	圆形或哑铃形
氯纶	平滑	接近圆形
涤纶、锦纶、丙纶	平滑	圆形

（二）纺织品的组织结构

1. 纱和线。纱是指纺织纤维经过纺纱工艺，制成具有一定强度、细度和一定性质的产品，成为单纱，简称为“纱”。线是指两根或两根以上的单纱，经合并加捻工序制成的产品叫股线，简称为“线”。

纱线捻度的多少和加捻的方向对成品纱线的细度、强度、弹性、柔软性、均匀度、光泽和用途都有一定影响。通过增加捻度使纱线中的纤维抱合紧密，纤维间的压力增加，使纤维之间相互滑动的阻力随之增加，从而增加纱线强力。随着纱线捻度的增加，其柔软性及光泽则相应降低，由此可见，通过改变纱线的捻度，便能改变纱线的强度、手感及光泽。因此，不同用途的纱线对捻度的要求也就不同。

纱线捻向是指纱线的捻转方向，即纤维在纱线中的倾斜方向。加捻后纤维自左上方向右下方倾斜的称为 S 捻，俗称正手捻或顺手捻；加捻后纤维自右上方向左下方倾斜的称为 Z 捻，俗称反手捻。

纱线捻度的多少和加捻的方向对成品纱线的细度、强度、弹性、柔软性、均匀度、光泽和用途都有一定影响。

2. 织物组织。织物（机织物）是由相互垂直的经纬纱线按一定的规律相互沉浮交织而成的，它反映经纬纱线相互交织的沉浮规律。在织物内纵向排列的纱线称为经线，横向排列的纱线称为纬纱线。

经纱与纬纱按一定规律相互沉浮交织，使织品表面呈现出一定的花纹，这些花纹称为织物组织。经纱与纬纱相交的地方称为交织点，经纱浮在纬纱上面的交织点叫经交织点，纬纱浮在经纱上面的叫纬交织点。经纱交织点和纬纱交织点在布面上每重复一次所需要的最少纱线根数叫一个完全组织。许许多多的完全组织联在一起便形成织品表面清晰的纹路。

原组织是各类组织最简单、最基本的组织，是构成一切织物的基础，它包括平纹组织、斜纹组织和缎纹组织。

（1）平纹组织。这是最简单的织纹组织，由经纱和纬纱一根隔一根的上下交织而形成。经纬各用两根纱线就可以形成一个“完全组织”。

（2）斜纹组织。斜纹组织因正面呈倾斜的纹路而得名。斜纹的完全组织必须由三根以上的经纬纱相互交织才能形成，因此斜纹织品的交织点比平纹少，经纱纬纱浮长较长，经纬纱组织点的排列，在织物表面呈连续的斜纹，分左斜纹，记为：“↖”；右斜纹，记为：“↗”。

在斜纹组织中由于交织点比平纹组织少，织物表面光泽和柔软性较平纹好。由于经纬纱可以排列较密，使织物厚实硬挺。

（3）缎纹组织。缎纹组织是织物表面经纱和纬纱相交织，形成单独的互不相连的经交织点或纬交织点，这些交织点在布面上均匀分布，缎纹组织形成一个“完全组织”至少分别需五根经纱和纬纱。在一个完全组织中，经、纬纱的根数称为“枚数”，相邻交织点之间相隔的纱线数称为“飞数”，通常见到的缎纹组织物以五枚二飞、五枚三飞的最多。

缎纹织物浮长很长，并列的纱线反射光线能力强，布身光泽好，手感柔软、光滑。缺点是交织点过少，织品不紧密，坚牢度差，易起毛。

三、纺织品和服装使用说明

纺织品和服装使用说明的内容有：制造者的名称和地址、产品名称、产品号型和规格、采用原料的成分和含量、洗涤方法、使用和贮藏条件的注意事项、产品执行的标准编号、产品质量等级及产品质量检验合格证。下面将几项重要内容进行介绍。

（一）服装号型

1. 服装号型的概念。

号是指人体的身高，以厘米为单位表示，是设计和选购服装长度的依据。

型是指人体的上体胸围或下体腰围，以厘米为单位表示，是设计和选购服装肥瘦的依据。

体型是指人体的上体胸围或下体腰围的差数为依据来划分体型。并将体型分为四类。体型分类代号分别为Y、A、B、C。

（1）男子体型分类代号。

Y表示胸围与腰围的差数为17cm～22cm之间。

A表示胸围与腰围的差数为12cm～16cm之间。

B表示胸围与腰围的差数为7cm～11cm之间。

C表示胸围与腰围的差数为2cm～6cm之间。

（2）女子体型分类代号。

Y表示胸围与腰围的差数为19cm～24cm之间。

A表示胸围与腰围的差数为14cm～18cm之间。

B表示胸围与腰围的差数为9cm～13cm之间。

C表示胸围与腰围的差数为4cm～8cm之间。

2. 服装号型要求。

（1）号型系列。号型系列以各体型为中心，向两边依次递增或递减组成。

身高以5cm分档组成系列，女子145←160→175，男子155←170→185；胸围以4cm分档组成系列，女子72←84→96，男子76←88→100；腰围以4cm、2cm分档组成系列，女子50（52）←62（64）→74（76），男子56（58）←68（70）→80（82）。

身高与胸围搭配成5.4号型系列；身高与腰围搭配成5.4、5.2号型系列。

儿童号型系列，身高52cm～80cm婴儿，身高以7cm分档，胸围以4cm分档，腰围以3cm分档，分别组成7.4和7.3系列；身高80cm～130cm儿童，身高以10cm分档，胸围以4cm分档，腰围以3cm分档，分别组成10.4和10.3系列；身高135cm～155cm女童，135cm～160cm男童，身高以5cm分档，胸围以4cm分档，腰围以3cm分档，分别组成5.4和5.3系列。

（2）服装号型标志。服装上、下分别标明号型。号型表示方法，号与型之间用斜线分开，后接体型分类代号。例上装160/84A。其中，160代表号，84代表型，A代表体型分类。下装160/68A，其中，160代表号，68代表型，A代表体型分类。

3. 其他纺织品号型。

（1）棉针织品的号型。

按标准：GB/T6411 的规定设置号型。

以厘米为单位，上装标注“身高/成衣胸围”，下装标注“身高/成衣腰围”；或“胸围×衣长”，“腰围×裤长”。

（2）文胸的号型。

按标准：FZ/T73012－2004 的规定设置号型。以下胸围的厘米数表示号、以文胸的罩杯代码标示型进行设置。

下胸围以 75cm 为基准数、以 5cm 为档划分不同的号。

文胸的型是上下胸围之差，以 7.5cm 为基础、以 2.5cm 为档分成 8 个型（见表 4－3）。

表 4－3

型	AA	A	B	C	D	E	F	G
胸围差 cm	7.5	10.0	12.5	15.0	17.5	20.0	22.5	25.0

（3）袜子的规格号型。

按标准：FZ/T73001－2004 的规定，分三种类型。

有跟袜：以 cm 为单位标明袜号；

无跟袜：（短、中、长）以 cm 为单位标明人体身高或袜号；

连裤袜：以 cm 为单位标明人体身高和臀围范围。

（4）羊毛衫的规格。

按标准：FZ/T73018－2002 的规定，分两类进行标注。

普通毛针织成衣以 cm 标识主要规格尺寸，上衣标注胸围；裤子标注裤子规格（相当于4 被横挡）；裙子标注臀围。

紧身或时装款毛针织成衣标注适穿范围。

如上衣标注 95～105，表示适穿范围 95～105cm；裤子标注 100～110，表示适穿范围100～110cm。

（5）床上用品。

标注规格：长×宽。

（6）毛巾类产品。

按标准：FZ/T62006－2003 的要求标注规格长×宽外，还要标注单件产品重量。

（二）采用原料的成分和含量

1. 由同种纤维加工制成的纺织品和服装。由同一种类型纤维加工制成的纺织品和服装应符合相应产品标准（国家标准、行业标准）的规定。例如“100%棉”或“纯棉”。

2. 由不同纤维加工制成的纺织品和服装。一般情况下，可按照含量比例递减的顺序，列出每种纤维的通用名称，并在每种纤维名称前，列出该种纤维占产品总体含量的百分率。例如

65%	涤纶
35%	棉花

55%	羊毛
35%	涤纶
10%	粘胶

如果有一种或一种以上纤维的含量不足5%，则按下列方法之一标明其纤维含量：列出该纤维的名称和含量；集中标明为“其他纤维”字样和这些纤维含量的总量；若这些纤维的总量不超过5%，则可不提及。

3. 由底组织和绒毛组成的纺织品和服装。应标明产品所有纤维含量的百分率，或分别标明绒毛和基布的纤维含量。例如

绒毛	90%棉
	10%锦纶
基布	100%涤纶

4. 有衬里的纺织品和服装含有衬里的产品应标明衬里的纤维含量。例如

面料	纯毛
里料	100%涤纶

5. 含有填充物的纺织品和服装。含有填充物的产品，应标明填充物的种类和含量。羽绒填充物应标明含绒量和充绒量。例如

套	65%涤纶
	35%棉
填充物	100%木棉

面料	65%棉
	35%涤纶
里料	100%涤纶
填充物	100%灰鸭绒
含绒量	80%
充绒量	200g

6. 由不同面料构成单件纺织品和服装。由两种或两种以上不同质地的面料构成单件纺织品和服装，应分别标明每部分面料的纤维名称及含量。例如

身	100%丙纶
袖	100%棉纶

（三）洗涤方法

纺织品洗涤方法包括水洗、氯漂、熨烫、水洗后干燥和干洗等方法。

纺织品和服装使用说明的基本图形符号见表4－4。

纺织品洗涤方法应按GB8586规定的图形符号表述洗涤方法，可同时加注与图形符号相对应的简单说明性文字。干洗符号可分别添加字母A、P、F以说明干洗剂的类型。如A可使用所有常规干洗剂，包括符号P代表的所有溶剂以及三氯乙烯和三氯乙烷。P可使用四氯乙烯、一氟三氯乙烯和符号F代表的所有溶剂，不可使用二氯乙烯和三氯乙烷。F仅可使用三氟二氯乙烷和白酒精（蒸馏温度在150℃～210℃，燃点为38℃～60℃）。

表 4－4

序号	名称		图形符号	说明
	中文	英文		
1	水洗	Washing		用洗涤槽表示，包括机洗和手洗
2	氯漂	Chlorine-based bleaching	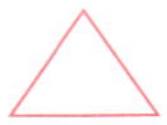	用等边三角形表示
3	熨烫	Ironing end pressing	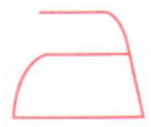	用熨斗表示
4	干洗	Dry cleaning		用圆形表示
5	水洗后干燥	Drying after washing		用正方形或悬挂的衣服表示

（四）使用说明的安放位置

纺织品和服装的使用说明应附在产品上或包装上的明显部位或相关部位，使用说明应以单件产品或销售单元为单位。耐久性标签应永久性地附在产品本身上，且位置要适当。

1. 服装产品。服装产品的号型标志或规格等标签一般可缝在后衣领居中。其中大衣、西装等也可缝在门襟里口袋的上沿或下沿；裤子、裙子可缝在腰头里子下沿。

衣衫类产品的原料成分和含量、洗涤方法等标签一般可缝在左摆中下部。裙、裤类产品可缝在腰头里子下沿或左边裙缝、裤缝上部。

2. 其他产品。围巾、披巾类产品的标签可缝在边角处；领带的标签可缝在背面宽头接缝或窄头接缝处；家用纺织品（桌布、床单、毯子等）上的标签可缝在边角处。

另外，布匹的使用说明可将标签或吊牌附着在织物卷包末端上或印刷或织在布匹上；绒线和缝纫线可标注在吊牌上或线卷、线球和线束的箍带上；袜子可标注在封口签上。

特殊工艺产品可根据需要设置。

（五）基本要求

纺织品和服装使用说明的内容应清晰、简要、醒目；图形、符号应直观、规范；文字、图形、符号的颜色与背景或底色应为对比色。

使用说明所用文字应为国家规定的规范文字。可同时使用相应的汉语拼音、外文或少数民族文字，但汉语拼音和外文的字体大小应不大于相应的汉字。

使用说明应由适当材料和方式制作，在产品使用寿命期内保持清晰易读。

缝制在产品上的标签，所用材料应具有与基础物接近的缩水性。

任务四
日用工业品商品属性认知

背景

除了吃和穿，人们的日常生活用品也日益丰富。随着生产技术和设计水平的不断提高，各种日用品从材质造型、花色品种、功能功效等方方面面不断推陈出新，新产品层出不穷。

日用工业品是指供人们日常使用的工业产品。日用工业品种类繁多，用途广泛，主要包括玻璃、陶瓷、塑料、橡胶、日用化工、文化用品等制品，是关系到千家万户、各行各业，人们生活与工作不可缺少的商品。

玻璃、陶瓷可以制成绚丽多彩的各种器皿和工艺美术品，如陈设具、半陈设具、厨具、餐具、茶具等饮用具及普通容器具。

洗涤用品是日常生活中用以洗涤去垢的重要消费品，它能够为人们创造一个清洁、安全和美丽的生活环境。化妆品是人们用涂敷、揉擦、喷洒等不同方式，涂敷于人体各部位，起保护、清洁、美化作用的产品。

塑料可以用来制造各种各样的日用品，其花色品种之多、用途之广，是其他材料所不及的。人们在吃穿用住行等方面，几乎到处可以见到塑料的踪迹。

请问：“背景”材料中所列出的几种工业品的质量属性有哪些？各有什么特点？

学习目标

掌握日用工业品的分类；明确日用工业品的成分、结构、性质与商品使用价值的关系。

基础知识与技术

日用工业品的种类很多，用途多样，化学成分复杂，可以概括地分为无机类商品和有机类商品两大类。

一、无机物日用工业品的质量属性

日用工业品中无机物商品主要包括各种金属商品和硅酸盐商品等。

（一）金属制品

金属商品的主要成分是各种金属，是由金属元素组成的一类单质。一种金属可以独立形成某一制品，也可以与另一种（或几种）金属或非金属熔合而成为合金，合金的性质不是其组成成分性质的简单的总和，而是形成新的独特的性质，如在铁中加入一定量的铬、镍炼成不锈钢，改变了铁易生锈的性质，且耐酸碱，成了优良的金属材料。日用工业品中的金属主要有铁、铝、铜及相应的合金和化合物。

（二）玻璃制品

玻璃是以石英砂、纯碱、石灰石、长石等为主要原料，经1550℃～1600℃高温熔融、成型，并经快速冷却而制成的硬而脆的固体无机非金属材料。若在玻璃中加入某些金属氧化物、化合物或采用特殊工艺，还可以制得各种不同特殊性能的玻璃。

（三）陶瓷制品

陶瓷是由天然的硅酸盐矿物（即含 SiO_2 的化合物），如黏土、石灰石、石英、沙子等原料来进行生产，包括陶器、瓷器、耐火材料、粘土制品等。因此陶瓷可定义为：凡是经过原料配制、坯料成型、窑炉烧成工艺制成的产品，都叫做陶瓷。陶瓷具有高熔点、高硬度、高耐热性、高化学稳定性、不燃性、不老化和良好的抗压能力等；但脆性高、抗温度急变能力低，抗拉、抗弯性能差。

二、有机物日用工业品的质量属性

有机商品根据分子量的大小分为低分子有机物商品和高分子有机物商品。日用工业品中含低分子有机物的商品主要有肥皂、合成洗涤剂、牙膏，以及鞋油、卫生球、化妆品及其他日用化工商品。日用工业品中的高分子有机物商品主要有塑料、橡胶、纸张、皮革等制品。

（一）肥皂与合成洗涤剂的质量属性

1. 肥皂。肥皂是由油脂与碱发生皂化反应后所生成的高级脂肪酸盐称之为肥皂。肥皂具有洗涤去污的功能，其主要成分表面活性物在水溶液中具有良好的润湿性、乳化性、增溶性、分散性、发泡性，能渗入织物纤维中，使污垢乳化、分散和脱落，从而去除污垢。

（1）肥皂的原料。肥皂的原料主要有动植物油脂、油脂代用品——松香、碱、填充原料、香料、其他原料。

（2）肥皂的特点。肥皂在洗涤过程中具有以下特点：肥皂在软水中洗涤棉织物上的污垢时效果很显著，很适合于人工搓洗衣物时使用，在不使用洗衣机的场合很受欢迎。其原材料为天然原料，废弃物容易处理，对环境无污染。

肥皂的不足之处：肥皂的水溶液呈碱性，对皮肤有刺激作用，不适宜洗涤丝毛织物，在含钙盐和镁盐的硬水中洗涤，易生成不溶性的粘性钙皂和镁皂，并变硬发脆，肥皂在酸性溶液或含盐过多的水中洗涤，会分解成脂肪酸和盐，失去洗涤作用。

2. 合成洗涤剂。合成洗涤剂是以石油为原料，人工合成的脂肪酸盐以外的洗涤剂。是以合成洗涤剂活性物为主要成分并加入助洗剂和其他辅助材料所配制的产品。合成洗涤剂的应用，是继肥皂以后，人类在洗涤用品上的一次飞跃。

（1）合成洗涤剂的组成及其特点。合成洗涤剂的组成主要有界面活性物质和助洗剂、辅助剂。界面活性物质的分子具有两性结构（亲水性和憎水性），在低浓度的水溶液中能在两相界面形成分子吸附层，从而降低界面张力；助洗剂和辅助剂主要有：聚磷酸盐、硅酸钠、纯碱、硫酸钠、抗再沉积剂、过氧酸盐、酶制剂、荧光增白剂、泡沫稳定性、香料和色料等。

合成洗涤剂和肥皂相比有以下优点：①耐硬水。无论在硬水、碱性、酸性以及含盐多的溶液中都有良好的去污能力。②应用范围广。由于合成洗涤剂良好的性能和商品的多样化，它不仅能洗涤棉、化纤织物，还可以洗涤毛、丝、麻等织物。③稳定性好。在水中不会分解，不会产生游离碱，且可以在酸性溶液中使用。④用量少，去污力强。它具有渗透力强，使用方便，省时、省力、容易去油污等特点。⑤碱性较弱。不伤衣物，不刺激皮肤。⑥节省食用油脂。生产一万吨合成洗涤剂使用2000～2500吨石油，而生产1万吨肥皂要消耗5000吨食用油。⑦适用于电气洗涤设备。

（2）合成洗涤剂的主要品种。

①合成洗衣粉。一般是以一种活性物为主体，含有多种助剂。若加入特殊的助洗剂如酶制剂，就可制成各种专用洗衣粉。合成洗衣粉一般制成空心颗粒状，这种产品较以前生产的细粉状产品，比重小，溶解度好，干爽，具有较好的流动性，有利于包装储存。其中又有加酶洗衣粉、无磷或低磷洗衣粉、彩漂洗衣粉、增白洗衣粉、浓缩洗衣粉等。

②液体洗涤剂。是合成洗涤剂中仅次于合成洗衣粉的第二大类洗涤剂。使用方便，溶解迅速。棉麻类液体洗涤剂的pH值在10左右，适合洗涤棉麻织品；通用类液体洗涤剂pH值为7～9，适用于洗涤各种纤维织品。毛织品洗后有柔软感，合成纤维洗后有短期的抗静电能力。

③浆状洗涤剂。是一种均匀而粘稠的胶态分散体。洗涤效果与同类洗衣粉相同，因其在成分中降低了填充剂用量，价格较便宜，受到消费者的欢迎。

④块状洗涤剂。是一种含有活性物，助洗剂、粘合剂和填充剂等制成的块状制品，色彩微黄，外观平滑光亮，可以像肥皂那样使用。

⑤杀菌洗涤剂。这种洗涤剂含有较强的杀菌剂。广泛用于医院、公共场所、食器皿等的洗涤消毒。止痒洗衣粉也是杀菌洗涤剂加以特定配方的一个品种。

（二）化妆品的质量属性

1. 化妆品的分类。根据我国《化妆品标识管理规定》，化妆品是指以涂抹、喷洒或者其他类似方法，散布于人体表面的任何部位，如皮肤、毛发、指趾甲、唇齿等，以达到清洁、保养、美容、修饰和改变外观，或者修正人体气味，保持良好状态为目的的化学工业品或精细化工产品。

化妆品的种类繁多，分类方法也很多，最常用的分类方法有以下几种：

（1）按其实际用途分为洁肤类化妆品（如香皂、洗面奶等）、护肤类化妆品（如化妆水、冷霜、晚霜等）、发用化妆品（如香波、护发素、发胶、摩丝、啫喱水等）、美容类化妆品（如香粉、胭脂、眉笔、唇膏、眼影、指甲油等）和芳香类化妆品（如香水等）等。

（2）按商品的物理状态分为流质化妆品（ 如香水、花露水、香波、指甲油等）、膏质化妆品（如雪花膏、香脂、唇膏等）和粉质化妆品（如香粉、爽身粉、胭脂等）三种。

（3）按使用者不同划分为女性化妆品、男性化妆品、婴幼儿化妆品。近几年来随着人们生活水平的提高，男性化妆品和婴幼儿化妆品的需求不断扩大，市场比例不断增加。

（4）按使用者不同的肤质分为干性皮肤用、油性皮肤用、中性皮肤用和敏感性皮肤用等。

2. 化妆品的质量要求。

（1）配方合理。要求各主要成分比例恰当，成分与成分之间不产生对人体有影响的物质，更不能产生有害物质。

（2）安全性。要求必须有卫生部批准文号及生产许可证，按照国家标准所规定的卫生标准和安全评价程序及评价方法进行安全评价，合乎标准后方可出厂。消费者为保险起见，第一次使用前最好做过敏试验。

（3）适用性。要求具有一定的性能特点，要适应一定的用途。

（4）稳定性。要求在一定时期，如保质期内，商品内部无物理变化，即无分层、絮凝等现象。

（5）耐储性。要求具有一定的化学稳定性，在一定时期内商品成分无化学反应，具有一定的防腐、抗氧化性能。

（三）塑料的质量属性

塑料制品是采用塑料为主要原料加工而成的生活用品、工业用品的统称。

塑料是指以合成树脂为主要成分，在一定温度、压力等条件下可以塑造成型，在常温下保持形状不变的材料。

塑料具有许多其他材料所没有的优点：与玻璃、陶瓷相比，它不易碎；与铁、锌、铝等金属相比，它不易腐蚀，且比较轻便；与木材相比，它不怕水，且强度高。此外，它的电绝缘性好，粘附性好，透明性好，色泽鲜艳，既可做成硬质产品，又可制成软而有弹性的制品。塑料原料丰富，加工成型方便、生产效率高，具有品种多、性能优越的特点，可以充分适应多种用途对材料性能的要求，所以有人把塑料称之为“万能材料”。

1. 塑料的组成。通常塑料是多组分材料，合成树脂是塑料的主要成分，在多数情况下，塑料的组成中除含合成树脂外，还含有增塑剂、着色剂、润滑剂、发泡剂等塑料助剂。

（1）合成树脂。合成树脂是人工合成的有机高分子化合物，这种高分子化合物可以代替天然树脂（虫胶、松香、琥珀等）来生产油漆、涂料和各种塑料制品，故称为合成树脂。合成树脂是塑料的主要成分，约含有40%～100%，又称塑料的粘结剂，决定着塑料的类型，并且决定塑料的主要性质，如机械强度、硬度、弹性、化学稳定性、导电性能等。

一般塑料可以按其组成分为简单型塑料与复杂型塑料。简单塑料是指以合成树脂为主，仅加少许辅助剂（如着色剂）的塑料，如聚乙烯、聚苯乙烯等。复杂塑料是由合成树脂、填充剂、增塑剂、着色剂、润滑剂、稳定剂等成分组成，如软聚氯乙烯塑料。

（2）塑料助剂。塑料制品一般都是在合成树脂中添加适当助剂经加工而成型。加入助剂后可以改变加工性能，提高使用性能，延长使用寿命及降低制品成本。塑料助剂的种类也很多，其中主要有增塑剂、防老化剂、补强剂、填充剂、抗静电剂、阻燃剂、发泡剂、润滑剂、着色剂、交联剂（固化剂）。

2. 塑料的分类。

（1）根据塑料的用途，可分为通用塑料、工程塑料及耐烧蚀塑料。

通用塑料又称常用塑料，是指产量大、价格低、应用范围广的塑料。日常生活中用的最广的有：聚氯乙烯、聚乙烯、聚丙烯、聚苯乙烯、ABS 塑料、有机玻璃、赛璐珞、酚醛塑料、密胺塑料等。

工程塑料又称新颖塑料，是指用来做工程和代替金属制造机械零件或设备的塑料。主要品种有：聚碳酸酯、聚甲醛、聚酰胺、聚四氯乙烯塑料等。

耐烧蚀塑料是一类在短时间内能耐上千度高温，适于特殊用途的材料。

（2）根据合成树脂受热后所起的变化，可分为热塑性塑料和热固性塑料。

热塑性塑料在加工过程中，一般只起物理变化，即加热变软，冷却变硬，再加热再变软，可以反复加工，而树脂结构不起变化，其废旧物品可以回收利用。常见热塑性塑料有：聚氯乙烯、聚乙烯、聚丙烯等。

热固性塑料在加工过程中起化学变化，受热时开始被软化而具有一定可塑性，随着进一步加热，树脂就硬化定型，若再加热，也不会变软。热固性塑料只有一次可塑性，废旧物品不能再回收利用，仅能粉碎后用于填料。主要热固性塑料有：酚醛塑料（电木）、脲醛塑料（电玉）和三聚氰胺甲醛塑料（密胺）等。

（3）根据塑料的燃烧性能，可分为易燃塑料制品、可燃塑料制品、难燃塑料制品。

易燃塑料制品遇明火后可以猛烈燃烧，如硝酸纤维素塑料制品。

可燃塑料制品遇明火可燃烧，不能自熄，如聚乙烯、聚丙烯、聚苯乙烯、有机玻璃、ABS 等塑料制品。

难燃塑料制品在较强的明火中可燃烧，但离开火焰后，自熄，如酚醛、醋酸纤维素、聚氯乙烯等塑料制品。

（四）纸张的质量属性

纸是从悬浮液中将植物纤维、矿物纤维或其他纤维沉积到适当的成型设备上，经干燥制成的一页均匀的薄片。从纤维原料制浆造纸所得产品，可以分为纸和纸板两大类。一般情况下，定量在 $225g/m^2$ 以下的为纸，定量在 $225g/m^2$ 或以上的为纸板。纸的定量用纸或纸板每平方米的质量表示，以 g/m^2 表示。根据用途，纸张大致可以分为：文化用纸、工业技术用纸、包装用纸和生活用纸四大类；纸板大致可以分为：包装用纸板、工业技术用纸板、建筑类纸板和印刷与装饰用纸板四大类。

习题与训练

△ 名词解释

糖类　脂肪　蛋白质　维生素　矿物质　天然纤维　化学纤维　合成纤维　人造纤维　塑料

△ 选择题

○ 单项选择题

（1）以下物质中不属于食品营养成分的是（　　）。

A. 糖类　　B. 蛋白质

C. 维生素　　D. 纤维素

（2）羊毛纤维的主要成分是（　　）。

A. 纤维素　　B. 蛋白质

C. 粘胶　　D. 聚酯

(3) 以下商品中属于低分子有机物的是（　　）。

A. 棉花　　B. 羊毛

C. 肥皂　　D. 塑料

○ 多项选择题

(1) 以下商品属性中属于机械性质的是（　　）。

A. 弹性　　B. 塑性

C. 强度　　D. 耐热

(2) 日用塑料按其热性能可分为（　　）。

A. 热塑性　　B. 热固性

C. 热收缩　　D. 热膨胀

(3) 日用工业品中无机物商品主要包括（　　）。

A. 金属商品　　B. 玻璃制品

C. 陶瓷制品　　D. 木材制品

△ 判断题

(1) 有甜味的物质就是糖。（　　）

(2) 人体能够合成必需脂肪酸。（　　）

(3) 有酸味的食品就是酸性食品。（　　）

(4) 含有不饱和脂肪酸较多的脂肪在常温下成液体状态。（　　）

△ 简答题

(1) 商品的基本属性有哪些？

(2) 食品的主要化学成分有哪些？各有哪些质量属性？

(3) 纺织纤维分几类？各有什么特点？

(4) 日用工业品主要有哪些？各有什么特点？

△ 论述题

(1) 试分析某类商品的质量属性与使用价值。

△ 技能训练

(1) 某食品属性认知训练。

在学校附近的超市选择某一品牌的全脂乳粉、脱脂乳粉、婴儿乳粉，分别列出其包装上标注的营养成分和含量，对照相关乳粉的质量标准，分析三类乳粉的营养价值。

操作步骤：

第一步：列出乳粉的配料表和营养成分。

要求学生选择某个超市、选择某一奶粉品牌，根据奶粉包装上标注的内容，分别列出几种乳粉的配料表和营养成分的种类及含量。

第二步：列出奶粉的质量属性和要求。

要求学生查阅乳粉相关知识或标准，列出几种奶粉的质量属性和质量要求。

第三步：分析所选品牌乳粉的营养价值。

要求学生依据所学相关理论，分析比较几种乳粉的主要营养成分和营养价值。

第四步：撰写食品主要成分及营养价值分析报告。

（2）某纺织服装属性认知训练。

实训任务：认识纺织服装纤维材料的显微结构和燃烧特性。

实训目标：通过实训，使学生识别各种纤维的显微结构和燃烧特征，获得感性认识。

实训步骤：

①确定和选购需要的纺织纤维。

②用显微镜观察纺织纤维的纵向形态。

③观察纺织纤维的燃烧特征。

④撰写实训报告。

组织形式：以班级学习小组为单位，课堂完成。

（3）某工业品属性认知训练。

选择几种日用塑料制品，如塑料袋、塑料杯（盘、碗）、塑料电源插座等，分别对这些塑料制品加热，观察其状态的变化，试分析这些塑料的热塑性和热固性。

分析要求：学生要求拟出《分析提纲》；小组讨论，形成小组《分析报告》；班级交流，教师对各小组《分析报告》进行点评。

分析提示：

热塑性塑料在加工过程中，一般只起物理变化，即加热变软，冷却变硬，再加热再变软，可以反复加工，而树脂结构不起变化，其废旧物品可以回收利用。常见热塑性塑料有：聚氯乙烯、聚乙烯、聚丙烯等。

热固性塑料在加工过程中起化学变化，受热时开始被软化而具有一定可塑性，随着进一步加热，树脂就硬化定型，若再加热，也不会变软。热固性塑料只有一次可塑性，废旧物品不能再回收利用，仅能粉碎后用于填料。主要热固性塑料有：酚醛塑料（电木）、脲醛塑料（电玉）和三聚氰胺甲醛塑料（密胺）等。

项目五
5 商品标准与认证认可

案例导入

商品能进入市场流通，前提是该商品的质量合格。只有质量合格的商品才允许被出售给消费者。商品的质量合格与否，既不是生产者或经营者说了算，也不是消费者说了算，需要有一个公正客观的依据来进行评价。即使质量合格的商品进入消费阶段，在消费者使用过程中，也会出现这样或那样的质量问题。因此，像食品、药品等商品都有一个保质期或保存期，而工业品类商品自出售之日起，都有一定时间的保修期。无论是保质期或保存期，还是保修期时间长短的制定，也同样需要有一个公正客观的依据来确定。

问题与思考：

1. 什么是标准？什么是标准化？
2. 评价产品和服务质量合格与否的依据是什么？

任务一
标准与商品标准的认知

背景

在某一手机维修服务中心，客服工作人员告诉该顾客“我们已经给手机更换了新的主板，由于该手机保修期只剩下两个月了，因此新更换的手机主板也只有两个月的保修期。”该顾客不同意客服工作人员的说词，争辩道：“新更换的手机主板如同新买的零部件，保修期应当从今日算起才对。”客服却说“这是公司的规定，我们也没有办法。”顾客很生气，指责维修服务中心的服务质量不合格，并因此与客服工作人员发生了争执。

请问：“背景”材料中顾客为什么会与客服人员发生争执？

学习目标

理解标准与商品标准的概念与含义；明确商品标准的特征。

基础知识与技术

一、标准的概念与含义

GB/T3935.1《标准化和有关领域的通用术语　第1部分　基本术语》给出了标准的定义，标准是指“为在一定范围内获得最佳秩序，对活动或其结果规定共同的和重复使用的规则、指导原则或特性的文件。该文件经协商一致制定并经一个公认机构的批准”。标准应以科学、技术和经验的综合成果为基础，并以促进最大社会效益为目的。

这一定义揭示了“标准”如下含义：

（一）制定标准的目的

制定标准的目的是在一定范围内获得最佳秩序、促进最大社会效益。一定“范围”是依据标准对象来确定的，可以是组织、国家或区域等。

（二）标准的本质属性是对标准对象的“统一规定”

这种“统一规定”是标准对象共同遵守的准则和依据。当然，这种“统一规定”有的必须遵守，具有强制性；有的协调、协商遵守，不具有强制性。其次，“统一规定”是相对的，“统一”并不是要统死，“统一”要有必要性和合理性。

（三）制定标准的对象具有重复性

只有重复出现才有制定标准的必要，只有重复才能选择最佳方案。

（四）标准是协商一致的产物

协商一致的基础是获得最佳秩序、促进最大社会效益这一目标，绝对的协商一致是不可能的。但其制定过程的民主性，使得标准在实施中具有统一性、一致性，又具有一定程度的灵活性。

（五）标准产生的基础是科学、技术和经验的综合成果

每制定一项标准，都应注意两个方面的基础工作：一是标准科学性的基础工作。即经过分析、比较、选择、综合等方法，将科学研究和技术进步的新成果及先进经验纳入标准。二是标准的权威性、民主性的基础工作。即在消化成果、经验的过程中体现各方成果的融合及协调一致。越具有民主性在执行中就越具有权威性。

（六）标准有一套自己的格式和制定颁发程序

这样既可以保证标准的编写质量，又便于应用和管理，同时也体现了标准的严肃性。

二、商品标准的概念与特征

商品标准以科学技术和实践经验的综合成果为基础，经有关方面充分协商一致，由标准化主管机构批准，以特定的形式发布。商品标准一经发布，就是一种技术法规，在商品的生产和流通过程中必须共同遵守。

商品标准有如下特征：

（一）统一性

商品标准的本质特征是统一。由于需要统一的范围不同、内容不同，便产生了不同级别和不同类型的商品标准。不同级别的商品标准在不同的使用范围内统一，不同类型的商品标准从不同的使用范围内统一，不同类型的商品标准从不同的角度和不同的侧面进行统一。但统一并不意味着全部统死，商品标准并不限制商品花色品种的多样性和技术的进步。相反，通过标准的制定和不断修订，会促进技术发展和商品花色品种的丰富多彩。

（二）科学性、先进性

商品标准的科学性、先进性，以科学技术和实践经验的综合成果为基础。凡制定一项商品标准，都要将国内外有关的科研新成果、新技术和生产、使用实践中积累的先进经验和各项参数，经过综合分析、反复验证、概括提炼纳入标准，并要求根据科学技术的发展及时修订。因此，商品标准是科学技术和生产发展水平的标志。

（三）严肃性

商品标准有特定的形成程序和形式，这是指标准的制定有着特有的一套格式和审批颁布程序。商品标准的编写、印刷、幅面尺寸、编排格式等都有专门规定，即要符合国家标准《GB/1.1 标准化工作导则——标准编写的基本规定》和《GB1.2 标准化工作导则——标准出版印刷的规定》等，这样既可保证标准的编写质量，又便于标准资料的管理、检索使用，体现了标准的严肃性。

（四）民主性、权威性

商品标准不能只是个别部门少数人的主观意志或局部利益的反映，而应该是由有关方面（如科研、情报、设计、生产、检验、监督、内贸、外贸、特别是用户）的代表，从全局利益出发，通过认真调研、反复讨论、充分协商，在对标准中的实质性问题取得一致（普遍接受）的基础上，共同做出的统一规定。既能体现民主性，又能体现权威性。

（五）强制性与推荐性

以前，我国制定的商品标准绝大部分是强制性标准，具有明显的法律约束性。现在，我国制定的绝大多数商品标准是推荐性标准，其具有指导作用，但并不强求企业执行，而由企业自愿采用，故不具有法律约束性，当然也不属于法规范畴。此外，国际标准、区域性集团标准以及发达国家的国家标准等，大都属于推荐性标准，没有法律约束性。实际上，大多数企业为了发展生产和贸易竞争的需要，都自愿地积极采用上述推荐标准。

任务二
我国商品标准的分类和分级

背景

某商品生产企业积极鼓励员工进行技术改革和创新，不仅使生产能力不断提高，生产的技术水平也大大提升了。该企业为了提高产品的性能，增加产品的市场竞争能力，特制定了企业标准，作为生产的依据。该标准除了符合国家的相关标准外，在几项关键指标上，还远远高出了国家标准的规定，与国际标准水平相当。为了让消费者了解该企业产品的质量水平远高于市场上同类产品的性能，企业在其产品的包装上标注了自己的企业标准。但是，该企业产品进入市场不久，就被国家有关质量监督部门查处了，理由是该产品已有国家标准，包装上不允许标注企业标准。

请问："背景"材料中企业为什么不能在自己产品的包装上标注其企业的内部标准?

学习目标

明确商品标准的分类和分级；了解商品的构成与基本内容。

基础知识与技术

一、商品标准的分类

商品标准种类繁多，可以从不同角度进行分类研究。

（一）商品标准的表达形式不同，可分为文件标准和实物标准

1. 文件标准。文件标准是用特定格式的文件，通过文字、表格、图样等形式，表达全部或部分商品质量及有关内容的统一规定。绝大多数商品标准都是文件标准。

2. 实物标准。实物标准是指对某些难以用文字准确表达的质量要求（如色泽、气味、手感、质感等），由标准化主管机构或指定部门用实物做成与文件标准规定的质量要求完全或部分（某一方面）相同的标准样品（标样），按一定程序颁发，作为文件标准的补充，同样是生产、检验、贸易洽谈、收购定价等有关方面共同遵守的技术依据。例如，粮食、茶叶、棉花、羊毛、蚕茧等农畜产品都有分等级的实物标准。有关部门收购时，经常用之与农民交售的农畜产品相对照，借以准确地评定其质量和等级。实物标准大多是文件标准的补充件，没有单独颁发的。

（二）标准的受约束程度不同，可分为强制性标准和推荐性标准

1. 强制性标准。强制性标准又称法规性标准。我国的标准绝大多数是强制性的，一经批准发布，在其规定的范围内，有关方面都必须严格贯彻执行。

2. 推荐性标准。推荐性标准又称自愿性标准。在实行市场经济体制的国家，大多实行推荐性标准。国家制定的标准，由各企业自愿采用，自愿认证，国家利用经济杠杆鼓励企业采用。如美国、日本、法国、英国、德国等国的大多数的标准，以及国际标准等。

为了适应商品经济的发展和开放需要，1985 年国务院决定将我国标准体制由单一的强制性标准，改为强制性和推荐性相结合的标准体制。推荐性标准也具有指导生产和交换的作用，也要积极推行，但不具有法律约束力。

（三）商品标准的成熟程度不同，可分为正式标准和试行标准

试行标准与正式标准具有同样的效用，同样具有法律约束力。其标准号与正式标准号表示方法相同，只是在封面的右下角要注明"试行年、月、日"。试行标准一般在试行二三年后，经过讨论修订，再作为正式标准发布。应该说明，绝大多数标准都是正式标准。

（四）商品标准的保密程度不同，可分为公开标准和内部标准

我国的绝大多数标准都是公开标准，少数涉及军事技术或尖端技术机密的标准，只准在国内或者有关单位内部发行。内部标准的代号是在公开标准号后加汉语拼音字母 n（内）。

二、商品标准的分级

（一）国家标准

对需要在全国范围内统一的下列技术要求，应当制定国家标准（含标准样品的制作）：

1. 互换配合、通用技术语言要求；
2. 保障人体健康和人身、财产安全的技术要求；
3. 基本原料、燃料、材料的技术要求；
4. 通用基础件的技术要求；
5. 通用的试验、检验方法；
6. 通用的管理技术要求；
7. 工程建设的重要技术要求；
8. 国家需要控制的其他重要产品的技术要求。

国家标准由国务院标准化行政主管部门编制计划，组织草拟，统一审批、编号、发布。

工程建设、药品、食品卫生、兽药、环境保护的国家标准，分别由国务院工程建设主管部门、卫生主管部门、农业主管部门、环境保护主管部门组织草拟、审批；其编号、发布办法由国务院标准化行政主管部门会同国务院有关行政主管部门制定。

法律对国家标准的制定另有规定的，依照法律的规定执行。

国家标准编号由国家标准代号、标准顺序号、标准发布的年号组成。

国家标准表示方法：

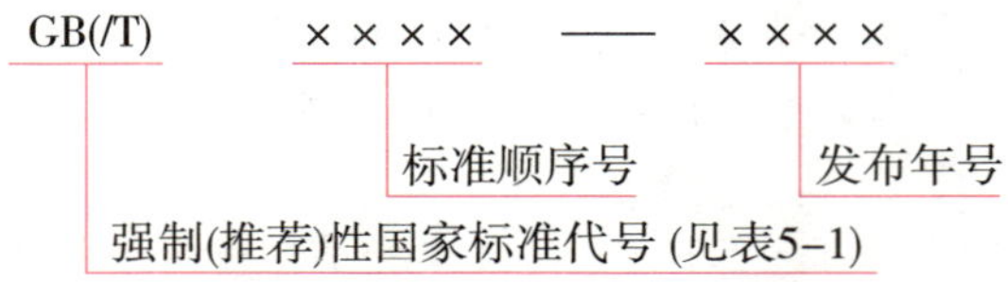

（二）行业标准

对没有国家标准而又需要在全国某个行业范围内统一的技术要求，可以制定行业标准（含标准样品的制作）。制定行业标准的项目由国务院有关行政主管部门确定。

行业标准由国务院有关行政主管部门编制计划，组织草拟，统一审批、编号、发布，并报国务院标准化行政主管部门备案。

行业标准在相应的国家标准实施后，自行废止。

行业标准编号由行业标准代号、标准顺序号和发布年号组成。

行业标准表示方法：

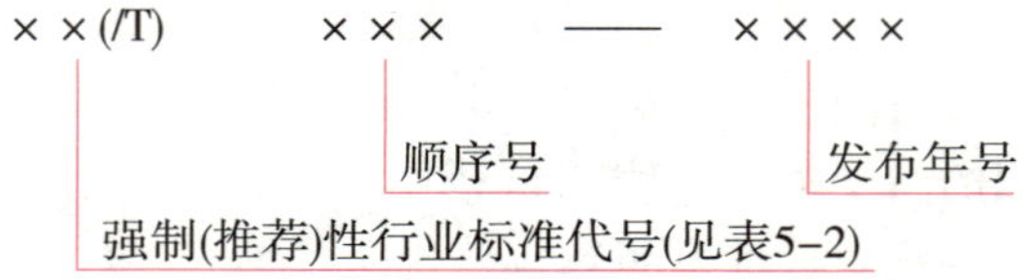

（三）地方标准

对没有国家标准和行业标准而又需要在省、自治区、直辖市范围内统一的工业产品的安全、卫生要求，可以制定地方标准。制定地方标准的项目，由省、自治区、直辖市人民政府标准化行政主管部门确定。

标准由省、自治区、直辖市人民政府标准化行政主管部门编制计划，组织草拟，统一审批、编号、发布，并报国务院标准化行政主管部门和国务院有关行政主管部门备案。

法律对地方标准的制定另有规定的，依照法律的规定执行。

地方标准在相应的国家标准或行业标准实施后，自行废止。

地方标准编号由地方标准代号、地方代号、标准顺序号和发布年号组成。

地方标准表示方法：

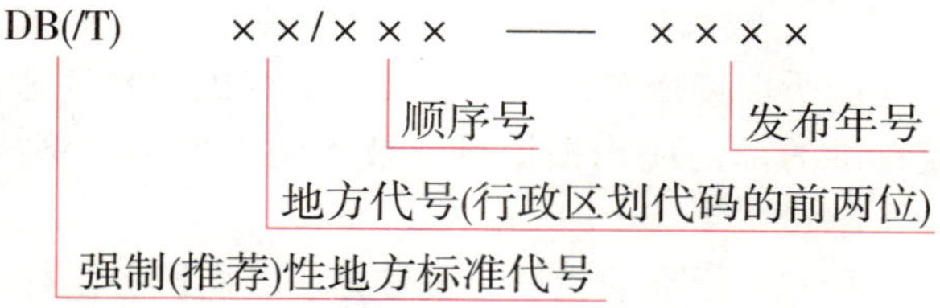

（四）企业标准

企业生产的产品没有国家标准、行业标准和地方标准的，应当制定相应的企业标准，作为组织生产的依据。企业标准由企业组织制定（农业企业标准制定办法另定），并按省、自治区、直辖市人民政府的规定备案。

对已有国家标准、行业标准或者地方标准的，鼓励企业制定严于国家标准、行业标准或者地方标准要求的企业标准，在企业内部适用。

企业标准由“企”字第一个汉语拼音字母“Q”、企业代号、顺序号和发布年号组成。

表示方法：

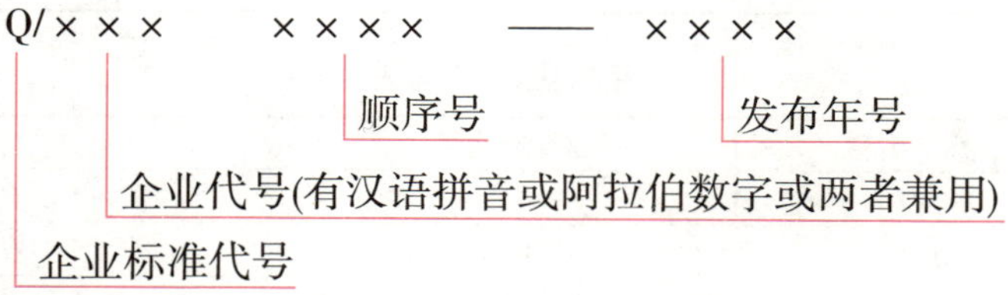

国家标准、行业标准分为强制性标准和推荐性标准。

下列标准属于强制性标准：

1. 药品标准，食品卫生标准，兽药标准；
2. 产品及产品生产、储运和使用中的安全、卫生标准，劳动安全、卫生标准，运输安全标准；
3. 工程建设的质量、安全、卫生标准及国家需要控制的其他工程建设标准；
4. 环境保护的污染物排放标准和环境质量标准；
5. 重要的通用技术术语、符号、代号和制图方法；
6. 通用的试验、检验方法标准；
7. 互换配合标准；

8. 国家需要控制的重要产品质量标准。

国家需要控制的重要产品目录由国务院标准化行政主管部门会同国务院有关行政主管部门确定。

强制性标准以外的标准是推荐性标准。

省、自治区、直辖市人民政府标准化行政主管部门制定的工业产品的安全、卫生要求的地方标准，在本行政区域内是强制性标准。

制定标准应当发挥行业协会、科学技术研究机构和学术团体的作用。制定国家标准、行业标准和地方标准的部门应当组织由用户、生产单位、行业协会、科学技术研究机构、学术团体及有关部门的专家组成标准化技术委员会，负责标准草拟和参加标准草案的技术审查工作。未组成标准化技术委员会的，可以由标准化技术归口单位负责标准草拟和参加标准草案的技术审查工作。

制定企业标准应当充分听取使用单位、科学技术研究机构的意见。

标准实施后，制定标准的部门应当根据科学技术的发展和经济建设的需要适时进行复审。标准复审周期一般不超过5年。

国家标准、行业标准和地方标准的代号、编号办法，由国务院标准化行政主管部门统一规定。

企业标准的代号、编号办法，由国务院标准化行政主管部门会同国务院有关行政主管部门规定。

标准的出版、发行办法，由制定标准的部门规定。

表5－1　　国家标准代号含义表

标准代号	含　义
GB	强制性国家标准
GB/T	推荐性国家标准

表5－2　　行业标准代号表

序号	行业标准名称	行业标准代号	主管部门
1	农业	NY	农业部
2	水产	SC	农业部
3	水利	SL	水利部
4	林业	LY	国家林业局
5	轻工	QB	国家轻工业局
6	纺织	FZ	国家纺织工业局
7	医药	YY	国家药品监督管理局
8	民政	MZ	民政部
9	教育	JY	教育部
10	烟草	YC	国家烟草专卖局
11	黑色金属	YB	国家冶金工业局
12	有色金属	YS	国家有色金属工业局
13	石油天然气	SY	国家石油和化学工业局
14	化工	HG	国家石油和化学工业局

续表

序号	行业标准名称	行业标准代号	主管部门
15	石油化工	SH	国家石油和化学工业局
16	建材	JC	国家建筑材料工业局
17	地质矿产	DZ	国土资源部
18	土地管理	TD	国土资源部
19	测绘	CH	国家测绘局
20	机械	JB	国家机械工业局
21	汽车	QC	国家机械工业局
22	民用航空	MH	国家民航管理总局
23	兵工民品	WJ	国防科工委
24	船舶	CB	国防科工委
25	航空	HB	国防科工委
26	航天	QJ	国防科工委
27	核工业	EJ	国防科工委
28	铁路运输	TB	铁道部
29	交通	JT	交通部
30	劳动和劳动安全	LD	劳动和社会保障部
31	电子	SJ	信息产业部
32	通信	YD	信息产业部
33	广播电影电视	GY	国家广播电影电视总局
34	电力	DL	国家经贸委
35	金融	JR	中国人民银行
36	海洋	HY	国家海洋局
37	档案	DA	国家档案局
38	商检	SN	国家出入境检验检疫局
39	文化	WH	文化部
40	体育	TY	国家体育总局
41	商业	SB	国家国内贸易局
42	物资管理	WB	国家国内贸易局
43	环境保护	HJ	国家环境保护总局
44	稀土	XB	国家计发委稀土办公室
45	城镇建设	CJ	建设部
46	建筑工业	JG	建设部
47	新闻出版	CY	国家新闻出版署
48	煤炭	MT	国家煤炭工业局
49	卫生	WS	卫生部
50	公共安全	GA	公安部
51	包装	BB	中国包装工业总公司
52	地震	DB	国家地震局
53	旅游	LB	国家旅游局
54	气象	QX	中国气象局
55	外经贸	WM	对外经济贸易合作部
56	海关	HS	海关总署
57	邮政	YZ	国家邮政局

三、国际标准

（一）国际标准

国际标准是指由国际上有权威的专业组织制定，并为世界上大多数国家承认和通用的标准。通常是指国际标准化组织（ISO）和国际电工委员会（IEC）所制定的标准，以及经国际标准化组织确认并公布的其他国际组织制定的权威标准。

国际标准化组织（ISO）是世界上最大非政府性国际标准化专门机构，是联合国经社理事会和贸易发展理事会的甲级咨询机构。它的宗旨是在世界范围内促进标准化工作的开展，以利于国际商品交流和互助，并扩大在知识、科学技术和经济方面的合作。其主要活动是制定国际标准，协调世界范围内的标准化工作和进行标准情报交流。

国际标准都为推荐性标准，但由于其具有较高的权威性和科学性，为大多数国家自愿采用。

国际标准号的组成包括标准代号、顺序号和发布年代号三部分。

表示方法：

ISO ×××× : ××××

发布年代号

标准顺序号

国际标准化组织的标准代号

（二）国外先进标准

国外先进标准是指未经 ISO 确认并公布的其他国际组织的标准、发达国家标准、区域性组织标准、国际上有权威的团体标准和企业（公司）标准中的先进标准。

（三）我国采用国际标准状况

随着经济和国际贸易的发展，采用国际标准是世界各国技术经济发展的普遍趋势，引进国际先进技术与国际技术标准接轨，是我国的一项重要技术经济政策。

采用国际标准和国外先进标准是指把国际标准和国外先进标准的内容，通过分析研究，不同程度地纳入我国标准。在采用国际标准中，根据我国标准与被采用的国际标准之间技术内容和编写方法差异的大小，采用程度分为等同采用、等效采用和非等效采用三种。

（1）等同采用，指技术内容相同，没有或仅有编辑性修改，编写方法完全相对应。

（2）等效采用，指主要技术内容相同，技术上只有很小差异，编写方法不完全相对应。

（3）非等效采用，指技术内容有重大差异。

采用国际标准的程度仅表示我国标准与国际标准之间的异同情况，而不表示技术水平的高低。

为了便于查找和统计，采用国际标准的程度在标准目录中应分别用三种图示符号来表示，在电报传输或电子数据处理中可分别用三种缩写字母来表示。见表 5 - 3。

表 5－3　国际标准采用程度符号

采用程度	图示符号	缩写字母代号
等同采用	≡	idt 或 IDT
等效采用	=	eqv 或 EQV
非等效采用	≠	neq 或 NEQ

在采用国际标准和国外先进标准时，要从我国经济发展和对外贸易的需要出发，充分考虑我国的资源情况和自然条件，要求技术先进，经济合理，安全可靠，符合我国有关法规和政策，正确地确定采用程度，以有利于完成我国的标准体系和适应经济发展的需要。

任务三 认可与认证的认知

背景

如本项目任务2【背景】材料中所述，某企业受到处罚后，企业质量管理人员感到委屈，更是不解。质量管理人员认为，其产品包装上标注自己企业的生产标准，是为了向消费者表明，自己的产品质量指标严于国家标准，产品的质量应该更好，怎么会不合格呢！况且，如若标注国家标准，自己的产品就与市场上其他的同类产品无异了，怎么能体现出自己的产品是按照更高指标的标准来生产的呢？

监督管理人员解释："虽然企业可以制定严于国家标准的企业标准，但只能作为内部标准使用。企业若要向消费者表明自己产品的质量达到了更高的质量水平，可以向经我国有关部门认可的第三方认证机构申请认证，让其证明你们的产品达到某一水平或某一标准。其相应的质量标志就可标注于产品的包装上，以表明产品的质量水平。"

请问：企业如何才能证明自己生产的产品比市场上同类产品的质量更高呢？

学习目标

理解认证、认可的概念；了解认证证书与认证标志。

基础知识与技术

一、认证认可的概念

《中华人民共和国认证认可条例》（以下简称《条例》）所称"认证"，是指由认证机构证明产品、服务、管理体系符合相关技术规范、相关技术规范的强制性要求或者标准的合格评定活动。

《条例》所称“认可”，是指由认可机构对认证机构、检查机构、实验室以及从事评审、审核等认证活动人员的能力和执业资格，予以承认的合格评定活动。

二、认证证书和认证标志的概念

为了加强对产品、服务、管理体系认证的认证证书和认证标志（以下简称认证证书和认证标志）的管理、监督，规范认证证书和认证标志的使用，维护获证组织和公众的合法权益，促进认证活动健康有序地发展，根据《中华人民共和国认证认可条例》等有关法律、行政法规的规定，国家质量监督检验检疫总局公布了《认证证书和认证标志管理办法》。适用于认证证书和认证标志的制定、发布、备案、使用和监督检查。

由国家认证认可监督管理委员会（简称国家认监委）依法负责认证证书和认证标志的管理、监督和综合协调工作。地方质量技术监督部门和各地出入境检验检疫机构（统称地方认证监督管理部门）按照各自职责分工，依法负责所辖区域内的认证证书和认证标志的监督检查工作。禁止伪造、冒用、转让和非法买卖认证证书和认证标志。《管理办法》也规定了相应的罚则。

《管理办法》将“认证证书”定义为“产品、服务、管理体系通过认证所获得的证明性文件。认证证书包括产品认证证书、服务认证证书和管理体系认证证书。”

《管理办法》将“认证标志”定义为“证明产品、服务、管理体系通过认证的专有符号、图案或者符号、图案以及文字的组合。认证标志包括产品认证标志、服务认证标志和管理体系认证标志。”认证标志分为强制性认证标志和自愿性认证标志。

自愿性认证标志包括国家统一的自愿性认证标志和认证机构自行制定的认证标志。强制性认证标志和国家统一的自愿性认证标志属于国家专有认证标志。认证机构自行制定的认证标志是指认证机构专有的认证标志。

任务四
认证认可机构及其标志识别

背景

一个家长到某商场为其孩子选购儿童玩具，琳琅满目的玩具令其眼花缭乱，便向有关专家咨询：“除了考虑智力开发的功能，时尚美观的造型，还要考虑些什么因素?”专家告诉她“还要认清品牌、厂名、厂址等，特别是要认清‘三 C’强制认证标志，只有通过‘三 C’强制认证的玩具才能放心购买。在我国有童车、电动玩具、塑胶玩具、金属玩具、弹射玩具、娃娃玩具六类实施强制认证，没有认证的不允许出厂、销售经营”。另外，专家还提醒她“除了产品包装外部粘贴的‘三 C’认证标志，消费者还可向销售者索要该玩具强制认证证明或复印件”。

请问：包装上常见的质量认证标志有哪些？其中哪些属于强制性的认证标志？

学习目标

理解中国强制认证及其徽标；熟悉认可机构及其徽标；掌握常见认证标志。

基础知识与技术

一、我国强制性产品认证

为了完善和规范强制性产品认证工作，切实维护国家、社会和公众利益，根据国家产品安全质量许可、产品质量认证的法律法规的规定以及国务院赋予国家质量监督检验检疫总局和国家认证认可监督管理委员会的职能，国家于2001年制定发布了《强制性产品认证管理规定》。

《强制性产品认证管理规定》指出，国家对涉及人类健康和安全，动植物生命和健康，以及环境保护和公共安全的产品实行强制性认证制度。国家对强制性产品认证公布统一的《中华人民共和国实施强制性产品认证的产品目录》，确定统一适用的国家标准、技术规则和实施程序，制定和发布统一的标志，规定统一的收费标准。凡列入《目录》的产品，必须经国家指定的认证机构认证合格、取得指定认证机构颁发的认证证书、并加施认证标志后，方可出厂销售、进口和在经营性活动中使用。

强制性产品认证标志的名称为“中国强制认证”（英文名称为“China Compulsory Certification ”，英文缩写为“CCC”，简称为“3C”标志），认证标志是《目录》中产品准许其出厂销售、进口和使用的证明标记。中国强制认证标志实施以后，将逐步取代原来实行的“长城”标志和“CCIB”标志。

认证标志的图案由基本图案（见图5－1左图）和认证种类标注组成。认证种类标注如图5－1右图所示。在认证标志基本图案的右部印制认证种类标注，证明产品所获得的认证种类，认证种类标注由代表认证种类的英文单词的缩写字母组成，如图5－1右图中的“S”代表“安全认证”。国家认证认可监督管理委员会根据认证工作需要制定和发布有关认证种类标注。

基本图形

认证种类标注(强制安全认证标志)图形

图5－1　CCC强制认证标志

二、中国合格评定国家认可委员会（CNAS）及其标志

中国合格评定国家认可委员会（简称为CNAS）是根据《中华人民共和国认证认可条例》的规定，由国家认证认可监督管理委员会批准设立并授权的国家认可机构，统一负责

对认证机构、实验室和检查机构等相关机构的认可工作。中国合格评定国家认可委员会是在原中国认证机构国家认可委员会（简称为CNAB）和原中国实验室国家认可委员会（简称为CNAL）基础上整合而成的。

CNAS徽标是代表CNAS机构本身的图形标识。CNAS徽标式样见图5-2所示。

图5-2　CNAS徽标式样

CNAS认可标识是CNAS颁发的、供获准认可的机构使用的、表示其认可资格的图形标识。认可标识分为中文版和英文版，由CNAS徽标和标明认可制度的文字、注册号组成，文字和注册号置于CNAS徽标的正下方，使用Arial字体。

三、常见的认证标志

（一）国家级或省市级产品质量监督检验中心授权标志

国家级或省市级产品质量监督检验中心授权标志，即产品质量检验机构考核合格符号分为省级和国家级。根据《中华人民共和国产品质量法》的规定，产品质量检验机构必须经省级以上质量监督管理部门或其授权的部门考核合格后，方可承担产品质量检验任务。凡考核合格的检验机构，应在其发出的考核合格范围内的检验报告上及有关工作文件上使用统一的考核合格符号。印有考核合格符号的检验报告，具有法律效力，可作为判定产品质量的依据。

考核合格符号由CAL三个英文字母形成的图形和检验机构考核合格证书编号两部分组成。CAL分别是“中国考核合格检验实验室”相应英文单词（China Accredited Laboratory）的字头，证书编号是省级以上质量监督管理部门按技监监函（1994）04号文向其考核合格的产品质量检验机构颁发的证书的编号。省级以下检验机构的编号为“（　）省质监认字（　）号”；国家级质检机构的编号为“国质监认字（　）号”。图例见图5-3（A）所示。

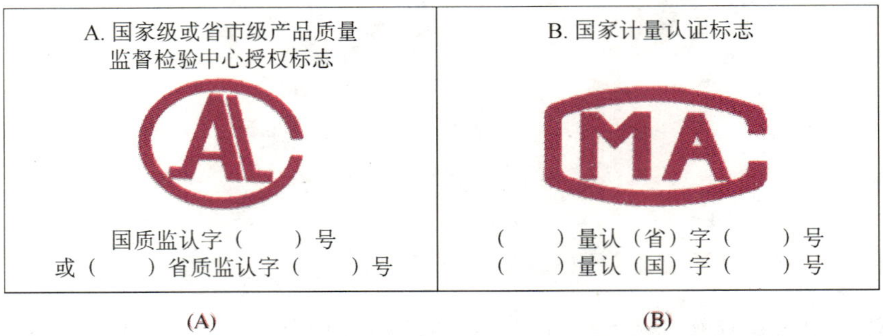

图5-3　CAL和CMA认证标志图

（二）国家计量认证标志

根据《中华人民共和国计量法》中规定：为社会提供公证数据的产品质量检验机构，必须经省级以上人民政府计量行政部门对其计量检定、测试能力和可靠性考核合格，这种考核称为**计量认证**。计量认证是我国通过计量立法，对为社会出具公证数据的检验机构（实验室）进行强制考核的一种手段，也可以说是具有中国特点的政府对实验室的强制认可。经计量认证合格的产品质量检验机构所提供的数据，用于贸易出证、产品质量评价、成果鉴定作为公证数据，具有法律效力。

取得计量认证合格证书的产品质量检验机构，可按证书上所限定的检验项目，在其产品检验报告上使用计量认证标志，标志由 CMA 三个英文字母形成的图形和检验机构计量认证书编号两部分组成。CMA 分别由英文 China Metrology Accreditation 三个词的第一个大写字母组成，意为“中国质量认证”。省级以下检验机构计量认证证书编号为“（　）量认（省）字（　）号”；国家级检验机构计量认证证书编号为“（　）量认（国）字（　）号”。图例见图 5－3（B）所示。

（三）中国环境标志——十环 I 型标志

中国环境标志——“十环 I 型标志”是建立在第三方设立的、根据产品生命周期评价体系的标准之上，是一个基于多重准则的标志，见图 5－4 所示。该标志由国家环保总局认证中心认证，是目前权威的绿色标志。

十环 I 型标志是一种官方的产品证明性商标，图形的中心结构表示人类赖以生存的环境，外围的十个环紧密结合，环环紧扣，表示公众参与共同保护环境；同时十个环的“环”字与环境其寓意为“全民联合起来，共同保护人类赖以生存的环境”，因此称为“十环标志”；获准使用该标志的产品不仅质量合格，而且在生产、使用和处理过程中符合特定的环境保护要求，与同类产品相比，具有低毒少害、节约资源等环境优势。

环境标志是一种产品的证明性商标，它表明该产品不仅质量合格，而且在生产、使用和处理处置过程中符合环境保护要求，与同类产品相比，具有低毒少害、节约资源等环境优势。

图 5－4　环境标志

（四）绿色食品标志

“绿色食品”标志是一种特定质量标志，它专为证明出自良好生态环境、无污染、无公害、安全营养食品之用。现已作为证明商标，经国家工商行政管理局商标局核准注册，其商标专用权受《中华人民共和国商标法》保护。农业部统一负责“绿色食品”标志的颁发和使用管理。绿色食品标志由三部分构成，即上方的太阳、下方的叶片和中心蓓蕾，分别代表了生态环境、植物生长和生命的希望。标志为正圆形，意为保护、安全（见图5－5）。

凡从事食品生产、加工的企业，需要在某项产品上使用“绿色食品”标志的，必须依照《农业部“绿色食品”标志管理暂行办法》的有关规定提出申请，经审查，符合标准的，授予《绿色食品证书》及专用编号，准其使用，企业方可在该项指定的产品上使用“绿色食品”标志。由农业部定期将准许使用“绿色食品”标志企业名单报国家工商行政管理局商标局备案。

绿色食品所具备的条件是：

1. 产品或产品原料产地必须符合绿色食品生态环境质量标准；
2. 农作物种植、畜禽饲养、水产养殖及食品加工必须符合绿色食品生产操作规程；
3. 产品必须符合绿色食品标准；
4. 产品的包装、贮运必须符合绿色食品包装贮运标准。

图5－5 绿色标志

（五）“QS”企业产品生产许可标志

QS企业产品生产许可，即工业产品生产许可，国家为了保证直接关系公共安全、人体健康、生命财产安全的重要工业产品的质量安全，贯彻国家产业政策，促进社会主义市场经济健康、协调发展，制定了《中华人民共和国工业产品生产许可证管理条例》，纳入《国家实行生产许可证制度的工业产品目录》的产品生产企业，必须依照规定程序取得《工业产品生产许可证》方可从事产品生产，任何企业未取得生产许可证不得生产列入目录的产品。任何单位和个人不得销售或者在经营活动中使用未取得生产许可证的列入目录的产品。

1. 工业产品生产许可证标志。由“企业产品生产许可”拼音Qiyechanpin Shengchanxuke的缩写“QS”和“生产许可”中文字样组成。标志主色调为蓝色，字母“Q”与“生产许可”四个中文字样为蓝色，字母“S”为白色，见图5－6。QS标志由企业自行印（贴），可以按照规定放大或者缩小。

工业产品生产许可证编号采用大写汉语拼音XK加十位阿拉伯数字编码组成：XK××－×××－×××××。其中，XK代表许可，前两位（××）代表行业编号，中间三位（×××）代表产品编号，后五位（×××××）代表企业生产许可证编号。企业必须在其产品或者包装、说明书上标注生产许可证标志和编号。

根据产品特点难以标注的裸装产品，可以不标注生产许可证标志和编号。

标志图形　　　　标志专用色

图 5－6　“QS”企业产品生产许可标志

2. 企业食品生产许可证标志。是工业产品许可证制度的一个组成部分，是为保证食品的质量安全，由国家主管食品生产领域质量监督工作的行政部门制定、并实施的一项旨在控制食品生产加工企业生产条件的监控制度。该制度规定：从事食品生产加工的公民、法人或其他组织，必须具备保证产品质量安全的基本生产条件，按规定程序获得《食品生产许可证》，方可从事食品生产，其次产品出厂必须经检验合格并加印（贴）食品市场准入标志。没有食品市场准入标志的，不得出厂销售。

企业食品生产许可证标志式样。企业食品生产许可证标志以“企业食品生产许可”的拼音“Qiyeshipin Shengchanxuke”的缩写“QS”表示，并标注“生产许可”中文字样。标志主色调为蓝色，字母“Q”与“生产许可”四个中文字样为蓝色，字母“S”为白色，见图 5－6。

取得食品生产许可证的企业在使用食品市场准入标志时，不能变色，并标注食品生产许可证证书编号。

食品生产许可证编号由英文大写 QS 与 12 位阿拉伯数字组成。其中前 4 位阿拉伯数字为受理机关编号，具体按行政区划代码区分；中间 4 位阿拉伯数字为产品类别编号，由国家质检总局统一规定；后 4 位阿拉伯数字为该产品类别获证企业序号，由发证机关按发证顺序给出。

3. 食品质量安全市场准入制度。

（1）对食品生产企业**实施生产许可证制度**。对于具备基本生产条件、能够保证食品质量安全的企业，发放《食品生产许可证》，准予生产获证范围内的产品；未取得《食品生产许可证》的企业不准生产食品。这就从生产条件上保证了企业能生产出符合质量安全要求的产品。

（2）对企业生产的食品**实施强制检验制度**。未经检验或经检验不合格的食品不准出厂销售。对于不具备自检条件的生产企业强令实行委托检验。这项规定适合我国企业现有的生产条件和管理水平，能有效地把住产品出厂安全质量关。

（3）对实施食品生产许可制度的产品**实行市场准入标志制度**。对检验合格的食品要加印（贴）市场准入标志——QS 标志，没有加贴 QS 标志的食品不准进入市场销售。

（六）国际羊毛标志

国际羊毛标志是国际通用的提供消费者识别优良品质羊毛产品的标志。使用羊毛标志的产品，其生产过程必须受到严格控制，其成品出厂前须经抽样检验，合格后由国际羊毛事务局授权使用羊毛标志（见图5－7）。

图5－7　纯羊毛标志

（七）部分国家和地区的认证标志（见表5－4）

表5－4　　部分国家和地区的认证标志

国别	英国	印度	澳大利亚	意大利质量标志学会	匈牙利
认证标志		ISI			MSZ
颁发机构	英国标准学会（BSI）	标准协会（ISI）	标准协会（SAA）	质量标志学会（IMO）	标准化局（MSZH）
缩写代号	标准代号 BS	机构和标准代号	标准代号 FS	机构代号 IMQ	
国别	德国	丹麦	法国	美国保险商实验室	瑞典
认证标志	DIN	DS	NF	UL	SIS
颁发机构	标准化协会（DIN）	标准化委员会（DS）	标准化协会（AFNOR）	保险商实验室（UL）	标准化委员会（SIS）
缩写代号	机构和标准代号 DIN	机构和标准代号 DS	标准代号 NF	机构及标准代号 UL	机构和标准代号 SIS
国别	日本	奥地利	加拿大	芬兰	挪威
认证标志			SA		
颁发机构	工业标准调查会（JISC）	标准化学会（ONORM）	标准协会（CSA）	标准协会（SfS）	标准化协会
缩写代号	标准代号 JIS	机构代号 ON	机构和标准代号 CSA	机构和标准代号 SfS	标准代号 NS

习题与训练

△ **名词解释**

标准　商品标准　国际标准　文件标准　实物标准　认可　认证　认证证书

认证标志

△ **选择题**

○ **单项选择题**

(1)( )为了在一定的范围内获得最佳秩序，经协商一致制定、并由公认机构批准，共同使用的和重复使用的一种规范性文件。

A. 实物标准　　B. 先进标准
C. 标准　　D. 国际标准

(2)字母缩写 GB/T 的中文含义为( )。

A. 强制性标准　　B. 试行标准
C. 推荐性标准　　D. 内部标准

(3)标准制定后，每经过( )年复审一次。

A. 1~3　　B. 3~5
C. 5~6　　D. 6~8

(4)字母缩写 IEC 的中文含义为( )。

A. 国际标准化组织　　B. 国际电工委员会
C. 国际物品编码协会　　D. 世界贸易组织

(5)质量认证的依据是( )。

A. 标准　　B. 标准化
C. 质量体系　　D. 质量信誉

(6)中国强制认证的代号是( )。

A. "CCC"　　B. "DB"
C. "DB/T"　　D. "GB"

(7)"QS"认证标志属于( )。

A. 强制性标志　　B. 推荐性标志
C. 通用性标志　　D. 自愿性标志

○ **多项选择题**

(1)根据采用程度不同，我国采用国际标准的形式有( )。

A. 等同采用　　B. 非等同采用
C. 等效采用　　D. 非等效采用

(2)按标准的受约束程度不同，商品标准分为( )。

A. 强制性标准　　B. 推荐性标准
C. 正式标准　　D. 试行标准

(3)按照商品标准发生作用的范围或审批权限，我国商品标准可分为( )。

A. 国家标准　　B. 行业标准
C. 地方标准　　D. 企业标准

(4)以下标志属于推荐性认证标志的是( )。

A. 纯羊毛标志　　B. 绿色食品标志

C. QS 标志　　D. 环境标志

(5) 以下标志属于强制性认证标志的是（　　）。

A. “CCC” 标志　　B. 绿色食品标志

C. QS 标志　　D. 环境标志

(6) 认证证书主要包括（　　）。

A. 产品认证证书　　B. 服务认证证书

C. 管理体系认证证书　　D. 商检机构认证证书

△ 判断题

(1) GB/T12113—1996 表示 1996 年发布的第 12113 号强制性国家标准。（　　）

(2) 在我国有国家标准，还可以制定行业标准和地方标准。（　　）

(3) 经国家认可机构评定合格的认证机构的认证活动才具有法律效力。（　　）

(4) 国家认监委是我国认证认可工作的主管机构。（　　）

(5) 环境标志、绿色食品标志和 3C 标志都是推荐性标志。（　　）

△ 简答题

(1) 什么是标准？标准的含义有哪些？

(2) 什么是国际标准？

(3) 什么是商品标准？我国的商品标准是如何分类和分级的？

(4) 什么是认证、认可？

(5) 中国强制认证是指什么？其认证标志是什么？

(6) 什么是 QS 标志？为什么要在食品包装上标注 QS 标志？

△ 论述题

(1) 论述为什么各国采取积极的态度采用国际标准。

(2) 分析食品包装上的绿色食品标志与 QS 标志的作用。

(3) 试述认证认可与标准的关系。

△ 实训题

实训任务：我国实行强制性认证产品的种类及分析。

实训目标：该项目训练帮助学生了解我国实行强制性认证产品的种类，通过分析产品特点和要求，提高理论联系实际的能力。

实训内容：列出强制性认证产品目录，分析产品大类特点和要求。

实训步骤：

(1) 要求学生查阅相关资料，列出强制性认证产品目录。

(2) 选择几个大类产品进行质量特点和要求分析。

（3）撰写《强制性认证产品分析报告》。

（4）教师对学生的报告进行点评。

组织形式：以学习小组为单位，课余时间完成。

考核要点：产品选择是否恰当；报告分析是否合理。

△ 案例分析

话说“质量标志”

通过问卷调查表明，目前消费者选择商品主要依据品牌，很少注意商品包装上的质量标志。品牌信息的获得则主要来源于广告，而质量标志由于消费者不了解而受到冷落。消费者在购买商品时，因不了解或者不认识这些质量标志，在购买袋装食品时，不重视质量标志而重视品牌。消费者对质量标志模糊，主要是消费者对于质量标志的认知程度不够，无法辨别质量标志的真假，甚至不认识相关产品的质量标志。

针对品牌和质量标志，有关专家指出“质量标志和品牌不同，质量标志是共性的，品牌是个性的。质量标志是政府确认的，有严格的条件和程序。有的质量标志是法定的，消费者受到侵权有法律保护，质量标志不符合条件即要取消，因此对消费者是指导性的、权威性的、保障性的；也有的质量标志是企业自愿性质的，不管怎么说，产品上的质量标志说明企业对产品质量的承诺，也是对消费者的承诺，不应该带有虚假性质。而品牌是企业创造的融入的是企业历史、文化、经营者的理念；有的还存在一定程度的商业炒作。因此对消费是引导性的、趋利性的。

问题：

（1）什么是质量标志？质量标志与品牌有何区别？

（2）分析质量标志的作用。

分析要求：学生分析案例提出的问题，拟出《案例分析提纲》；小组讨论，形成小组《案例分析报告》；班级交流，教师对各小组《案例分析报告》进行点评。

6 项目六 商品检验与质量监督

案例导入

2013年第45号
质检总局关于公布2013年13类产品质量
国家监督抽查结果的公告

根据《中华人民共和国产品质量法》和《产品质量监督抽查管理办法》的规定，质检总局对国内生产的日用消费品、工业生产资料等13类产品质量进行了国家监督抽查，现将抽查结果予以公布。

质检总局已责成相关省质量技术监督部门按照有关法律法规，对本次抽查中不合格的产品及其生产企业依法进行处理。

特此公告。

附件：

1. 女士内衣产品质量国家监督抽查结果
2. 袜子产品质量国家监督抽查结果
3. 卫生巾（含卫生护垫）产品质量国家监督抽查结果
4. 汽车GPS导航产品质量国家监督抽查结果
5. 厨房机械产品质量国家监督抽查结果
6. 电磁灶产品质量国家监督抽查结果
7. 自动电饭锅产品质量国家监督抽查结果

……

质检总局
2013年4月1日

（资料来源：国家质量监督检验检疫总局门户网站 http：//www. aqsiq. gov. cn/。内容有删减。）

问题与思考：

1. 什么是质量监督？什么是商品检验？
2. 质量监督与商品检验的依据是什么？

任务一
商品检验与质量监督认知

背景

本单元【案例导入】中，国家职能部门对国内生产的日用消费品、工业生产资料等13类产品质量进行了国家监督抽查，并按照有关法律法规，对此次抽样检验中不合格的产品及其生产企业依法进行了处理。2012年中央电视台“3·15晚会”上，也曝光了许多生产、流通领域商品的质量问题，事后相关职能部门依法分别进行了处理，媒体协助职能部门进行了有效的质量监督。

请问：为什么市场上经常出现质量不合格的商品？

学习目标

理解质量监督与商品检验的概念；明确质量监督的种类；熟悉质量监督的形式；明确商品检验的分类与作用。

基础知识与技术

一、商品质量监督

（一）商品质量监督的概念

商品质量监督是贯彻执行商品标准的手段，是保证和提高商品质量并取得经济效益的措施，也是标准化工作的重要组成部分。

商品质量监督是指国家指定的商品质量监督专门机构，按照国家的质量法规和正式商品质量标准的规定，对生产和流通领域的商品质量和质量保证体系进行监督的活动。

商品质量监督所要解决的问题，是企业生产经营的商品是否达到既定法规和标准的要求，并在此基础上对企业的质量保证工作实行监督。履行商品质量监督的职能部门，是由国家授权的法定机构；进行商品质量监督的依据，主要是国家的质量法规和批准发布的正式标准，并多属于强制性标准。

（二）商品质量监督的种类

我国的商品质量监督可分为国家的质量监督、社会的质量监督和用户的质量监督。

1. 国家的质量监督。是指国家授权指定第三方专门机构，以公正立场对商品质量进行的监督检查。这种法定的质量监督，是以政府行政的形式，对可能危及人体健康和人身、财产安全的商品，影响国计民生的重要工业产品及用户、消费者组织反映有质量问题的商品，实行定期或经常的监督、抽查和检验，公开公布商品质量抽查检验结果，并根据国家有关法规及时处理质量问题，以维护社会经济生活正常秩序和保护消费者的合法权益。

2. 社会的质量监督。是指社会团体、组织和新闻机构根据消费者和用户对商品质量的反映，对流通领域的某些商品质量进行的监督检查。

3. 用户的质量监督。是指内、外贸部门和使用单位为确保所购商品的质量而进行的质量监督。这种质量监督包括用户自已派人或委托技术服务部门进驻承制单位实行质量监督；贸易部门派驻厂人员进行质量监督；以及进货时进行验收检验。

（三）商品质量监督的形式

商品质量监督的形式很多，可以归纳为抽查型质量监督、评价型质量监督和仲裁型质量监督三种。

1. 抽查型质量监督。是指国家质量监督机构通过对从市场或企业抽取的商品样品进行监督检验判定其质量，从而采取强制措施责成企业改进质量，直至达到商品质量标准要求的一种监督活动。

抽查型商品质量监督，一般只抽检商品的实物质量，不检查企业的质量保证体系。抽查的主要对象是涉及人体健康和人身、财产安全的商品，影响国计民生的重要工业产品，重要的生产资料商品和消费者反映有质量问题的商品。

2. 评价型质量监督。是指国家质量监督机构通过对企业的产品质量和质量保证体系进行检验和检查，考核合格后，以颁发产品质量证书、标志等方法确认和证明产品已经达到某一质量水平，并向社会提供质量评价信息，实行必要的事后监督，以检查产品质量和质量保证体系是否保持或提高的一种质量监督活动。

评价型质量监督是国家干预产品质量、进行宏观管理的一种重要形式。产品质量认证、企业质量体系认证、环境标志产品认证、评选优质产品、产品统一检验制度和生产许可证发放等都属于这种形式。

3. 仲裁型质量监督。是指质量监督检验机构通过对有质量争议的商品进行检验和质量调查，分清质量责任，做出公正处理，维护经济活动正常秩序的一种质量监督活动。

仲裁型质量监督具有较强的法制性，这项任务由质量监督管理部门承担，应选择经省级及以上人民政府产品质量监督管理部门或其授权的部门审查认可的质量监督检验机构作为仲裁检验机构。

二、商品检验概述

（一）商品检验的概念

商品检验是指根据商品标准所规定的各项指标，评定商品质量高低和商品等级的全部工作。商品检验工作应从商品的用途和使用条件出发，分析和研究商品的成分、结构、性质以及它们对商品质量的影响，拟定商品的质量指标，评定商品的质量高低，确定科学的商品检验方法等。

（二）商品检验的分类

1. 根据检验主体及其目的不同，商品检验可分为第一方检验、第二方检验和第三方检验。

（1）第一方检验。也称出厂检验或生产检验。生产检验是商品生产者为了控制产品质量，维护企业信誉，达到保证质量的目的，对原材料、半成品和成品进行的自我约束的检验活动。这种检验是企业质量管理的职能之一，也是企业质量体系的基本要素之一，经检验合格的商品应有“质量合格证”标识。

(2) 第二方检验。又称验收检验或买方检验。验收检验是商品的买方为了杜绝不合格品进入流通、消费领域，维护自身和消费者的利益，保证购买的商品满足需要，以便买卖成交或适于使用，对所购买的商品进行的检验活动。

(3) 第三方检验。是指处于买卖利益之外的第三方，主要指质量监督与认证部门以及消费者协会等第三方，以公正、中立、权威的非当事人身份根据有关法律、合同或标准所进行的检验活动。其目的在于正确地维护买卖双方合法权益和国家利益，协调矛盾。

2. 根据检验数量的不同，批产品检验可分为全数检验和抽样检验。

全数检验是对受检批中的所有单位产品逐个地进行检验。这种方法可提供较多的质量信息，给人以心理的安全感，适用于批量小、质量特征单一、精密、贵重、重型的关键产品，但不适用于批量大、价廉、质量特性复杂、需要进行破坏性检验的产品。

抽样检验是根据预先确定的抽样方案，从受检批中随机抽取少量单位产品，组成样本，再根据对样本中单位产品逐一测试的结果，与标准或合同规定比较，最后从样本质量状况统计推断整批产品质量状况的检验方法。抽样检验由于检验批量小，避免了过多的人力、物力、财力和时间消耗，因此比较经济，有利于及时交货，刺激供货方保证产品质量，并可以防止全数检验中因工作单调和疲劳而产生的漏检和错检。它适用于批量大、价值低、质量要求不高、检验项目多以及本身为连续体的产品。但抽样检验也存在着提供的质量信息少，有可能误判和不适用于质量差异程度较大的产品批等缺点。

随着科学技术的进步和人民生活水平的提高，消费者对商品质量的要求不断提高，使商品升级换代速度加快，商品寿命周期大大缩短，而商品的升级换代离不开对新技术、新工艺、新材料的探索。因此，商品检验就成为探索开发新产品的有效途径。

通过商品检验，可找出提高商品质量的方法和途径，提出改进商品生产的技术条件和方法，确定适宜的商品包装和贮存条件，修订和提高商品质量标准，限制不符合质量标准的商品进入流通领域，以保证国家和消费者的利益。

商品检验是对商品标准的具体实施工作，是标准化工作的手段。

任务二 商品质量检验

背景

人的一生大概有1/3的时间是在睡眠中度过的，因此睡眠的质量对于每个人来说都是至关重要的。而床垫则是影响人们睡眠质量的一个非常重要的因素，如果床垫不够舒适肯定会降低睡眠质量，如果床垫是不合格产品那就更可能对身体健康造成不利影响。

为了更好地了解床垫产品的质量安全水平，北京市消费者协会最近组织了一次专门针对床垫产品的比较试验，我们先来看一下试验的结果。

北京市消费者协会这次比较试验选择了在北京市场和网络上热销的50种床垫产品，其中包括37件弹簧软床垫和13件棕纤维弹性床垫。依据相关国家标准的要求，这次比较试验对床垫的面料和芯料的物理性能、甲醛释放量等卫生安全指标以及产品标志等多个项目进行了检测。检测结果显示，50件床垫样品中，有25件样品质量存在问题，不合格率高达50%。

其一，耐干摩擦色牢度检测，经过检测试验人员确认，37件弹簧软床垫样品中，4件产品不合格，不合格率为10.8%。13件棕纤维弹性床垫中，3件产品不合格，不合格率为23.1%。

其二，耐久性是反映床垫使用寿命的指标。而在这次比较试验中，37件弹簧软床垫样品有9件产品不合格，不合格率为24.3%。13件棕纤维弹性床垫有8件产品不合格，不合格率高达61.5%。

其三，根据国家标准的要求，床垫产品中甲醛释放量不得高于0.050mg/m^2·h，而在这次比较试验中，37件弹簧软床垫样品中有2件产品甲醛释放量不合格，不合格率为5.4%；13件棕纤维弹性床垫中有6件产品甲醛释放量不合格，不合格率为46.2%。

（资料来源：央视网："每周质量报告"，《不安全的床垫》，2013年4月14日。）

请问：您对床垫的质量了解多少？您用的床垫合格吗？

学习目标

理解商品抽样的概念和要求；熟悉商品抽样方法。掌握商品检验的方法；明确各检验方法的特点。理解商品品级的概念；掌握商品品级的方法。

基础知识与技术

一、商品抽样

（一）商品抽样的概念

商品抽样是指从被检验商品中按照一定的方法采集样品的过程。即在检验整批商品质量时，用一定的方法，从中抽取具有代表性的一定数量的样品，作为评定这批商品的质量依据，这种抽取样品的工作，称为商品抽样，又称拣样、扦样等。

商品抽样是商品检验工作的重要环节，由于商品数量多，商品检验时间长，有些商品检验带有一定的破坏性，所以，除批量太少的商品或绝对不允许有不合格品存在而必须百分之百检验的商品外，其他商品都采用抽样检验。

商品抽样的结果可能会出现以下两种情况，一是样品的质量高于被测商品的质量，这样会使被测商品等级高于实际商品质量，会损害消费者的利益；二是样品的质量低于被测商品的质量，这样会使被测商品等级低于实际商品质量，同样，会损害生产者的利益。为了使拣出的样品具有代表性，对抽样有如下要求：

第一，抽样应当依据抽样对象的形态、性状，合理选择抽样工具与样品容器。抽样工具、容器必须清洁，不含被检验成分，供微生物检验的样品应无菌操作。

第二，外地调入的产品，抽样前应检查有关证件，如商标、货运单、质量检验证明等，然后检查外表，包括检查包装以及启动日期、整批数量、产地厂家等情况。

第三，按各类商品的抽样要求抽样，注意抽样部位分布均匀，每个抽样部位的抽样数量（件）保持一样。

第四，抽样的同时应做好抽样记录。内容包括：抽样单位、地址、仓位、车间号、日期、样品名称、样品批号、样品数量、抽样者姓名等。

第五，抽取的样品应妥善保存，保持样品原有的品质特点。抽样后及时检验。

（二）商品抽样的方法

商品抽样的方法很多，应用最为普遍的是随机抽样。所谓随机抽样，即群体中的每一个体，都有同样被拣取的机会，抽样者完全用偶然的方法拣取，事先并不考虑或选择拣取哪一个样品。具体方法主要有以下几种：

1. 简单随机抽样。是指在一批同类商品中，随机拣取若干试样，这时任何一个商品都有机会被拣取作为试样。这种方法简单，随机性强，对发现商品的共同性缺陷行之有效。适用于批量不大商品的抽样，具体执行时又有直接抽样法、抽签法和随机数表法等形式。

第一，直接抽样法。是检验人员在现场不加选择地随机拣取试样。

第二，抽签法。是先将商品编号，然后将号码写在纸签上，折叠好纸签并混匀后随机抽取或用器械摇出中选号码，商品编号与中选号码相同的商品即为试样。

第三，随机数表法。是先将商品编号，再运用随机数字表，从任何一行或任何一列开始，向任何方向数过去。把属于编号范围的数字号码，作为中选号码。

随机数字是由数字 0，1，……，9 组成，编制一系列组别的随机数字表格（见表 6－1）。数字有几百、几千、也有上万的。可根据应用的范围选择，并可用计算机程序来实现。

表 6－1　随机数字表（部分）

13	47	43	73	87	36	96	47	36	61
37	74	24	67	62	48	81	14	57	22
17	76	62	27	68	56	50	26	71	47
42	56	85	99	76	66	97	68	27	32
35	59	56	35	65	37	54	82	46	23
36	22	77	94	36	43	54	43	54	84
74	42	17	53	33	55	24	55	06	85
53	01	63	78	57	15	95	55	67	19
35	21	62	34	49	78	64	56	07	82
37	60	86	32	43	09	47	27	96	54

2. 分层随机抽样。先将一批同类商品划分为若干部分，然后从每部分中随机拣取若干试样。商品在生产过程中发生质量缺陷往往是间隔出现的，采取分层随机抽样法，能克服单纯随机抽样法可能会漏掉集中性的缺陷。

3. 多段随机抽样。是把一批同类商品先划成若干部分，用简单随即抽样法随机拣取几个部分，然后再从所拣出的每个部分中随机拣取若干个商品。最后，将上述拣出的所有商品集中起来即为试样。

4. 规律性随机抽样。是按一定规律从整批同类商品中拣取样品。对同批或同类商品按顺序进行编号，即1、2、3、4、5、……按自然数进行排列。首先，按简单随机抽样法从0～9确定一个中选号码作为样品的第一个，然后通过公式：S＝总商品个数/样品个数，确定抽样距离S。如果中选号码为8，则被选出的样品号码为：8，8＋S，8＋2S，8＋3S，…，8＋NS。

商品标准对商品抽样的方法和拣取样品的数量都有明确的规定，商品抽样要按照商品标准所规定的要求和条件进行，否则，即使进行了精确的测试和分析，其结果也因没有代表性而失去实际意义。

拣出的样品，在测试前，应注意保护，妥善保管，防止变形、玷污、干燥、潮湿、挥发、氧化等现象发生，确保样品的代表性。为了防止出现差错，还应在盛放样品的容器上附贴标签，注明品名、标记、批次、数量、抽样件号、抽样日期、抽样人员、测试项目等。测试后，还应填写检验日期和结果、检验人员的签字等。

二、商品检验的方法

虽然商品种类繁多，检验项目各异，但不管哪类商品检验，其方法主要有感官检验法和理化检验法。

（一）感官检验

感官检验法是借助人体正常的感觉器官，结合实践经验对商品进行检验的方法。感官检验法主要包括视觉检验法、嗅觉检验法、味觉检验法、触觉检验法和听觉检验法五种。这些检验方法，使用时应当综合运用，相互补充。

1. 视觉检验法。是利用人的视觉器官来检验商品质量的一种方法。通过观察商品的外形、结构、色泽、试样，以及凡是能用肉眼辨别的品质项目，评价商品质量。

在实际应用中，对商品进行感官检验，首先要进行视觉检验，看其表面特征是否正常。如果视觉检验通不过，其他指标都无考虑的必要。如某些蔬菜、水果，只要看外形和颜色，就能确定成熟度和新鲜度；对玻璃、搪瓷，其外观疵点是确定质量的先决条件；对色泽的检验，要根据检验要求选择光的来源、光的强弱、光的照射方向，因为上述条件均会影响视觉对色泽判断的准确性，如检验茶叶的色泽和汤色，需要在反射光线下进行，用照射法检验鸡蛋品质时，则需在较强的直射光线下进行。

2. 味觉检验法。是利用人的味觉器官来检验商品质量的一种方法。主要用于食品商品的检验，它是通过品尝食品的滋味、风味来评价食品的质量和人们的嗜好。

食品的滋味和风味，是决定食品质量的重要因素。正常的食品应该具有特定的滋味和风味。食品品种不同，其滋味和风味不同；食品的加工方法不同，其滋味和风味也不同；食品的新鲜程度不同，其滋味和风味也有所不同。因此，味觉检验是食品检验的重要方法。

食品的滋味和风味的来源，是由其本身的化学成分和结构决定的，因为商品的化学成分和结构决定商品的性质。食品的滋味和风味，还受消费习惯的影响，不同地区、不同民族，对食品的滋味和风味也有不同要求。食品的滋味和风味还受温度的影响，人的味觉有一个较敏感的温度范围。此外，进行味觉检验时，口中要无异味，否则，会影响到商品检验的准确性。

3. 嗅觉检验法。是利用人的嗅觉器官来检验商品质量的一种方法。主要用于有气味商品的感官检验，它是通过闻商品的气味来评价商品的质量。嗅觉检验法可检验食品、洗涤用品、化妆品等商品。

商品的气味来源于商品挥发出来的气体分子，其在空气里扩散到人的嗅觉器官，使人产生感觉。一般成分中有低分子物的商品有一定的气味，因为低分子物质易于挥发或升华。进行嗅觉检验时，应注意检验场所和器具的清洁卫生，防止异味的干扰，否则会影响检验的准确性。

4. 触觉检验法。是利用人的触觉器官来检验商品质量的一种方法。它主要是通过手触及商品时的感觉来评价商品的质量，通常称手感。

手是人体触及商品最方便而又敏感的部位，手的皮肤表面长有密集的神经末梢和各种感应点，能对商品的冷暖感、软硬度、弹塑性、平滑程度等特征，产生一定的感觉。如通过感觉棉花的冷暖可判断其含水量，通过手感来判断纺织品的柔软性和弹性等。

5. 听觉检验法。是利用人的听觉器官来检验商品质量的一种方法。它是通过耳朵对商品在外力触动下发出声音来评价商品的质量。

听觉检验法主要用于检验各种乐器的音质好坏；各种机械用具、家用电器等的运行是否正常，有无噪音；玻璃、搪瓷、陶瓷、金属等质量有无损伤；粮食含水的多少，西瓜是否成熟等。

上述方法各有特点，在进行商品检验时，要根据商品的特点进行选择。由于商品具有多方面的性质，在对商品质量进行全面评价时，常常几种方法同时使用。

感官检验法具有快速、经济实用、简便易行，不需特殊的专用仪器、设备和场所等优点。但也有检验的结果只能用专业术语或记分法表示商品质量的高低，而得不出准确的数值，及通常受检验人员技术水平、工作经验以及客观环境等因素的影响等缺点。因此，感官检验对检验环境和检验人员都有很高的要求。为了提高感官检验结果的准确性，通常成立评审小组，由评审小组集体对商品质量做出评价。

（二）理化检验

理化检验法是借助于化学试剂和专门仪器来检验商品质量的方法。理化检验往往在实验室或专门场所进行，故也称实验室检验法。理化检验法分为化学检验法和物理检验法。

1. 化学检验法。是根据商品试样对加入的某种化学试剂所产生的化学反应的结果，来检验商品的成分和化学性质的方法。

商品的化学成分和性质是决定商品质量的重要因素。测定商品化学成分的种类和性质，是评价商品的生产质量，以及在购、销、运、存过程中商品质量变化的主要依据。化学检验的方法很多，按商品检验的目的分为定性分析法和定量分析法两类。

（1）定性分析法。是测定商品化学成分的种类和性质的方法。它主要是根据化学反应结果所呈现的特征，来确定商品含有的化学成分和性质。

例如，通过测定食品的营养成分和有害成分，判断食品的营养价值和危害性；测定纺织品纤维的成分，判断其纤维的种类和纺织品的质量；测定玻璃、塑料、日化商品的特殊成分，判断商品的性能和特殊用途。

（2）定量分析法。是测定商品成分含量的方法。它是在商品定性分析的基础上对商品化学成分进行的量的分析。

商品的性能和用途，不仅决定于商品化学成分的种类和性质，还取决于商品中各种化学成分的含量。许多商品的质量指标都是用某些化学成分的含量来表示的。例如，食品的营养成分、钢的含碳量、食品器皿的微量成分等，国家标准中都有明确的规定。

定性分析一般都要通过化学反应的结果，测定某些物理常数，求得其组分含量。定性分析法主要有：无机分析与有机分析、常量分析与微量分析、容量分析与重量分析。

2. 物理检验法。是根据物理学原理，利用各种仪器或机械来检验商品物理性质的方法。商品的物理性质是商品质量重要标志。商品物理检验法主要有度量衡、光学、热学、电学和力学等方法。

（1）度量衡检验法。是通过各种度量衡器具对商品的长度、细度、体积、重量等物理量的测定，来确定商品质量的方法。商品的某些物理量如棉花的长度、羊毛的细度等与商品的品质关系密切，商品检验中度量衡应用广泛。

（2）光学检验法。是通过各种光学仪器对商品的成分、结构和性质的测定，来确定商品质量的方法。主要的光学仪器有显微镜、放大镜、折光仪、旋光计、光谱分析仪器等。例如，用显微镜观察纺织纤维的形态，放大镜观察纺织品的织纹组织和结构，旋光计测定糖的旋光度，气相色谱、液相色谱、原子吸收分光光度分析商品的成分及含量等。

（3）热学检验法。是通过各种热学仪器对商品的熔点、凝固点、沸点、耐寒耐热性的测定，来确定商品质量的方法。主要用来分析在一定的温度下商品状态和机械性能的变化。

（4）力学检验法。是通过各种器械对商品施加一定的外力，测定商品的强度、硬度、弹塑性、伸长率、脆性等机械性能，来确定商品质量的方法。

理化检验法能探明某些商品的内部结构和疵点，检测商品的化学成分和理化性质，说明商品的质量情况。理化检验法具有检验结果比感官检验精确而客观，不受检验人员主观意志的影响，检验的结果可用具体数值来表示等优点。理化检验法也具有需要一定的设备和技术，仪器设备投资较大，检验时间长，多数为破坏性检验等缺点。

科学技术的发展，电子技术的应用，扩大了理化检验的种类和应用范围，进一步提高了理化检验的精确性和灵敏度。理化检验法既可以对商品进行定性分析，又可以进行定量分析，且分析结果准确、客观，是感官检验所不能办到的。但理化检验对于商品的某些感官指标，如色、香、味等的检验是无能为力的。

三、商品品级

（一）商品品级的概念

商品品级是表示商品质量优劣的一种标志，它是指对同一品种的商品，按其达到商品质量标准的程度所确定的等级。划分商品等级的工作，称为商品品级。即按一定的质量指标，将同种商品划分成若干等级的工作。商品分级是商品检验的重要内容之一。

商品品质通常用“等”或“级”的顺序来表示，如一等、二等、三等或一级、二级、三级，有的也用甲、乙、丙等或级来表示。商品品级的设置，不同的商品其数目的多少不同，少则两个，多则六、七个。如棉花分七级，纺织品分四等，白砂糖分三级等。

（二）商品品级的划分方法

商品品级的划分是以商品标准规定的质量指标为准绳，以商品检验的结果为依据，通过对商品外观质量和内在质量指标的检验，确定商品的品级。

不同的商品，对其分级的具体要求，以及确定分级的方法各不相同。例如，茶叶按感官质量指标分级；糖、盐等按化学成分分级；有些工业品按其外观疵点的多少和疵点对商品质量影响的程度分级；有的商品按其性能与标准偏差的程度分级。

划分商品品级的方法很多，归纳起来主要有以下两种方法：

1. 记分法。通常有两种方式，一种为百分记分法，另一种为限定记分法。

百分记分法常用于食品的品级划分与评定。它是将各项指标的标准状况规定为一定的分数，重要的指标占分数高，次要的指标占分数低。如果各项指标均完全合乎标准要求，则总分为 100 分；如果某一项质量指标不合乎标准要求，就按该项的分值酌情扣分，最后根据总分高低按分数段来分等级。

例如，评白酒的百分记分办法，按色、香、味、体四项指标，分别为 10 分、25 分、50 分、15 分为最高分数。根据总分多少排列名次。

限定记分法常用于纺织商品的品级划分。它是将商品的各种疵点规定为一定的分数，以疵点分数的总和高低按分数段来分等级。

例如，纺织品以长 40 米、宽 110 厘米的本色棉布的布面上，视其疵点打分、评分累积限度为：

一等品	不大于	10 分
二等品	不大于	20 分
三等品	不大于	60 分
等外品	大　于	60 分

百分记分法分数越高，商品质量越高；限定记分法分数越高，商品质量越差。

2. 限定法。常用于日用工业品的品级划分。它是在商品可能产生疵点的范围内规定各类商品每个品级限定疵点的种类和数量，以及不能出现的疵点和决定成品为废品的疵点限度等。

日用工业品中全胶鞋质量指标共有 13 个感官指标，其中鞋面起皱或麻点在一级品中规定“稍有”，二级品中规定“有”，鞋面砂眼在一级品中规定“不许有”等。

习题与训练

△ 名词解释

商品检验　商品质量监督　商品抽样　商品检验　商品品级

△ 选择题

○ 单项选择题

(1) 第一方检验，也称出厂检验或（ ）。

A. 生产检验　　B. 验收检验

C. 物理检验　　D. 化学检验

(2) 第二方检验也称买方检验或（ ）。

A. 生产检验　　B. 验收检验

C. 物理检验　　D. 化学检验

(3) 商品检验的依据是（ ）。

A. 商品认证　　B. 商品标准

C. 商品贸易　　D. 商品监督

(4) 限定记分法分值越高，商品质量等级越（ ）。

A. 高　　B. 一般

C. 低　　D. 以上都不是

(5) 检验商品的弹性、韧性、硬度、温度等质量特性时，用（ ）检验法。

A. 视觉　　B. 听觉

C. 嗅觉　　D. 触觉

(6) 检验商品的外形结构、颜色、表面疵点等质量特征时，用（ ）检验法。

A. 视觉　　B. 听觉

C. 嗅觉　　D. 触觉

○ **多项选择题**

(1) 根据检验数量的不同，商品检验可分为（ ）。

A. 全数检验　　B. 抽样检验

C. 验收检验　　D. 生产检验

(2) 根据检验主体及其目的的不同，商品检验可分（ ）。

A. 抽样检验　　B. 第三方检验

C. 验收检验　　D. 生产检验

(3) 商品质量监督的形式有（ ）。

A. 抽查型　　B. 评价型

C. 社会型　　D. 仲裁型

(4) 商品抽样的原则有（ ）。

A. 代表性原则　　B. 一般性原则

C. 典型性原则　　D. 逻辑性原则

(5) 商品理化检验的方法主要有（ ）。

A. 化学检验法　　B. 物理检验法

C. 味觉检验法　　D. 对比检验法

(6) 划分商品品级的方法一般有（ ）。

A. 记分法　　B. 感官法

C. 限定法　　D. 抽样法

△ 判断题

(1) 商品检验的依据主要是商品标准。 ( )

(2) 商品的破坏性检验是商品不能全检的因素之一。 ( )

(3) 国家的质量监督是指国家授权指定的第三方专门机构，以公正立场对商品质量进行的监督检查。 ( )

(4) 商品的感官检验具有准确、客观的特点。 ( )

(5) 商品的破坏性检验是商品不能全检的因素之一。 ( )

(6) 百分计分法分值越高质量等级越高。 ( )

△ 简答题

(1) 什么是商品检验？商品检验的依据是什么？

(2) 什么是第三方检验？其目的是什么？

(3) 什么是质量监督？商品质量监督的种类和形式有哪些？

(4) 商品抽样的原则和方法各有哪些？

(5) 商品检验的方法有几种？各有什么特点？

(6) 商品品级的方法有哪些？

△ 论述题

(1) 分析商品检验与商品标准的关系。

(2) 试述商品质量监督的必要性。

△ 实训题

某纺织品或纤维材料的鉴别训练

实训任务： 观察纺织服装纤维材料的显微结构和燃烧特性，鉴别其所用纤维材料的种类。

实训目标： 通过实训，使学生熟悉商品的感官检验和理化检验。

实训步骤：

(1) 确定和选购需要纺织品或纤维。

(2) 用显微镜观察纺织纤维的纵向形态。

(3) 观察纺织纤维的燃烧特征。

(4) 做出鉴定结论。

(5) 撰写实训报告。

组织形式： 以班级学习小组为单位，课堂完成。

△ **案例分析**

纺织服装质量问题频出

近日，国家质检总局发布了2014年上半年产品质量和进口服装质量相关数据。数据显示，全国共查获进口服装不合格案例12 305例，金额4 766.75万美元，其中396例涉及质量安全不合格。数据一发布，立刻引起业内人士的广泛关注，国家质检总局随即对北京、天津、河北、辽宁、上海、江苏、浙江、福建、山东、河南、湖北、湖南、广东等13个省、直辖市180家企业生产的180批次休闲服装产品进行了产品检测排查，抽检结果不容乐观。

据了解，纺织服装不合格项目主要集中在pH值、色牢度和甲醛含量。户外服装、童装、床品类、内衣类、贸易类、商务类、羽绒服类、学生装等领域问题居多。这无形中告诉我们，纺织行业的质量问题已经影响到产业的健康发展”。

（资料来源：《行业标准不规范纺织服装质量问题频出》，中华纺织网华南城网纺织频道 http：//www. texindex. com. cn/，2014－11－10。）

问题：

造成服装产品不合格的因素有哪些？这些不合格因素对商品质量有何影响？

分析要求：学生分析案例提出的问题，拟出《案例分析提纲》；小组讨论，形成小组《案例分析报告》；班级交流，教师对各小组《案例分析报告》进行点评。

分析提示：纤维种类和含量直接影响纺织服装的质量；服装的安全技术指标不符合GB18401《国家纺织产品基本安全技术规范》会影响穿用者的身体健康。

项目七

7 商品包装与装潢

案例导入

商品包装在现代市场营销活动中的地位和作用越来越令人瞩目。在市场营销学界，有的学者把包装（Package）称为与市场营销4P组合平行的第5个P；在市场营销实践中，企业利用包装把成千上万的商品装扮得五彩缤纷，魅力无穷。世界上最大的化学公司——杜邦公司的营销人员经过周密的市场调查后，发明了著名的杜邦定律：即63%的消费者是根据商品的包装和装潢进行购买决策的；到超级市场购物的家庭主妇，由于精美包装和装潢的吸引，所购物品通常超过她们出门时打算购买数量的45%。可以看出，包装是商品的脸面和衣着，它作为商品的“第一印象”进入消费者的眼帘，撞击着消费者购买与否的心理天平。

（资料来源：边缘人：《商品包装中的一些教训和案例说明》，人际关系网，http：//www.x5dj.com，2006年8月12日。）

问题：

1. 什么是商品包装？商品包装的功能是什么？
2. 商品包装是如何分类的？

任务一 商品包装认知

背景

专家建议，消费者在购买食品时最好先查看食品本身和包装两个“QS”标志。你可能很关注纯净水的品质，但有没有注意到纯净水桶以及喝水用的一次性纸杯是否安全卫生？你是否意识到食品塑料袋上的印刷油墨也可能会影响健康？

（资料来源：吴妙丽：《劣质包装威胁食品安全 购物请查看“QS”标志》，中国经济网，http://www. ce. cn/cysc/sp/info，2007年2月27日。）

请问：“背景”材料中专家提醒消费者在购买食品时要先查看食品本身和包装两个“QS”标志，为什么？

学习目标

理解商品包装的概念与含义；明确商品包装的功能；明确商品包装的分类。

基础知识与技术

一、商品包装

我国国家标准（GB4122）《包装通用术语》中，对现代商品包装做了明确的定义：“为了在流通过程中保护产品，方便储运，促进销售，按一定技术方法而采用的容器、材料及辅助物等的总称名称。”也指“为了达到上述目的而采用容器、材料和辅助物的过程中施加一定技术方法等的操作活动。”

现代商品包装概念反映了商品包装的商品性、目的性和生产活动性。首先，商品和包装共同组成了统一的商品体。商品包装是实现商品价值和使用价值的有效组成部分。绝大多数商品，只有经过包装工序以后，才算完成生产过程，包装是商品生产的最后一道工序。从这种意义上讲，商品包装不仅是一种物质形态，也是一种技术、经济活动。

二、商品包装的功能

（一）保护功能

保护商品品质完好和足量，实现商品的价值和使用价值是商品包装的主要目的。商品在运输、储存和销售过程中，会受到各种内、外因素的影响，从而产生物理、机械、化学、生物学等品质变化，使已经形成的商品使用价值丧失。我国每年在这方面的损失有近百亿元。所以加强商品包装的保护功能相当于增加了可销售商品的数量，具有相当大的社会、经济效益。

（二）容纳功能

包装的第二个功能是容纳。许多商品本身没有一定的集合形态，如液体、气体和粉状商品，只有依靠包装的容纳才具有一定的形态，没有包装就无法运输、销售和使用。对于一般结构的商品，包装的容纳增加了商品的保护层，有利于商品质量的稳定；对于食品、药品、化妆品、卫生用品等商品，包装的容纳还能保证商品卫生；对于结构复杂的商品，包装的容纳能使其外形整齐划一，便于组合成大型包装；对于质地疏松的商品，包装的容纳使其合理压缩，可充分利用包装空间，节约包装费用，节省运输空间。

（三）便利功能

商品包装的便利功能是指包装为商品从生产领域向流通领域和消费领域转移提供一切方

便。商品包装是商品流通的工具之一。商品从出厂后要经过分配调拨、运输装卸、开箱验收、储存保管、展示销售等一系列流通环节，才能到达消费者手中。为了提高流通效率，降低运输储存费用，加速商品流转，必须对商品按形态、数量、尺寸、规格、互相配套进行包装，以便在运输过程中最大限度利用运输工具的装载空间；在装卸过程中进行机械化作业；在储存过程中最大限度利用仓储空间；在收发转移过程中识别、验收、计量、清点。为提高商品包装的这一功能，必须加强运输包装、集合包装、包装尺寸系列、包装标志等的研究。

（四）促销功能

商品的销售包装主要以销售为目的，与商品一起到达消费者手中，它除了具有保护容纳、便利的功能外，还起到宣传、美化、推销商品的作用。销售包装通过造型、装潢、文字说明传递商品信息，便于货架陈列，引起消费者购买欲望，起到“无声推销员”的作用。为了提高商品销售包装的这一功能，必须加强包装装潢、包装美学、销售包装的研究。精心构思设计，装潢美观、大方的商品包装，有时本身就是一件具有保存价值和美学价值的艺术品。

三、商品包装分类

商品包装的分类是把商品包装作为一定范围的集合总体，按照一定的分类标志或特征，逐次归纳为若干概念单一、特征明确的局部单元，或者说是划分为不同层次的大类、类别、组别、品目、规格、品种。

商品包装分类的原则同样应当遵循商品分类的原则，即有明确的分类目的，确定的对象范围和单一的分类标志。根据选用的分类标志不同，常见的分类方法有如下几种。

（一）按商品流通过程的目的，商品包装可分为销售包装和运输包装

1. 销售包装。又称内包装，是直接接触商品并随商品进入零售网点和消费者或用户直接见面的包装。销售包装一般要与商品直接接触，包装体与商品体是在生产中结合成一体。销售包装起着直接保护、美化、宣传商品的作用，还可方便商品陈列展销和方便顾客识别选购，对促进销售起着重要作用，同时对于消费者也能起到方便携带、使用、保存、识别等作用。

2. 运输包装。指以满足运输、装卸、贮存要求为主要目的商品包装。它具有保障产品的运输安全、方便装卸、加速交接、点验等作用。

运输包装一般不与商品直接接触，而是由许多小包装（销售包装）集装而成。运输包装在运输、装卸、储存中，起到保护商品、方便储运、提高效率以及传达信息、方便管理等作用。

（二）按照包装层次分类，商品包装可分为个体包装、中包装、外包装

1. 个体包装。是指单个商品为一个销售单位的包装形式。有些销售单元的商品包装又分为内包装和外包装。内包装是指直接接触商品的包装，如化妆品、酒等无定形商品的包装，这些商品的包装造型在设计时，重点考虑的是美观、别致，方便实用，能很好地保护商品，但这些造型的商品不易堆叠。因此，在这些商品的内包装外面加一个方便堆叠的外包装，造型多为方体。

2. 中包装。是指商品个体包装的外层包装。在流通过程中与个体包装共同起到促进销

售、方便使用的作用，所以个体包装和中包装也称为销售包装。中包装一般是有若干个单位商品的小包装组成小的整体包装。

3. 外包装。是指商品的外部包装，在流通中主要起到保护商品、方便运输的作用，又称为运输包装或大包装。

（三）按照包装材料，商品包装可分为纸板、塑料、木材、金属、玻璃、纺织品、复合材料和其他材料包装

纸制包装是指以纸和纸板为原料制成的包装。凡定量在 224 克/平方米以下称为纸，定量在 225 克/平方米以上称为纸板。此类包装材料占整个包装材料使用量的 40%。一般包装用纸以牛皮纸、纸袋纸、包装纸、玻璃纸为主。包装纸板以箱板纸、黄板纸、瓦楞纸、白板纸、白卡纸为主。纸包装容器多做成纸板箱、瓦楞纸箱、纸盒、纸袋、纸筒。纸包装有一定强度可满足使用要求，且成本低廉、透气性好、印刷装饰性好。

塑料包装是指以人工合成树脂为主要原料的各种高分子材料制成的包装。主要的塑料包装材料有聚乙烯、聚氯乙烯、聚丙烯、聚苯乙烯等。塑料包装容器主要有全塑箱、钙塑箱、塑料袋、塑料瓶、塑料盒、编织袋等。由于塑料品种繁多，塑料包装综合性能好。

木材包装是指以天然木材和人造板材制成的包装。主要有：木箱、胶合板箱、托盘。

金属包装是指以黑白铁、马口铁、铝箔、钢材制成的包装。主要有罐头盒、铁桶和钢瓶。

玻璃包装是硅酸盐形成的透明包装。玻璃包装能直接看到内容物，而且耐腐蚀、稳定性好。玻璃包装以瓶罐为主。

纺织品包装是以天然纤维、人造纤维和合成纤维的织品制成的包装，以袋、包为主。

复合材料包装是以两种以上材料复合制成的包装。主要有纸与塑料、纸与铝箔和塑料。

其他材料包装是以竹、藤、苇等制成的包装。主要有各种筐、篓、草包等。

（四）按照商品包装的防护技术方法分类

按照商品包装的防护技术方法可以分为：防水包装、防潮包装、防锈包装、防震包装、防霉包装、防尘包装、防辐射包装、防盗包装、防爆包装、防燃包装、防虫包装、泡罩包装、贴体包装、收缩包装、拉伸裹包、真空包装、条形包装、充气包装、无菌包装、透气包装、现场发泡、喷雾包装、保鲜包装、隔热包装、速冻包装、儿童安全包装、木夹板包装、集装箱包装、托盘包装等。

任务二
识别商品包装标志

背景

随着消费者生活水平越来越高，商家们为了赚取更多的利润，不断推陈出新。面对市场

上琳琅满目的商品，缺乏经验的消费者往往被忽悠得晕头转向，什么样的商品值得买？怎样才能买到货真价实的商品呢？花花绿绿的商品包装就能解决这些问题。因为商品包装上有帮助消费者识别商品的标志。

请问： 您知道食品的销售包装上应该标注有哪些内容吗？

学习目标

掌握商品销售包装标签的内容；明确商品运输包装标志及其含义。

基础知识与技术

为了便于商品流通和消费，在商品包装上通常都印有某种特定图形和文字，以表示某种含义，这些有某种含义的特定图形和文字，便称之为商品包装的标志。它的作用主要是：便于准确识别和正确使用商品；便于准确、迅速、及时地将货物运抵目的地；有利于商品的安全装卸和堆码；避免差错，减少破损；提高工作效率，加速商品流转。常见的包装标志有以下几种：

一、商品销售包装标签

销售包装标签是指附于商品销售包装容器的一切附签、吊牌、文字、符号、图形及其他说明物。它是销售者传达商品信息，表现商品特色，推销商品的主要手段，是消费者选购商品、正确保存养护商品及科学消费的指南。

销售包装标签的基本内容包括：商品名称、商标、规格、数量、成分、产地、用途、功效、使用方法、保养方法、批号、品级、商品标准代号、条码等。

下面以《预包装食品标签通则》GB 7718 有关内容说明包装标签的具体内容和要求。

（一）术语和定义

1. 预包装（Prepackaged）：在准备提供消费者或餐饮业直接使用前，在包装物中预先进行的包装和整理。

2. 预包装食品：经预先定量包装好，或装入（灌入）容器中，向消费者直接提供的食品。

3. 食品标签：食品包装上的文字、图形、符号及一切说明物。标签是指书写、涂描、印刷、标刻、模压、冲印于包装物上，或随附于包装物的任何标牌、商标、记号、图片及其他具有描述功能的材料。

4. 配料。在制造或加工食品时使用的，并存在（包括以改性的形式存在）于产品中的任何物质，包括食品添加剂。

5. 加工助剂（加工辅助物）。本身不作为食品配料用，仅在加工、配制或处理过程中，为实现某一工艺目的而使用的物质或物料（不包括设备和器皿）。

6. 生产日期（制造日期）。食品成为最终产品的日期。

7. 包装日期（灌装日期）。将食品装入（灌入）包装物或容器中，形成最终销售单元的日期。

8. 保质期（date of minimum durability）。最佳食用期、最短适用日期。

9. 保存期（推荐的最后食用日期）。预包装食品在标签指明的贮存条件下，预计的最终食用日期。在此日期之后，预包装食品可能不再具有消费者所期望的品质特性，不宜再食用。

10. 主要展示版面。消费者购买预包装食品时，包装物或包装容器上最容易观察到的版面。

（二）标示内容

标准规定了各类预包装食品标签的强制标示内容，包括食品名称，配料清单，配料的定量标示，净含量及沥干物含量，制造者、经销者的名称和地址，日期标志和贮藏说明，产品标准号，质量等级，其他强制标示内容，强制标示内容的免除和非强制标示内容。

1. 食品名称。食品名称是强制标示内容之一。应在食品标签的醒目位置，清晰地标示反映食品真实属性的专用名称。

2. 配料清单。配料清单是强制标示内容之二。预包装食品的标签上应标示配料清单，单一配料的食品除外。“单一配料的食品”是指由一种原料（不加辅料和食品添加剂）加工制成的食品。

配料清单应以“配料”或“配料表”作标题。如饼干的配料应标为：配料表（或配料）：小麦粉、白砂糖、植物起酥油、可可粉、玉米淀粉、膨松剂、食用盐、大豆磷脂、香兰素。除单一配料的食品外，食品标签上必须标明配料表，其标题为“配料”或“配料表”。各种配料必须按加入量的递减顺序一一排列。

3. 配料的定量标示。配料的定量标示是强制标示内容之三。如果在食品标签或食品说明书上特别强调添加了某种或数种有价值、有特性的配料，应标示所强调配料的添加量。如：

产品名称：高钙饼干

配料表：小麦粉，白砂糖，精炼植物油，奶油，全脂乳粉，柠檬汁，活性离子钙（添加量：1.5%）

4. 净含量和沥干物（固形物）含量。净含量和沥干物（固形物）含量是强制标示内容之四。净含量的标示应由净含量、数字和法定计量单位组成。如“净含量 450g”，或“净含量 450 克”。

必须标明容器中食品的净含量，按以下方式标明：液态食品用体积；固态食品用质量；半固态食品用质量或体积。容器中含有固、液两相物质的食品，除标明净含量外，还必须标明该食品的固形物含量，用质量或百分数表示。同一容器中如果含有互相独立且品质相同、形态相近的几件食品时，在标明净含量的同时还必须标明食品的数量。

5. 制造者、经销者的名称和地址。制造者、经销者的名称和地址是强制标示内容之五。应标示食品的制造、包装或经销单位经依法登记注册的名称和地址。有下列情形之一的，应按下列规定予以标示。

依法独立承担法律责任的集团公司、集团公司的分公司（子公司），应标示各自的名称和地址。依法不能独立承担法律责任的集团公司的分公司（子公司）或集团公司的生产基地，可以标示集团公司和分公司（生产基地）的名称、地址，也可以只标示集团公司的名称、地址。

受其他单位委托加工预包装食品但不承担对外销售，应标示委托单位的名称和地址。

进口预包装食品应标示原产国的国名或地区区名（指中国香港、澳门、台湾），以及在中国依法登记注册的代理商、进口商或经销商的名称和地址。

6. 日期标示和贮藏说明。日期标示是强制标示内容之六。应清晰地标示预包装食品的生产日期（或包装日期）和保质期，也可以附加标示保存期。如日期标示采用见包装物某部位的方式，应标示所在包装物的具体部位。日期标示不得另外加贴、补印或篡改。

7. 产品标准号。产品标准号是强制标示内容之七。国内生产并在国内销售的预包装食品（不包括进口预包装食品）应标示企业执行的国家标准、行业标准、地方标准或经备案的企业标准的代号和顺序号。

8. 质量（品质）等级。质量（品质）等级是强制标示内容之八。企业执行的产品标准已明确规定质量（品质）等级的食品，应标示质量（品质）等级。

9. 其他强制标示内容。以下两条是强制标示内容之九。

（1）辐照食品。经电离辐射线或电离能量处理过的食品，应在食品名称附近标明“辐照食品”。经电离辐射线或电离能量处理过的任何配料，应在配料清单中标明。

（2）转基因食品。转基因食品的标示应符合国务院行政管理部门的规定。

（三）强制标示内容的免除

1. 下列预包装食品可以免除标示保质期：乙醇含量10%或10%以上的饮料酒；食醋；食用盐；固态食糖类。

2. 当包装物或包装容器的最大表面面积小于$10cm^2$时，可以只标示产品名称、净含量、制造者（或经销商）的名称和地址。进口预包装食品应标示原产国的国名或地区区名（指中国香港、澳门、台湾），以及在中国依法登记注册的代理商、进口商或经销商的名称和地址；免除制造者的名称和地址。

（四）非强制标示内容

1. 批号。如有必要，可以标示产品的批号。

2. 食用方法。如有必要，可以标示容器的开启方法、食用方法、每日（每餐）食用量、烹调方法、复水再制方法等对消费者有帮助的说明。

3. 能量和营养素。如标示能量值、营养素含量，声称营养素含量水平、营养素含量比较、营养素作用，应符合GB 13432－2004的规定。

二、商品运输包装标识

运输包装标识是指用简易的文字或图像在运输包装外面制作的特定记号或说明。其主要作用是便于商品在运输和保管中的辨认识别；防止错发错运，准确地将商品运到指定的地点或收货单位；有利于商品的安全装卸和堆码；提高工作效率，加速商品流转；采取正确的措施以保证商品的质量安全。

（一）运输包装收发货标志

运输包装收发货标志中的商品分类标志及其他标志和文字说明是运输包装信息中的一类重要信息。国家标准《运输包装收发货标志》（GB/T 6388）统一规定了铁路、公路、水路和空运的货物外包装上的分类标志及其他标志和文字说明的事项及其排列的格式。含义外包装件上的商品分类图示标志及其他标志和其他的文字说明排列格式的总称为收发货标志。

在标准中给出了百货、五金、化工、文化、交电、针纺、医药、农副产品、化肥、食品、农药和机械等12种商品分类标志的图形及其颜色，而其他的各项文字说明，如供货号、货号、品名规格、数量、重量（毛重、净重）、体积（包装件的外形尺寸长×宽×高）、生产日期、有效期限、生产工厂、收货地点和单位、发货单位、运输号码和发运件数等，可根据需要合理选用。

运输包装收发货标志又称识别标志，使储运过程中用来识别同批货物的标志为识别标志。主要有以下几种：

（1）主要标志。是发货单位（人）向收货单位（人）表示该批商品的特定记号，多用简单文字并配以某种特定图形，如三角形、菱形、四边形等来表示。主要标志也叫唛头，为行业所通用。如图7－1所示。

（2）副标志。是用来表示包装内所装货物的名称、规格、等级和数量。

（3）目的地标志。是用文字表明货物运抵地点和收货单位（人），必要时要指出中转站或港口。

（4）产地标志。是用文字表明该批货物的产地或发货地点，也可用双方约定的简称或代号来表示。

（5）件号标志。是将同批货物按顺序逐件编号，便于发货单位备查，也有利于收货单位验收和查询。

（6）体积和重量标志。是用来表示每件包装货物的毛重、净重（均为公斤）、体积（立方米），便于参照计算运费，选择装卸和运输工具等。

图7－1 商品分类图形标志

（二）包装储运图示标志

国家标准《包装储运图示标志》（GB 191）规定了包装储运图示标志的名称、图形、尺寸、颜色及使用方法，适用于各种货物的运输包装。标准给出了在运输和储存过程中的需要注意和执行的标志的名称和图形图示标志共 17 种重要的指示性信息。其名称和图形如图 7－2 所示。

(1)
小心轻放标志
(白纸印黑色)

(2)
禁用手钩标志
(白纸印黑色)

(3)
向上标志
(白纸印黑色)

(4)
怕热标志
(白纸印黑色)

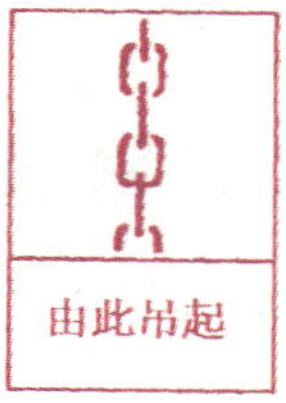

(5)
由此吊起标志
(白纸印黑色)

(6)
怕湿标志
(白纸印黑色)

(7)
重心点标志
(白纸印黑色)

(8)
禁止滚翻标志
(白纸印黑色)

(9)
允许堆码极限标志
(白纸印黑色)

(10)
温度极限标志
(白纸印黑色)

图 7－2　包装储运图示标志

图示标志的颜色一般为黑色。如果包装件的颜色使图示标志显得不清晰，则可选用其他颜色印刷，也可在印刷面上选用适当的对比色。一般应避免采用红色和橙色。粘贴的标志采用白底印黑色。

（三）危险货物包装标志

危险货物包装标志又称危险品标志。标准规定了危险货物包装图示标志的种类、名称、尺寸及颜色等。标准适用于危险货物的运输包装。

1. 危险货物包装标志种类。标志的图形共 21 种，19 个名称，其图形分别标示了 9 类危险货物的主要特性，如图 7－3 所示。

在储运中为引起有关人员的警惕，并根据各类危险货物的性质，加强相应防护措施，保证货物和人身安全，在各类危险货物的运输包装上均应标打能表明内装物特性的图形和文字、组成危险物包装标志。

(1) 爆炸品标志 (橙红色纸印黑色)

(2) 易燃气体标志 (正红色纸印黑色或白色)

(3) 不燃压缩气体标志 (绿色纸印黑色或白色)

(4) 有毒气体标志 (白纸印黑色)

(5) 易燃液体标志 (正红色纸印黑色或白色)

(6) 易燃固体标志 (白色红条底印黑色)

(7) 自燃物品标志 (上白下红印黑色)

(8) 遇湿危险标志 (蓝色纸印黑色或白色)

(9) 氧化剂标志 (柠檬黄色纸印黑色)

(10) 有机过氧化物标志 (柠檬黄色纸印黑色)

(11) 剧毒品标志 (白纸印黑色)

(12) 有毒品标志 (白纸印黑色)

(13) 有害品标志 (白纸印黑色)

(14) 感染性物品标志 (白纸印黑色)

(15) 一级放射性物品标志 (白纸印黑色，附一级红竖条)

(16) 二级放射性物品标志 (上黄下白印黑色，附二级红竖条)

(17) 三级放射性物品标志 (上黄下白印黑色，附三级红竖条)

(18) 腐蚀性物品标志

图 7－3　危险货物包装标志

任务三
商品包装装潢认知

背景

一流的产品离不开一流的包装，设计商品包装首先要考虑的还是包装的材料和结构，因为包装材料选用得是否合适，直接影响商品的保存。而在图案、文字等其他造型设计方面，除了要结合商品文化的元素和传统感觉以外，更要强调产品的形象性。1915 年的巴拿马国际博览会上，我国名酒——茅台酒，因为包装粗糙，造型不雅，使外国人瞧不起，没能进入预选行列。在这“紧要”关头，我国参展的一个商人急中生智，“不慎”将一瓶茅台酒打烂在地，顿时香气四溢，吸引了所有的人，征服了评审官的心，才使茅台酒“金榜题名”、“笑傲国际市场”。

请问：您认为包装装潢对于商品的质量与管理重要吗?

学习目标

明确销售包装的造型结构设计的种类。

基础知识与技术

一、商品销售包装造型结构设计

销售包装造型结构的功能，除了保护商品安全外，还要满足商品展销需要，方便消费者的选购和使用，促进商品销售。因此，销售包装的造型结构要充分体现视觉的美（外形美）和触感的美（指材料选用），而且还要易开、易关，便于消费者携带。

销售包装的造型结构基本上可分为两大类：一类便于陈列识别的；一类是便于携带使用的。

（一）方便商品陈列展销、便于识别的销售包装

1. 堆叠式包装。为了方便商品陈列展销，较少地占用货架，常把同类商品堆叠起来展销。为适应这种陈列展销需要设计的包装造型称为堆叠式包装。如圆柱形罐头或瓶在顶部加一个特别的塑料盖，盖的周围正好能与上面罐和瓶的底部内沿相吻合，或者在冲压金属罐时，使其顶部和底部形成一凹一凸能相互吻合的形状，以便于上下放叠。

2. 可挂式包装。可在货架上悬挂展销。这类包装造型结构的特点是具有吊钩、吊带、挂孔、网兜等装置，便于悬挂，可以充分利用货架的空间。常用的挂式包装有热成型挂式包装，卡纸型挂式包装及盒、袋、套型挂式包装。热成型挂式包装有贴体包装和泡罩包装。商品的形象，通过透明薄膜清晰可见，有良好的展销效果。纸板上方开有挂孔，以便悬挂。卡纸型挂式包装，是一种较简易的挂式包装，它除了有挂孔之外，根据商品形状，在硬纸板上开若干个卡口，把商品卡在上面，有的还将纸板某处折叠，或辅以其他固定措施。盒、袋、套型挂式包装，一般是用塑料或纸制成盒、袋、套型容器，上方设有挂孔或挂钩，商品装在容器内，容器正面使用透明材料或“开窗”以显示商品的主要形象。

3. 展开式包装。是一种造型结构比较特殊的摇盖盒。常见的有在纸盒的摇盖上，根据画面图案压有折叠线。当盒盖关闭时，盒面平整，不影响堆码和装箱，打开盒盖，从折叠线处折转，盒面图案便显示出来，与盒内商品相衬托，具有很好的装饰和陈列效果。

4. 透明包装和开窗包装。是能够使消费者直接看到商品的形象、颜色和质量。透明包装有全透明和部分透明之分；开窗包装的“窗口”也有形状和大小之别。透明和开窗的部位，应以商品为主，充分显示商品本身的形态美。开窗的面积和位置，还应多考虑到所采用的包装材料的性能和包装容器的结构，保证容器具有必要的挺力和强度，使之牢固。

5. 习惯性包装。有些商品的销售包装已经逐渐形成某种习惯的造型，消费者一见到这种包装造型，就能识别出是哪类商品。例如，饮料类罐头的造型，一般是长圆筒形；鱼类罐头往往是扁椭圆形；火腿罐头大多是马蹄形等。

（二）方便消费者携带和使用的销售包装

1. 携带式包装。长、宽、高度的比例要适当，以便消费者携带。有的包装体积较大，可增加手提的结构。

2. 易开式包装。易开式包装具有密封结构的包装容器如瓶、罐、盒的封口，既要求密封，又要求开启容易，因此需要在容器上设计易开装置，用手撕、拉、拧就能打开，便于消费者使用。

3. 喷雾式包装。喷雾式包装是一种用来盛装液体商品，如香水、空气清洁剂等，采用按钮式喷雾容器。这种包装造型新颖、科学、使用方便，有很强的推销能力。

4. 复用包装。包装容器除用作商品的包装外，还可以给消费者提供其他用途。比如可以作为杯、碗、盆等各种日用品；有的可作为花瓶、灯座之类的装饰品和工艺品；有些儿童食品包装和童装包装本身就是很有趣的玩具。这种包装，能促进商品的销售。

5. 配套包装。商品配套出售的销售包装称为配套包装。可用同类商品搭配成套，也可有密切联系的不同商品进行搭配。有许多商品不是单件使用，采用配套包装可以使消费者节省时间，无需分头购买。为使消费者能迅速了解配套的品种、规格，配套包装多采用开窗形式或透明包装。

6. 礼品包装。专供作为礼物用的销售包装称为礼品包装。礼品包装的容器造型和图案装饰，要美观大方，具有较高的艺术性，还要饰以精美的吊牌、彩带、花结或装饰衬垫等，以增添华贵感。

7. 适量包装。食品、日用化工、医药用品等的包装主要根据个人、一般家庭或单位使用的情况，进行适量包装。

二、商品包装装潢的设计

商品包装装潢的表面设计包括图案设计、文字构思与字体造型设计以及色彩运用。对装潢表面设计最根本的要求是通过各种艺术手段，如色彩运用、装潢画面、文字说明及商标牌子等达到准确地突出商品特性的目的。因此除了要具备较全面的绘图技巧外，还要认真研究商品的情况、市场情况，把美学、心理学、经济学、市场学等综合起来，表现商品特性和艺术性。有关商品包装装潢设计的详细内容此处不赘述。

任务四
商品商标认知

背景

某市工商局某工商所执法人员查扣了一批涉嫌商标侵权的"红牛营养液"，其产品的外包装和商标图案与知名饮料极其相似，但生产厂家却不一样，粗心的消费者一不小心就会混淆。

请问：别人的商标可以随便使用吗？

学习目标

理解商标的概念与含义；明确商标的分类。

基础知识与技术

一、商标概述

（一）商标的含义

商标是商品的标记。商标是工商企业在其生产和经营的商品上所使用的一种享有专用权的标记。通常由文字、图形、符号或其他组合构成。商标代表商品（或产品）的一定质量，以表示某种商品（产品）同其他商品（产品）的不同。它通常注明在商品、商品包装材料及其他宣传品上面。

（二）商标的作用

1. 标志作用。商标是区别同类商品不同生产者和经营者的标志，也是区别不同生产者产品质量的标记。

2. 宣传作用。商标是商品信誉的标志，企业可以利用商标宣传商品的质量，建立企业信誉。商标有广告的作用，有利于消费者选购商品，扩大商品的销售。

3. 商标是一种产权。商标是商品一定质量的代表。特别是名牌商标，其商品信誉高、质量优、销路好，其价值往往难以估量，一个名牌商标可以比作一棵"摇钱树"。因此，企业在创业初期，往往不惜血本，通过多种媒体和手段宣传自己的商品，宣传的核心便是商标。

二、商标的分类

（一）按构成分类

按商标构成划分的有文字商标、记号商标、图形商标和组合商标四种形式。

1. 文字商标。文字商标是指用文字构成的商标。如"福瑞达"药品，"蓝天"牙膏，

“六神”花露水等。

2. 图形商标。图形商标指由图形构成的商标。如“白猫”洗衣粉的商标，就是一只“猫头”的图形；“雕”牌洗衣粉的商标是用一只“雕头”的图形。

3. 组合商标。组合商标是使用上面三种商标形式中的两种或三种组合而成的。如“泰岳”牌复方大青叶的商标，“国风”牌苦甘冲剂，“三九”牌板蓝根颗粒等。

（二）按使用者分类

一般分为制造商标、销售商标和证明商标三种。

1. 制造商标。制造商标又叫“厂标”，它是以企业名称来命名商标的。如我国素享盛名的“同仁堂”、“荣宝斋”等。

2. 销售商标。销售商标又叫“商业商标”，它是宣传商业经营者的标记。如我国“三联”家电公司的“三联”等。

3. 证明商标。证明商标又称保证商标，是指经某一权威机构认证质量而使用的商标。如国际羊毛局的纯羊毛标志就是证明商标，见图7－4。

图7－4 纯羊毛标志

习题与训练

△ 名词解释

商品包装　销售包装　运输包装　集合包装　商标

△ 选择题

○ 单项选择题

(1) 易造成环境污染的商品包装材料有（　　）。

A. 纸张　　B. 塑料

C. 纸板　　D. 木材

(2) 属于便于识别的销售包装是（　　）。

A. 透明包装　　B. 易开式包装

C. 喷雾包装　　D. 堆叠式包装

(3) 下列商标中属于制造商标的是（　　）。

A. “白猫”　　B. “999”

C. “丰田”　　D. “CCC”

○ 多项选择题

(1) 满足环保要求的包装材料的有（　　）。

A. 纸张　　B. 塑料

C. 纸板　　D. 木材

(2) 适宜缓冲包装的商品有（　　）。

A. 家用电器　　B. 精密仪器

C. 纺织服装　　D. 玻璃陶瓷

(3) 运输包装标志有（　　）。

A. 收发货标志　　B. 储运图示标志

C. 危险品标识　　D. 性能指示标志

△ 判断题

(1) 包装豪华的商品才高档。（　　）

(2) 商品的销售包装能起到宣传美化商品的作用。（　　）

(3) 注册商标人享有商标专用权，受法律保护。（　　）

△ 简答题

(1) 商品包装的种类有哪些？各有什么特点？

(2) 什么是销售包装？销售包装设计有何要求？

(3) 商品运输包装标志有哪些？如何表示？

(4) 什么是商标？商标有什么作用？

△ 论述题

(1) 论述商品包装的功能。

(2) 论述商品包装材料的种类，分析其适应性。

△ 实训题

“商品包装材料”的调研与分析

实训任务：“商品包装材料的适应性”分析。

选择某类商品，分析其销售包装和运输包装。

实训目标：该项目旨在训练学生发现问题和分析问题的能力。

实训步骤：

(1) 明确调查目标，确定调查的范围。

(2) 选择几类包装材料，明确这些包装材料的特点，了解所包商品的特点及其对包装要求，分析这些包装材料的适应性。

(3) 撰写调研分析报告。

（4）老师对学生的调研与分析进行点评。

组织形式：以班级学习小组为单位，每小组制作一份调研分析报告。

△ **案例分析**

买椟还珠

一个楚国人，他有一颗漂亮的珍珠，他打算把这颗珍珠卖出去。为了卖个好价钱，他便动脑筋要将珍珠好好包装一下，他觉得有了高贵的包装，那么珍珠的"身份"就自然会高起来。

这个楚国人找来名贵的木兰，又请来手艺高超的匠人，为珍珠做了一个盒子（即椟），用桂椒香料把盒子熏得香气扑鼻。然后，在盒子的外面精雕细刻了许多好看的花纹，还镶上漂亮的金属花边，看上去，闪闪发亮，实在是一件精致美观的工艺品。这样，楚人将珍珠小心翼翼地放进盒子里，拿到市场上去卖。

到市场上不久，很多人都围上来欣赏楚人的盒子。一个郑国人将盒子拿在手里看了半天，爱不释手，终于出高价将楚人的盒子买了下来。郑人交过钱后，便拿着盒子往回走。可是没走几步他又回来了。楚人以为郑人后悔了要退货，没等楚人想完，郑人已走到楚人跟前。只见郑人将打开的盒子里的珍珠取出来交给楚人说："先生，您将一颗珍珠放在盒子里了，我特意回来还珠子的。"于是郑人将珍珠交给了楚人，然后低着头一边欣赏着木盒子，一边往回走。

楚人拿着被退回的珍珠，十分尴尬地站在那里。他原本以为别人会欣赏他的珍珠，可是没想到精美的外包装超过了包装盒内的价值，以至于"喧宾夺主"，令楚人哭笑不得。

郑人只重外表而不顾实质，使他做出了舍本求末的不当取舍；而楚人的"过分包装"也有些可笑。

（资料来源：《买椟还珠》，百度知道，http://zhidao.baidu.com/question/279884048.html，2013/05/11。）

问题：

（1）上述故事说明了什么？

（2）分析包装的功能。

分析要求：学生分析案例提出的问题，拟出《案例分析提纲》；小组讨论，形成小组《案例分析报告》；班级交流，教师对各小组《案例分析报告》进行点评。

项目八
8 商品的采购与供应商管理

案例导入

某新区教室用挂壁式搪瓷书写绿板的采购

随着某新区政府采购制度的不断深入，采购项目不断扩展，原各部门自行采购的项目，逐步纳入政府采购。教室用挂壁式搪瓷书写绿板（以下简称“绿板”）就是其中具有代表性的一例，该新区每年更新的绿板数量非常可观。集中采购可以最大限度地发挥批量采购的价格效应，降低采购成本和保证采购质量，节省财政支出，有利于加强政府采购的管理和监督，规范采购活动。

（资料来源：《货物类采购案例分析》，找法网，招标投标案例，http：//china. findlaw. cn/jingjifa/zhaobiaotoubiao/zbtbal/37710. html，2011/02/16。）

问题与思考：

商品采购应注意什么？怎样才能做到有效、合理的商品采购？

任务一
商品的采购认知

背景

某商品正常进价600元，销售价格是750元。有一家供货单位以300元价格出售给你，因此，你的购货成本是300元，购买100件这样的商品需30000元资金。

因为正常的售价是750元，所以，以600元售出在你的期望中应非常畅销。但经过20

天后，只卖出20件。这时，你决心降价，以400元一件的价格售出。经过20天，仍只卖出10件。由于采购时即刻付款，资金是借的，而货又不畅销，你心急如焚，在不得已的情况下脱货求现，以200元一件的价格出售，但经过一个月后，仍只卖出10件。这时你大失所望，把剩余的60件在一个月内以单价100元的价格卖给了同行。该批商品的直接损失是：

$30000-(600\times20+400\times10+200\times10+100\times60)=30000-24000=6000$（元）

由此可以看出，在采购过程中，如果贪图价格便宜，会使商店蒙受经济损失，所以切勿上廉价的当。

请问：“背景”材料说明了什么问题？

学习目标

理解商品采购的概念；明确商品采购的原则；了解商品采购员的职业素质要求；熟悉商品采购的计划。

基础知识与技术

零售企业如果想采购到适销对路、品质优良的商品，采购过程中就应遵循一定原则。零售企业要根据各类商品的进货渠道和来源的不同特点，结合本企业的实际情况，采用相应的商品采购方式。

一、商品采购概述

（一）商品采购的概念

商品采购（merchandise procurement）是指商品经营企业为实现其销售目标，在充分了解市场要求的情况下，根据企业的经营能力，运用适当的采购策略和方法，通过等价交换，取得适销对路商品的经济活动过程。

俗话说“采购好商品等于卖出一半”，“只有错买，没有错卖”。商品采购要特别注意两方面的内容，一方面采购人员必须主动地对用户需求做出反应，另一方面还要保持与供应商之间的互利关系。

（二）商品采购的步骤

商品采购时，主要有以下步骤：（1）制定需要采购的商品目录，将商品的各项要求详细列明。（2）选择供货商，洽谈商品供销事宜。（3）进行市场采价，与供货商的价格进行比较，作为商品采购价格的基础。（4）查看样货，看样选购。（5）与供货商议定商品供应价格。（6）发出订购合同。（7）审阅供货商的各种发票单据。（8）收货及验货存库，并记录存档，制作卡片。（9）跟踪管理，根据商品销售情况，调整商品摆放位置、陈列面积等，促进商品销售。

二、商品采购原则

（一）以需定进的原则

以需定进是指根据目标市场的商品需求状况来决定商品的购进。对零售企业来说，买与卖的关系绝不是买进什么商品就可以卖出什么商品；而是市场需求什么商品，什么商品容易卖出去，才买进何种商品。所以以需定进的原则又称之为“以销定进”，也即卖什么就进什么，卖多少就进多少，完全由销售情况来决定。

以需定进原则可以解决进货与销售两个环节之间的关系，又能促进生产厂家按需生产，避免了盲目性。

坚持以需定进原则时，还要对不同商品采取不同的采购策略，如：

（1）对销售量一直比较稳定，受外界环境因素干扰较小的日用品，可以销定进，销多少买多少，销什么买什么。

（2）对季节性商品要先进行预测，再决定采购数额，以防止过期造成积压滞销。

（3）对新上市商品需要进行市场需求调查，然后决定进货量。销售时，商店可采取适当广告宣传引导和刺激顾客消费。

（二）勤进快销的原则

勤进快销是指零售企业进货时坚持小批量、多品种、短周期的原则，这是由零售企业的性质和经济效益决定的。因为零售企业规模有一定限制，周转资金也有限，且商品储存条件较差，为了扩大经营品种，就要压缩每种商品的进货量，尽量增加品种数，以勤进促快销，以快销促勤进。

勤进快销的原则还可以使零售企业的周转资金加快流转，加强了资金的利用率，因此这一原则又是提高企业经济效益的有效手段之一。

（三）以进促销的原则

以进促销是指零售企业采购商品时，广开进货门路，扩大进货渠道，购进新商品、新品种，以商品来促进、拉动顾客消费。以进促销原则要求零售企业必须事先做好市场需求调查工作，在此基础上决定进货品种和数量。

一般来说，对那些处于新开发的、处于试销阶段的商品，要少进试销，只有证明被顾客认可和接受以后，才批量进货。

（四）储存保销的原则

储存保销是指零售企业要保持一定的商品库存量，以保证商品的及时供给，防止脱销而影响正常经营。

储存保销要求零售企业随时调查商品经营和库存比例，通过销售量来决定相应合理的库存量，充分发挥库存保销的作用。

（五）文明经商的原则

零售企业面对的是顾客，以向顾客销售商品来获取利润，因此必须坚持文明经商、诚信待客的原则。这一原则与商品采购相联系，便是进货时要保证质量，杜绝假冒伪劣商品。

许多零售企业进货时都坚持“五不进一退货”原则：①不是名优商品不进。②假冒伪劣商品不进。③无厂名、无厂址、无保质期的商品不进。④无生产许可证、无产品合格证、无产品检验证的商品不进。⑤商品流向不对的不进。⑥购进商品与样货不符合的坚决退货。以保证消费者和自身利益。

（六）信守合同的原则

即采购商品时，要以经济合同的形式与供货商之间确定买卖关系，保证买卖双方的利益不受损害，并使零售企业的经营能够正常进行。

因此，在制定采购合同时，必须保证其有效性和合法性，使采购合同真正成为零售企业正常运转的保护伞。

三、商品采购员的职业素质要求

（一）采购员的职责

1. 确保商品采购供应。随时了解各商品部的商品销售状况，为商品采购供应做好准备。

2. 拟定商品采购计划。按期（一般以半个月或一个月为一周期）制定商品采购计划，包括重点商品的选择、商品价格、数量、供应商的选择等。

3. 具体采购：包括采价、议价、与供货商协商条件、商品引进及配送等。

4. 商品业务管理。包括检查各商品部销售情况，发现畅销和滞销商品，处理滞销商品，整理存货、盘点等。

5. 协助商品销售。制定商品促销计划，制定销售特价商品的计划、市场行销调查，了解消费者动态及竞争对手促销措施和经营策略，等等。

6. 服务人员的培训。协助培训服务员，让服务员了解商品性能、特点等，掌握一定的商品知识，促进商品销售。

（二）采购员的素质要求

1. 丰富的商品知识。
2. 与其他部门的沟通能力。
3. 熟悉企业的经营状况和销售情况。
4. 且有较强的讨价还价的谈判能力。
5. 具有吃苦耐劳的敬业精神。
6. 身体素质良好，外表精明干练。
7. 有较强的判断和决策能力。

四、商品采购计划

采购计划是指企业管理人员在了解市场供求情况，认识企业生产经营活动过程中和掌握商品销售规律的基础上对计划期内商品采购管理活动所做的预见性的安排和部署。采购计划是根据销售部门的计划制定的，包括采购商品、采购数量、需求日期等内容的计划表格。

采购计划属于销售计划中的一部分，也是公司年度计划与目标的一部分。采购计划虽是整个企业预算的核心，但如果单独编制，不但缺乏实用的价值，也失去其他部门的配合。

商品采购计划主要包括商品品种、规格、花色、质量、数量、进货时间和进货单位等内容。其中商品质量是采购计划中的重要内容，商品采购计划中对商品质量的记述一般有三种方法。

1. 指定商标名称。商标往往能反映出商品的质量水平，企业按照指定商标采购，可以使采购工作更加简化。

2. 编制明细表。编制的明细表中应详细列出采购商品的质量要求，企业要按照表中所列出的质量要求进行采购。这种方法进一步明确了商品采购的质量要求，便于企业进行采购谈判，有利于保证商品质量，还为企业提供了商品检验的依据。

3. 出示样品。这种方法要求企业根据样品质量标准进行采购。

任务二
商品的采购业务

背景

沃尔玛公司的商品采购

沃尔玛有一个专门的采办会负责采购。为完成采购任务，采办会一般会成立一个6～10人的小组，他们最先做的是产品信息采集，主要是各地供应商提供的新产品及报价，这是日常性的工作。经过简单的分类后，该小组会用e－mail的方式和沃尔玛在全球主要店面的买手们沟通，买手们确定所需的大致产品，这个过程比较长。在世界各大区买手来到中国前（一般一年两到三次），采办的员工会准备好样品，样品上清楚标明价格和生产厂家。在采办的办公室里，买手们开始选择产品，他们将最后决定采购谁的产品，而采办的人员并不能过多地推荐。随后买手会和采办人员对被看上的产品进行价格方面的内部讨论，定下大致的采购数量和价格，由人员通知厂家就细节和价格谈判，在这个过程，买手们也基本不和厂商直接碰面。在正式下单后，采办人员将继续负责跟单，整个流程就基本结束了。

请问：沃尔玛公司如何进行商品采购？

学习目标

了解商品的采购谈判；熟悉商品的采购方式、采购策略和常用采购渠道；能够按照采购计划进行商品采购。

基础知识与技术

一、商品的采购谈判

（一）商品的采购谈判概述

商品采购谈判的核心是议价，也就是说，零售店采购员与供货商就商品价格及交易条件直接进行谈判。

从企业利益角度出发，供需双方的谈判心态是有所区别的，供货商希望能以平常的售价（报价单上的标准）供应商品，而零售店则要求以折扣价格获得高利润率的商品。

（二）商品的采购谈判三要素

1. 谈判前充分准备。对供应商的资质调查是必要的，供应商的一般情况不难了解，关键是要确定供应商属于哪一个级别的批发商。很多商品的代理有全国性、区域性及地方性之分，在谈判前要设定两个以上可商议的目标，一个是理想目标即单赢，一个是合理目标即双赢。带好相关资料，如市场调查报告、竞争对手的海报、合同文本，以及笔、计算器、会谈记录等，更重要的是各种有效证件。

2. 谈判中突出重点。

（1）要讲礼貌，着装得体，遵守时间，提前5分钟到达谈判地点，要充满自信心。

（2）通过提问，从对方回答中获得有用的信息，引导供货商说出你所需要的东西。

（3）主动掌握谈判的过程。

（4）强调合作，谈判的最终结果有四种：单赢、单输、双赢、双输，应倡导的是以信任、亲善为理念，追求的是双赢效果，强调的是双方合作。

（5）妥善处理异议，当供货商过分强调理由或提出较为苛刻的条件时，可以先保持短时间的沉默，然后询问其原因，并试着有理有据地提出反驳理由，明确表示对方的条件是不能接受的，并提出自己的确切标底，最后坦然告诉对方如果不能供货，将会失去一定的市场份额。这样一般会收到较为理想的效果。

3. 谈判后要追踪效果。商品采购谈判结束，并非是商品采购工作的终结。

一个合格的零售店商品采购员还要追踪因商品采购所延伸的一些工作，通常包括了解并掌握商品是否与样品质量、价格、品牌、产地等相符，是否完全履行了合同约定的条款，商品进入卖场后售货员的反应如何，销路是否畅通，是否符合市场的需要，商品质量是否符合国家、行业及企业规定的标准，此外还要从六个方面对谈判后的效果进行追踪：

（1）商品是否满足顾客的需求，顾客的满意度如何。

（2）商品采购总量、商品结构、批量是否合适。

（3）商品质量是否稳定，能否满足顾客的需求。

（4）商品货源是否来自源头。

（5）售后服务是否良好、可靠，对投诉是否能做出迅速反应，索赔是否简便易行。

（6）交货是否及时，供货量是否有弹性，交货时间是否合适，能否保证购货所需时间内的正常销售，过早送货会导致库存积压，过迟送货则会出现缺货。

二、商品的采购方式

（一）集中统一进货

由零售企业经理或专门商品采购部门全权负责商品采购，各商品部只负责填报订货单和销售。

- **集中统一进货具有许多优点：**节省成本，由少数人员负责全店采购；统一使用资金，节约费用；防止进货渠道过于分散，可以获得大批量进货的折扣优势；有利于各商品部集中精力，做好商品销售的服务工作。
- **集中统一进货也有不足之处：**如进货与销售脱节、商品脱销、增加内部调拨手续、不利于商品内部流通等。因此必须加强商品采购的计划性。

集中统一进货方式适用于中小型零售企业，大型企业则不宜采用。

（二）分散独立进货

这种方式是由各商品部直接负责商品的采购，零售企业只控制全局平衡，根据各商品部的销售状况来调节资金的分配和使用。

- 分散独立进货方式优点：

（1）各商品部了解本部门销售动态，了解消费者的偏好，因而有利于及时组织经销对路的商品，节省了时间。

（2）有利于加速资金周转，提高经营效果。

（3）充分发挥各商品部及营业员的工作主动性和积极性。

- 分散独立进货方式缺陷和不足：

（1）采购业务比较分散，不利于统一管理。

（2）要使用较多的人力、运力和财力，增加了成本。

（3）增加了营业员的进货负担，不利于提高服务质量。

分散独立进货方式比较适合规模较大、就近采购的零售企业。

（三）集中与分散相结合进货

这种方式一般适合大型零售企业。其特点是就近采购时由各商品部分散进货，到外地采购时则由企业集中统一进货。这种综合方式有利于零售企业集中统一使用资金和组织采购人员，又可以充分发挥各商品部的积极性，如果在采购时加强计划性和衔接性，就可以起到上述两种进货方式所难以起到的作用。

（四）委托进货

这种方式主要适用于中小型零售企业。这类企业因为规模相对较小，所购商品种类较多而批量却较小，加上手续复杂，没有专人负责进货，就委托中间商代为采购，付给对方一定代理费即可。采用委托进货方式时，必须对采购商品质量、规格、品种进行严格检查，对不符合采购标准的坚决退货。

三、商品的采购策略

1. 买方市场下的采购策略。即货源市场上供大于求，零售企业居于主导地位的情况。这时，零售企业可以凭借主动权随意挑选商品，将主要精力放在商品销售方面，坚持以销定进、以需定进、勤进快销的采购原则，加快资金周转，节省采购成本，提高销售利润。

2. 卖方市场下的采购策略。即货源市场上供不应求，商品供应紧张，供货商居于主导地位的情况。这时，零售企业必须集中精力抓好商品采购环节，以保证货源供应的稳定性和充足性。其策略主要有：

（1）广开进货渠道，联系多家供应商。

（2）与生产企业联合，为其提供资金、设备等帮助。

（3）对生产商或供货商提供优惠，如由商店补助运输津贴、上门提货、提供广告援助等。

3. 不同生命周期商品的采购策略。

（1）**试销期**商品可以少量进货，待其市场看好再决定批量进货。

（2）**成长期**商品属畅销货，应积极扩大进货数量，利用广告进行促销。

（3）**成熟期**商品在前期市场还继续被看好，可组织大量进货；后期逐渐疲软，被新商品代替，应有计划地逐渐淘汰。

（4）**衰退期**的商品不应进货，或根据市场需求少量进货，并有计划地用其他商品替代，使顾客逐渐接受替代商品，从而淘汰衰退期商品。

四、商品的采购渠道

商品采购渠道即零售企业通过何种环节、什么路线将商品采购回来。

（一）商品采购的常用渠道

- 商业系统批发企业。如烟、酒等商品，要向烟草专卖系统和糖酒专卖系统采购。由于零售企业采购的商品较多，有时要向多个不同系统组织进货。
- 生产企业。直接与生产企业联系进货，可以减少中间环节，降低流通费用，同时又可以扩大货源，增加商品的可选择性。
- 批发交易市场。这里集中了大量商品，优点是选择性强，品种齐全；缺点是质量难以保证。
- 商品配送中心。这是近些年才在我国兴起的一种商品配送体制，即配送中心从供货商手中接受各种大批量的商品，再根据各订货商家的要求，将中心的商品进行分装、分类、配货、运送。因此，配送中心实际上也是一个进行物流活动的场所。零售企业可以直接向商品配送中心进货；但若是大规模连锁零售店，建立自己的配送中心更加经济合算。

（二）选择采购渠道的注意事项

1. 环节精简。尽量压缩进货环节，加快采购速度。
2. 路线最短原则。在商品价格相近的情况下，就近采购。
3. 省时原则。尽量减少中转手续，节约时间。
4. 经济节约。从各方面节省采购成本。

任务三
供应商的管理

背景

戴尔公司独特供应商管理

戴尔公司独特的商业运行模式刚推行时令人称奇，其直线订购模式背后的包括采购、生产、配送等环节在内的系列快速反应，源自其出色的供应商管理。

与传统的供应链相比，戴尔公司的供应链没有分销商、批发商和零售商，取而代之的是售后服务代理商和物流配送服务商。零配件供应商、戴尔公司、售后服务代理商和物流配送服务商四者形成了一个虚拟的企业，它们通过电子数据交换等方式紧密连接，密切配合，达到了资源的更优化配置，同时也降低了成本，为顾客提供了优质的产品和服务。戴尔与顾客的关系不仅是商品提供者和商品购买者的关系，而是通过电话、网上商店、网上自助服务等现代手段形成的更加紧密的关系。通过以上策略，戴尔公司成功实现了与供应商、代理商、服务商、顾客的虚拟整合，形成了一条快速、高效的供应链。

请问：戴尔公司的供应商管理有何独特？

学习目标

理解商品采购的概念；了解供应商的类型；能够准确地搜集供应商的相关信息。

基础知识与技术

一、供应商管理概述

（一）供应商与供应商管理

供应商是指直接向零售商提供商品及相应服务的企业及其分支机构、个体工商户，包括制造商、经销商和其他中介商，或称为“厂商”，即供应商品的个人或法人。供应商可以是农民、生产基地、制造商、代理商、批发商（限一级）、进口商等，应避免太多中间环节的供应商，如二级批发商、经销商、皮包公司或亲友所开的公司。

新供应商资讯来源一般有下列方式：各种采购指南；新闻传播媒体，如电视、广播、报纸等；各种产品发表会；各类产品展示（销）会；行业协会；行业或政府之统计调查报告或刊物；同行或供应商介绍；公开征询；供应商主动联络；其他途径。

供应商管理是指对供应商的了解、选择、开发、使用和控制等综合性管理工作总称。供应商管理，是在新的物流与采购经济形势下，提出的管理机制。供应链环管理环境下的客户关系是一种战略性合作关系，提倡一种双赢机制。从传统的非合作性竞争走向合作性竞争、合作与竞争并存是当今企业关系发展的一个趋势。

供应商管理是供应链采购管理中一个很重要的问题，在实现准时化采购中有很重要的作用。供应商管理的目的，就是建立起一个稳定可靠的供应商队伍，并为企业生产提供可靠的物资供应。供应商管理维护着客户，中间商和供应商之间的偏好信息，以确保成功的合作关系。

（二）选择供应商的原则

在大多数的跨国公司中，供应商开发的基本准则是“Q. C. D. S”原则，也就是质量、成本、交付与服务并重的原则。

质量因素是最重要的，首先要确认供应商是否建立有一套稳定有效的质量保证体系，然后确认供应商是否具有生产所需特定产品的设备和工艺能力。其次是成本与价格，要运用价值工程的方法对所涉及的产品进行成本分析，并通过双赢的价格谈判实现成本节约。在交付方面，要确定供应商是否拥有足够的生产能力，人力资源是否充足，有没有扩大产能的潜力。最后一点，也是非常重要的，是供应商的售前、售后服务的记录。

二、选择供应商的流程及标准

采购商选择供应商建立战略伙伴关系、控制双方关系风险和制定动态的供应商评价体系是中国采购商普遍关心的几个问题。

不同企业的不同发展阶段，对供应商的选择和评价指标也不尽相同。那么怎样才能通过量化的指标来客观地评价和选择供应商呢？**基本思路是阶段性连续评价、网络化管理、关键点控制和动态学习过程。**这些思路体现在供应商评价体系的建立、运行和维护上。

（一）建立供应商阶段性评价体系

采取阶段连续性评价的方式，将供应商评价体系分为供应商进入评价、运行评价、供应商问题辅导、改进评价及供应商战略伙伴关系评价几个方面。供应商的选择不仅是入围资格的选择，而且是一个连续的可累计的选择过程。

阶段性评价体系的特点是流程透明化和操作公开化，所有流程的建立、修订和发布都通过一定的控制程序进行，保证相对的稳定性。评价指标尽可能量化，以减少主观干扰因素。

（二）体现供应商网络化管理

网络化管理主要是指在管理组织架构配合方面，将不同的信息点连接成网的管理方法。多事业部环境下的采购平台，需要满足不同事业部的采购需求，需求的差异性必须统一在一个更高适应性的统一体系内。对新供应商的认证，应由公司级的质量部门和采购中心负责供应商体系的审核；而对于产品相关的差异性需求则应由各事业部的质量处和研发处提出明确的要求。

网络化的管理也体现在业务的客观性和流程的执行监督方面。监督机制体现在工作的各个环节，应尽量减少人为因素，加强操作和决策过程的透明化和制度化。可以通过成立业务管理委员会，采用ISO9000的审核办法，检查采购中心内部各项业务的流程遵守情况。

（三）供应商关键点控制的四项原则

门当户对原则：在非垄断性货源的供应市场上，由于供应商的管理水平和供应链管理实施的深入程度不同，应该优先考虑规模、层次相当的供应商。不一定行业老大就一定是首选的供应商，如果双方规模差异过大，采购比例在供应商总产值中比例过小，则采购商往往在生产排期、售后服务、弹性和谈判力量对比等方面不能尽如人意。

半数原则：从供应商风险评估的角度，半数原则要求购买数量不能超过供应商产能的50%。如果仅由一家供应商负责100%的供货和100%的成本分摊，则采购商风险较大，因为一旦该供应商出现问题，按照“蝴蝶效应”的发展，势必影响整个供应链的正常运行。不仅如此，采购商在对某些供应材料或产品有依赖性时，还要考虑地域风险。

供应源数量控制原则：指实际供货的供应商数量不应该太多，同类物料的供应商数量最好保持在2~3家，有主次供应商之分。这样可以降低管理成本和提高管理效果，保证供应的稳定性。

供应链战略原则：采购商与供应商建立信任、合作、开放性交流的供应链长期合作关系，必须首先分析市场竞争环境。通过分析现在的产品需求、产品的类型和特征，确认是否有建立供应链合作关系的必要。对于公开和充分竞争的供应商市场，可以采取多家比价、控制数量和择优入围的原则。

（四）供应商体系的维护

供应商管理体系的运行需要根据行业、企业、产品需求和竞争环境的不同而采取不同的细化评价。细化的标准本身就是一种灵活性的体现。短期的竞争招标和长期的合同与战略供应商关系也可以并存。

学习型的组织通过不断地学习和改进，对于供应商的选择评价、评估的指标、标杆对比的对象以及评估的工具与技术都需要不断的更新。采购作为一种功能，它的发展与制造企业的整体管理架构、管理阶段有关系。需要根据公司的整体战略的调整而不断地调整有关采购方面的要求和策略，对于供应商选择的原则和方法亦然。

三、供应商管理的策略

（一）用供应链管理新思维重新定位与供应商关系

实施有效的供应商管理就是要将危害供应链运作的冲突因子消灭于萌芽状态，最根本的办法是消除引起冲突的土壤。具体做法可以从以下几方面进行尝试：（1）建立有效的供应链组织机制；（2）建立公正、合理的供应链协议；（3）立足于长期的合作关系。

（二）建立利益共享机制

在供应链的利益共享机制中，直接的点对点企业之间合理的利益分配机制是供应链企业利益共享机制的基础。问题是点与点之间企业的利益分配很容易失衡，交易双方中一方利益的过度获取必然是另一方的过度付出，付出方的成本加重将损害其竞争力，由此将引起整体供应链竞争力的波动。解决的方法是供应商与需求商之间建立共同的利益获取与约束机制，在共性层面上，将以供应链协议的利益分享机制为基础，在点的层面上，需求商与供应商之间的利益分配可以采取灵活的协商方式，确保双方能够共赢。

（三）建立有效的双向激励机制

1. 供应商的激励方法。

（1）订单激励，对于表现优秀的供应商，需方可以通过加大订单的方式进行激励，这是供应商最乐于见到的，也是需方最为有效的对供应商进行激励的手段。

（2）付款方式的激励，通过提供更有诱惑力的付款方式来激励优秀的供应商。

（3）开辟免检通道，对所供应物品长期保持优异质量的供应商，需方给予免检待遇，这对供应商具有长期、广泛的外部影响，特别是对竞争对手具有强大的震撼作用。

（4）商誉激励，需方对表现优秀的供应商，可通过供应链信息平台进行发布，以获取广告效应。

2. 需求商的激励方法。激励是一种双向的行为，需方根据供应商的表现给予激励，供应商同样对可信赖的需方也能够进行激励。

（1）价格激励，需方由于提供更多的订单以及其他的激励，供应商在价格上将给予需方更为有利的价位，如给予低价位或价格折扣等。

（2）提供更周全的服务项目等，如一次采购按需发（送）货（相当于提供免费仓储服务）、上门服务、长期的技术支持等。

（3）允许需方改变订单需求数量，甚至取消某些订单。

（4）向需方提供更简单的采购业务流程，减少采购作业成本，这需要以需方有可靠的信用保证为前提。

（5）提供更为宽松的付款条件。

（四）建立良好的沟通管道

在供应链平台上，企业之间信息的沟通主要是通过可共享的信息在供应链信息网络的发布而获得，这是获得关联企业之间信息的主要渠道。除此之外，还应努力地开发其他沟通管道，尤其是具有感情效应的关联企业之间的中高层人员的互访，是核心企业与供应商之间建立互信机制的重要基础。

（五）建立共同的质量观念

这里的质量是一个广义的概念，是围绕客户需求而展开的有形产品质量和无形服务质量。供应链要保持有效的运作，必须建立在共同认可的质量观的基础上才有保证，具体而言可以归纳到如下质量诉求：

（1）供应商要向需求商提供质量满意的产品。

（2）准时、按量供货，不出差错。

（3）运输、装卸、仓储、流通加工各环节必须维持或提升产品质量。

（4）供应商要强化服务质量，以保证供需双方接触界面的人员共同的满意。

（5）供应商要努力提升创新能力以满足需方不断增长的新需求，需方必须提供必要的帮助与合作。

（6）供需双方都要向对方提供可靠的信用保证并持之以恒。

习题与训练

△ 名词解释

商品采购　商品采购管理　采购计划　供应商　供应商管理

△ 选择题

○ 单项选择题

（1）商品采购谈判的核心是（　　）。

A. 议价　　B. 品种

C. 质量　　D. 花色

（2）货源市场供大于求，这是（　　）市场下的采购。

A. 买方　　B. 卖方

C. 试销　　D. 衰退

（3）选项中的（　　）不是选择采购渠道时应注意的因素。

A. 环节　　B. 线路

C. 省时　　D. 批发

○ 多项选择题

（1）商品采购的原则有（　　）等。

A. 以需定进　　B. 勤进快销

C. 以进促销　　D. 储存保销

（2）采购员的素质要求有（　　）等。

A. 商品知识　　B. 沟通能力

C. 谈判能力　　D. 敬业精神

(3) 商品采购计划的内容有商品（　　）等。

A. 品种　　B. 规格

C. 花色　　D. 质量

△ **判断题**

(1) 商品采购计划是属于商品销售计划中的一部分。（　　）

(2) 商品采购谈判的核心是议价。（　　）

(3) 节省成本是集中统一进货的优点之一。（　　）

△ **简答题**

(1) 什么是商品采购计划？商品采购计划有哪些内容？

(2) 商品采购谈判的三要素是什么？

(3) 选择供应商的原则有哪些？

△ **论述题**

(1) 试述如何编制商品采购计划？

(2) 试述商品供应商的管理。

△ **案例分析**

某公司是一个空调的批发公司，它的主要销售渠道是大商场，顾客在商场付款购买空调的同时，此公司在商场的信息员就将此信息发回公司，公司依据此信息做各种工作安排。公司的主要供应商有三个，假设是日立、三菱和美的，供应商“美的”的结算方式是先交款后发货，其他两个供应商可以先付款，也可以后付款，采购发票随货同时到达。公司销售的品种达五十种左右，在空调热卖的季节中，公司的采购业务极其繁忙。

问题：如果公司为了把库存减到最少，应该如何与供应商协作？对供应商提什么样的要求？

分析要求：学生分析案例提出的问题，拟出《案例分析提纲》；小组讨论，形成小组《案例分析报告》；班级交流，教师对各小组《案例分析报告》进行点评。

项目九

9 商品出入库作业管理

案例导入

自动化仓库的困惑

20 世纪 70 年代，某市某汽车制造厂建造了一座高层货架仓库（即自动化仓库）作为中间仓库，存放装配汽车所需的各种零配件。此厂所需的零配件大多数是由其协作单位生产，然后运至自动化仓库。

该仓库结构分高库和整理室两部分，高库是采用固定式高层货架与巷道堆垛机结构，从整理室到高库之间设有辊式输送机。当入库的货物包装规格不符合托盘或标准货箱时，则还需要对货物的包装进行重新整理，这项工作就是在整理室进行。由于当时各种物品的包装没有标准化，因此，整理工作的工作量相当大。

货物的出入库是运用电脑控制与人工操作相结合的人机系统。这套设备在当时来讲是相当先进的。该库建在该厂的东南角，距离装配车间较远，因此，在仓库与装配车间之间需要进行二次运输，即将所需的零配件先出库，装车运输到装配车间，然后才能进行组装。

自动化仓库建成后，这个先进设施在企业的生产经营中所起的作用并不理想。

资料来源：百度文库：《仓储案例集》，专业资料 wenku. baidu. com/link?，2011/01/24。

问题与思考：

1. 如何才能做到出入库作业的合理化？
2. 从导入案例中人们能得到哪些启示？

任务一
商品入库作业管理

背景

入库通知单

天津××有限公司：

根据贵我双方签署的购销合同，我公司现有一批货物委托天津××货运有限公司送至贵公司仓库，请安排接收，具体情况如表9－1所示。

表9－1　商品入库单

品名	规格	单位	数量	包装
××色拉油	1.8L	桶	180	10桶/箱
××洗衣粉	500g	袋	240	24袋/箱
××牙膏	180g	支	400	100支/箱

请在20××年××月××日前完成入库。

联系人：王晓　电话：022－12345678

天津××贸易有限公司

20××年××月××日

请问：怎样才能顺利完成“背景”材料中提出的入库任务？

学习目标

掌握商品的入库流程；了解商品接运的主要方式；掌握商品验收的内容和要求；理解装卸搬运的概念；明确装卸搬运原则和作业的合理化措施。

基础知识与技术

一、商品入库作业管理概述

商品入库是仓储业务的第一阶段，是指商品进入仓库储存时所进行的商品接收、卸货、搬运、清点数量、检查质量和办理入库手续等一系列活动的总称。即根据商品入库凭证，在接受入库商品时所进行的卸货、查点、验收、办理入库手续等各项业务活动的计划和组织。抓好这一环节能区分货损责任，做好储存计划，为在库存储打下良好的基础。

商品入库管理包括商品接运、商品验收和建立商品档案三方面。其基本要求是保证入库商品数量准确，质量符合要求，包装完整无损，手续完备清楚，入库迅速。入库作业的基本流程见图9－1。

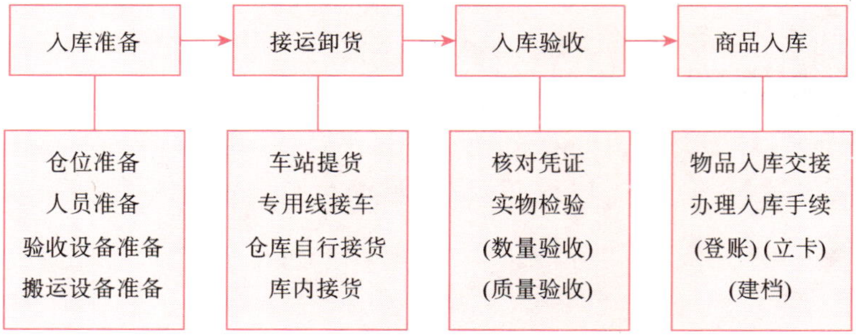

图9－1 入库作业的基本流程

二、商品入库管理的基本流程

（一）入库前的准备工作

商品入库依据是仓储合同和入库通知单。商品入库准备内容有以下几点：

1. 熟悉入库货物（品种、规格、数量）。
2. 掌握仓库库场情况（仓库货位、机械、劳动力状况）。
3. 制定仓储计划。
4. 仓库妥善安排货位。
5. 做好货位准备。
6. 准备苫垫材料、作业用具。
7. 验收准备。
8. 装卸搬运工艺设定。
9. 文件单证准备。

（二）货物接运

1. 提货。

（1）到车站、码头提货。注意出示“领货凭证”提货单。

（2）到货主单位提取货物。注意当场验收，提回后入仓时要复验。

（3）托运单位送货到库接货。注意库内验收并办理交接手续，当面交接。

（4）铁路专用线到货接运。注意确定卸车货位准备人力和机具，引导车辆入位。

2. 仓库收货。货物到库后，仓库收货人员首先要检查货物入库凭证，然后根据入库凭证开列的收货单位和货物名称与送交的货物内容和标记进行核对。

（三）商品入库验收

1. 商品验收的基本要求和方式。商品验收的基本要求：及时、准确、严格、经济。

商品查验方式有全验和抽验两种。

（1）全验。在商品批量小、规格复杂、包装不整齐的情况下，可采用此法。数量和外观质量一般要求全验。

（2）抽验。对于大批量、同包装、同规格、信誉较高的存货单位的物资可采用抽验的方式检验。

2. 商品的验收程序。商品验收程序包括验收准备、核对凭证、确定验收比例、实物检验、做出验收报告及验收中发现问题的处理。

（1）验收准备。全面了解验收物资的性能、特点和数量。准备堆码苫垫所需材料和装卸搬运机械、设备及人力。准备相应的检验工具，并做好事前检查。搜集和熟悉验收凭证及有关资料。进口物资或上级业务主管部门指定需要检验质量者，应通知有关检验部门会同验收。

（2）核对凭证。

- 货主提供的入库通知单和仓储合同；
- 供货单位提供的验收凭证，包括材质证明书、装箱单、磅码单、发货明细表、说明书、保修卡及合格证等；
- 承运单位提供的运输单证，包括提货通知单和登记货物残损情况的货运记录、普通记录以及公路运输交接单等。

（3）检验商品。

①数量检验。按商品性质和包装情况，数量检验分为三种形式，即计件、检斤、检尺求积。计件法是按件数供货或以件数为计量单位的商品，在做数量验收时的清点件数。检斤法是对按重量供货或以重量为计量单位的商品，做数量验收时的称重。检尺求积法是对以体积为计量单位的商品，如木材、竹材、沙石等先检尺，后求体积所做的数量验收。凡是经过数量检验的商品，都应该填写磅码单。在做数量验收之前，还应根据商品来源、包装好坏或有关部门规定，确定对到库商品是采取抽验还是全验方式。

②质量检验。包括外观检验、尺寸检验、机械物理性能检验和化学成分检验四种形式。仓库一般只作外观检验和尺寸精度检验，后两种检验如果有必要，则由仓库技术管理职能机构取样，委托专门检验机构检验。

③包装检验。凡是产品合同对包装有具体规定的要严格按规定验收，对于包装的干潮程度，一般是用眼看、手摸方法进行检查。

（4）验收中发现问题的处理。在物品入库凭证未到齐之前不得正式验收，发现物品数量或质量不符合规定，要会同有关人员当场做出详细记录。在数量验收中，计件物品应及时验收，发现问题要按规定的手续、在规定的期间内向有关部门提出索赔要求。

（四）商品入库和登记

入库物品经过点数、查验之后，可以安排卸货、入库堆码，表示仓库接受物品。在卸货、搬运、堆垛作业完毕，与送货人办理交接手续，并建立仓库台账。

1. 交接手续。意味着划分清运输、送货部门和仓库的责任。交接手续主要有接受货物、接受文件、签署单证（仓单）。

2. 入库手续。

（1）登账。登账的主要内容有物质名称、规格、数量、件数、累计数或结存数、存货人或提货人、批次、金额，注明货位号或运输工具、接（发）货经办人。

（2）立卡。又称为货卡、货牌，与货同放。物品入库或上架后，将物品名称、规格、数量或出入状态等内容填在料卡上，称为立卡。料卡又称为货卡、货牌，插放在货架上物品下方的货架支架上或摆放在货垛正面明显位置。

（3）建档——存货、客户档案。

三、商品的装卸搬运

商品的装卸搬运是指对仓储物资在空间的垂直举放、水平移动的物理性活动。具体来说，**装卸**是指将物品装载到运输、搬运设备上，从运输、搬运设备上卸下，以及相应的拆码和堆码作业；**搬运**是指在同一场所内，对物品进行较短距离的水平运动。**装卸搬运**是仓储的基本作业环节，在仓储中占最大的劳动作业量。

装卸是改变“物”的存放，支撑状态的活动，主要指物体上下方向的移动。而搬运是改变“物”的空间位置的活动，主要指物体横向或斜向的移动。通常装卸搬运是合在一起用的。

装卸搬运的原则主要有：

1. 尽量不进行装卸。前面已经讲过，装卸作业本身并不产生价值。但是，如果进行了不适当的装卸作业，就可能造成商品的破损，或使商品受到污染。因此，尽力排除无意义的作业，是理所当然的。尽量减少装卸次数，以及尽可能地缩短搬运距离等，所起的作用也是很大的。因为装卸作业不仅要花费人力和物力，增加费用，还会使流通速度放慢。如果多增加一次装卸，费用也就相应地增加一次，同时还增加了商品污损、破坏、丢失、消耗的机会。因此，装卸作业的经济原则就是“不进行装卸”。所以，应当考虑如何才能减少装卸次数、缩短移动商品的距离。

2. 装卸的连续性。是指两处以上的装卸作业要配合好。进行装卸作业时，为了不使连续的各种作业中途停顿，而能协调地进行，整理其作业流程是很必要的。因此，进行“流程分析”，对商品的流动进行分析，使经常相关的作业配合在一起，也是很必要的。如把商品装到汽车或铁路货车上，或把商品送往仓库进行保管时，应当考虑合理取卸，或出库的方便。所以某一次的装卸作业，某一个装卸动作，有必要考虑下一步的装卸而有计划地进行。要使一系列的装卸作业顺利地进行，作业动作的顺序、作业动作的组合或装卸机械的选择及运用是很重要的。

3. 减轻人力装卸。就是把人的体力劳动改为机械化劳动。在不得已的情况下，非依靠人力不可时，尽可能不要让搬运距离太远。关于“减轻人力装卸”问题，主要是在减轻体力劳动、缩短劳动时间、防止成本上升、劳动安全卫生等方面推进省力化、自动化。

4. 提高搬运灵活性。物流过程中，常须将暂时存放的物品再次搬运。从便于经常发生的搬运作业考虑，物品的堆放方法是很重要的，这种便于移动的程度，被称之为“搬运灵活性”。衡量商品堆存形态的“搬运灵活性”，用灵活性指数表示。一般将灵活性指数分为五个等级，即：散堆于地面上为0级；装入箱内为1级；装在货盘或垫板上为2级；装在车台上为3级；装在输送带上为4级。

5. 商品整理。就是把商品汇集成一定单位数量，然后再进行装卸，既可避免损坏、消耗、丢失，又容易查点数量，而且最大的优点在于使装卸、搬运的单位加大，使机械装卸成为可能，以及使装卸、搬运的灵活性好等。这种方式是把商品装在托盘、集装箱和搬运器具中原封不动地装卸、搬运，进行输送、保管。

6. 物流整体。在整个物流过程中，要从运输、储存、保管、包装与装卸的关系来考虑。装卸要适合运输、储存保管的规模，即装卸要起着支持并提高运输、储存保管能力、效率的作用，而不是起阻碍的作用。对于商品的包装来说也是一样的，过去是以装卸为前提进行的包装，要运进许多不必要的包装材料，采用集合包装，不仅可以减少包装材料，同时也省去了许多徒劳的运输。

任务二
商品出库作业管理

背景

某仓库接到客户A的商品出库请求，要求从该库提取存储的甲产品20箱，商品相关信息见出库单（表9-2），出库方式为自提。

表9-2　**产品出库单**　第116号

购货单位　日期：　年　月　日　编号：XH101

用途	产品名称规格	单位	数量	单位成本	总成本	备注
销售	甲产品	箱	20	2214.55	44291	自提

主管　会计　保管员　经手人

（注：图中的编号和第二列是举例，产品出库单的填写，各单位会计实际填写时，根据实际情况填写编号、购货单位、出库用途、产品规格等项，最后由主管、会计、保管员、经手人签字盖章。）

请问：怎样才能顺利完成“背景”材料中提出的出库任务？

学习目标

掌握商品出库的依据和要求；了解商品出库的主要方式；掌握商品的出库的流程；了解商品出库中发生问题的处理。

基础知识与技术

一、商品出库作业管理概述

商品出库作业，是仓库根据业务部门或存货单位开出的商品出库凭证（提货单、调拨单、仓单），按其所列商品编号、名称、规格、型号、数量等项目，组织商品出库一系列工作的总称。商品出库作业管理是对出库作业和业务的管理活动。

出库发放的主要任务是：所发放的商品必须准确、及时、保质保量地发给收货单位，包装必须完整、牢固、标记正确清楚，核对必须仔细。

（一）商品出库作业的依据

商品出库必须依据货主开出的商品出库凭证进行。不论在任何情况下，仓库都不得擅自动用、变相动用或者外借货主的库存商品。

出库业务是保管工作的结束，既涉及仓库同货主或收货企业以及承运部门的经济联系，也涉及仓库各有关业务部门的作业活动。为了能以合理的物流成本保证出库物品按质、按量、及时、安全地发给用户，满足其生产经营的需要，仓库应主动与货主联系，由货主提供出库计划，这是仓库出库作业的依据，特别是供应异地的和大批量出库的物品更应提前发出通知，以便仓库及时办理流量和流向的运输计划，完成出库任务。

货主的出库通知或出库请求的格式不尽相同，不论采用何种形式，都必须是符合财务制度要求的有法律效力的凭证，要坚决杜绝凭信誉或无正式手续的发货。

（二）商品出库的要求

仓库必须建立严格的出库和发运程序，严格遵循“先进先出，推陈储新”的原则，尽量一次完成，防止差错。需托运物品的包装还要符合运输部门的要求。

物品出库要求做到“三不、三核、五检查”。

- “三不”：未接单据不翻账，未经审单不备库，未经复核不出库；
- “三核”：在发货时，要核实凭证、核对账卡、核对实物；
- “五检查”：对单据和实物要进行品名检查、规格检查、包装检查、件数检查、重量检查。商品出库要求严格执行各项规章制度，提高服务质量，使用户满意，包括对品种规格要求，积极与货主联系，为用户提货创造各种方便条件，杜绝差错事故。

二、商品出库方式

出库方式是指仓库用什么样的方式将货物交付用户。选用哪种方式出库，要根据具体条件，由供需双方事先商定。

（一）送货

仓库根据货主单位的出库通知或出库请求，通过发货作业把应发物品交由运输部门送达收货单位或使用仓库自有车辆把物品运送到收货地点的发货形式，就是通常所称的送货制。

仓库实行送货具有多方面的好处：仓库可预先安排作业，缩短发货时间；收货单位可避免因人力、车辆等不便而发生的取货困难；在运输上，可合理使用运输工具，减少运费。

（二）收货人自提

这种发货形式是由收货人或其代理持取货凭证直接到库取货，仓库凭单发货。仓库发货人与提货人可以在仓库现场划清交接责任，当面交接并办理签收手续。

（三）过户

过户是一种就地划拨的形式，物品实物并未出库，但所有权已从原货主转移到新货主的账户中。仓库必须根据原货主开出的正式过户凭证，才予办理过户手续。

（四）取样

货主由于商检或样品陈列等需要，到仓库提取货样（通常要开箱拆包、分割抽取样本）。仓库必须根据正式取样凭证发出样品，并做好账务记载。

（五）转仓

转仓是指货主为了业务方便或改变储存条件，将某批库存自甲库转移到乙库。仓库也必须根据货主单位开出的正式转仓单，办理转仓手续。

三、出库作业程序

（一）出库前的准备工作

可分为两个方面：一方面是计划工作，即根据货主提出的出库计划或出库请求，预先做好物品出库的各项安排，包括货位、机械设备、工具和工作人员，提高人、财、物的利用率；另一方面是要做好出库物品的包装和标志标记。发往异地的货物，需经过长途运输，包装必须符合运输部门的规定，如捆扎包装、容器包装等，成套机械、器材发往异地，事先必须做好货物的清理、装箱和编号工作。在包装上挂签（贴签）、书写编号和发运标记（去向），以免错发和混发。

（二）出库程序

出库程序：核单备货——复核——包装——点交——登账——清理等过程。出库必须遵循“先进先出，推陈储新”的原则，使仓储活动的管理实现良性循环。

不论是哪一种出库方式，都应按以下程序做好管理工作：

1. 核单备货。如属自提物品，首先要审核提货凭证的合法性和真实性；其次核对品名、型号、规格、单价、数量、收货单位、有效期等。

出库物品应附有质量证明书或副本、磅码单、装箱单等，机电设备、电子产品等物品，其说明书及合格证应随货同付。备料时应本着“先进先出、推陈储新”的原则，易霉易坏的先出，接近失效期的先出。

备货过程中，凡计重货物，一般以入库验收时标明的重量为准，不再重新计重，需分割或拆捆的应根据情况进行。

2. 复核。为了保证出库物品不出差错，备货后应进行复核。出库的复核形式主要有专职复核、交叉复核和环环复核三种。除此之外，在发货作业的各道环节上，都贯穿着复核工作。例如，理货员核对单货，守护员（门卫）凭票放行，账务员（保管会计）核对账单（票）等。这些分散的复核形式，起到分头把关的作用，都十分有助于提高仓库发货业务的工作质量。

复核的内容包括：品名、型号、规格、数量是否同出库单一致；配套是否齐全；技术证件是否齐全；外观质量和包装是否完好。只有加强出库的复核工作，才能防止错发、漏发和重发等事故发生。

3. 包装。出库物品的包装必须完整、牢固，标记必须正确清楚，如有破损、潮湿、捆扎松散等不能保障运输中安全的，应加固整理，破包破箱不得出库。各类包装容器上若有水渍、油迹、污损，也均不能出库。

出库物品如需托运，包装必须符合运输部门的要求，选用适宜包装材料，其重量和尺寸便于装卸和搬运，以保证货物在途的安全。

包装是仓库生产过程的一个组成部分。包装时，严禁互相影响或性能互相抵触的物品混合包装。包装后，要写明收货单位、到站、发货号、本批总件数、发货单位等。

4. 点交。出库物品经过复核和包装后，需要托运和送货的，应由仓库保管机构移交调运机构，属于用户自提的，则由保管机构按出库凭证向提货人当面交清。

5. 登账。点交后，保管员应在出库单上填写实发数、发货日期等内容，并签名。然后将出库单连同有关证件资料，及时交货主，以便货主办理货款结算。

6. 现场和档案的清理。经过出库的一系列工作程序之后，实物、账目和库存档案等都发生了变化。应按下列几项工作彻底清理，使保管工作重新趋于账、物、资金相符的状态。

（1）按出库单，核对结存数。

（2）如果该批货物全部出库，应查实损耗数量，在规定损耗范围内的进行核销，超过损耗范围的查明原因，进行处理。

（3）一批货物全部出库后，可根据该批货物入出库的情况、采用的保管方法和损耗数量，总结保管经验。

（4）清理现场，收集苫垫材料，妥善保管，以待再用。

（5）代运货物发出后，收货单位提出数量不符时，属于重量短少而包装完好且件数不缺的，应由仓库保管机构负责处理；属于件数短少的，应由运输机构负责处理。若发出的货物品种、规格、型号不符，由保管机构负责处理。若发出货物损坏，应根据承运人出具的证明，分别由保管及运输机构处理。

在整个出库业务程序过程中，复核和点交是两个最为关键的环节。复核是防止差错的重要和必不可少的措施，而点交则是划清仓库和提货方两者责任的必要手段。

（6）由于提货单位任务变更或其他原因要求退货时，可经有关方同意，办理退货。退回的货物必须符合原发的数量和质量，要严格验收，重新办理入库手续。当然，未移交的货物则不必检验。

四、出库中发生问题的处理

出库过程中出现的问题是多方面的，应分别对待处理。

（一）出库凭证（提货单）上的问题

1. 凡出库凭证超过提货期限，用户前来提货，必须先办理手续，按规定缴足逾期仓储保管费，然后方可发货。任何非正式凭证都不能作为发货凭证。提货时，用户发现规格开错，保管员不得自行调换规格。

2. 凡发现出库凭证有疑点，以及出库凭证发现有假冒、复制、涂改等情况时，应及时与仓库保卫部门以及出具出库单的单位或部门联系，妥善处理。

3. 商品进库未验收，或者期货未进库的出库凭证，一般暂缓发货，并通知货主，待货到并验收后再发货，提货期顺延。

4. 如客户因各种原因将出库凭证遗失，客户应及时与仓库发货员和账务人员联系挂失；如果挂失时货已被提走，保管人员不承担责任，但要协助货主单位找回商品；如果货还没有提走，经保管人员和账务人员查实后，做好挂失登记，将原凭证作废，缓期发货。

（二）提货数与实存数不符

若出现提货数量与商品实存数不符的情况，一般是实存数小于提货数。造成这种问题的原因主要有：

1. 商品入库时，由于验收问题，增大了实收商品的签收数量，从而造成账面数大于实存数。

2. 仓库保管人员和发货人员在以前的发货过程中因错发、串发等差错而形成实际商品库存量小于账面数。

3. 货主单位没有及时核减开出的提货数，造成库存账面数大于实际储存数，从而开出的提货单提货数量过大。

4. 仓储过程中造成了货物的毁损。

当遇到提货数量大于实际商品库存数量时，无论是何种原因造成的，都需要和仓库主管部门以及货主单位及时取得联系后再作处理。

（三）串发货和错发货

所谓串发和错发货，主要是指由于发货人员对物品种类规格不很熟悉，或者由于工作中的疏漏把错误规格、数量的物品发出库的情况。

如果物品尚未离库，应立即组织人力，重新发货。如果物品已经离开仓库，保管人员应及时向主管部门和货主通报串发和错发货的品名、规格、数量、提货单位等情况，会同货主单位和运输单位共同协商解决。一般在无直接经济损失的情况下由货主单位重新按实际发货数冲单（票）解决。如果造成直接经济损失，应按赔偿损失单据冲转调整保管账。

（四）包装破漏

包装破漏是指在发货过程中，因物品外包装破损引起的渗漏等问题。这类问题主要是在储存过程中因堆垛挤压，发货装卸操作不慎等情况引起的，发货时都应经过整理或更换包装，方可出库，否则造成的损失应由仓储部门承担。

（五）漏记和错记账

漏记账是指在出库作业中，由于没有及时核销明细账而造成账面数量大于或少于实存数的现象。错记账是指在商品出库后核销明细账时没有按实际发货出库的商品名称、数量等登记，从而造成账实不相符的情况。

无论是漏记账还是错记账，一经发现，除及时向有关领导如实汇报情况外，同时还应根据原出库凭证查明原因调整保管账。使之与实际库存保持一致。如果由于漏记和错记账给货主单位、运输单位和仓储部门造成了损失，应予赔偿，同时应追究相关人员的责任。

习题与训练

△ 名词解释

商品入库　装卸搬运　出库作业

△ 选择题

○ 单项选择题

（1）商品入库验收的方式有（　　）。

A. 全验　　B. 抽验

C. 自验　　D. 他验

(2)（　　）是指商品入库仓库应建立详细反映物品仓储的明细账。

A. 登账　　B. 立卡

C. 建档　　D. 存档

(3) 商品出库的依据是（　　）。

A. 出库凭证　　B. 入库单

C. 发票　　D. 介绍信

○ 多项选择题

(1) 商品入库验收的基本要求有（　　）。

A. 及时　　B. 准确

C. 严格　　D. 经济

(2) 商品入库交接手续有（　　）。

A. 接收货物　　B. 接收文件

C. 签署单证　　D. 安排货位

(3) 商品出库的方式有（　　）等。

A. 送货　　B. 自提

C. 过户　　D. 转仓

△ 判断题

(1) 搬运是改变"物"的空间位置的活动，指物体横向或斜向的移动。（　　）

(2) 减少装卸次数是防止和消除无效作业合理化措施之一。（　　）

(3) 仓库的出库管理必须严格遵循"先进先出，推陈储新"的原则。（　　）

△ 简答题

(1) 商品入库的流程有哪些？什么是装卸搬运？

(2) 如何办理入库手续？装卸搬运合理化的措施有哪些？

(3) 什么是商品出库作业？商品出库的依据是什么？

(4) 商品出库有什么要求？出库作业程序有哪些？

△ 论述题

(1) 试述如何实现仓储商品装卸搬运的合理化？

(2) 试述商品出库经常出现的问题及其因素分析。

△ 案例分析

××公司在合同签署后，根据市场需要，将小麦卖给了某粮店10万公斤。为了简便手续，方便粮店提货，将仓单（保管人在接受仓储物后签发的表明一定数量的保管物已经交付仓储保管的法律文书，是交付储物的凭证）背书后交给粮店，并在事后通知了仓库，仓储期满以后，当粮店持仓单提货时，储方则以粮店不是合法仓单持有人（仓单虽有背书但无保管人未签字或盖章）为由拒绝交货。

问题：这是谁的过错，为什么？应该怎么做才正确？

分析提示：仓单转让，即转让仓单下仓储物的所有权。通过在仓单上背书并经保管人签字或盖章的方式进行转让。

分析要求：学生分析案例提出的问题，拟出《案例分析提纲》；小组讨论，形成小组《案例分析报告》；班级交流，教师对各小组《案例分析报告》进行点评。

项目十

10 商品盘点与库存管理

案例导入

戴尔的零库存

库存从属性上看具有两重性，库存既是生产和生活的前提条件，又是生产和生活的负担。

库存问题的实质是两个方面：其一是库存管理的能力，其二是与零件供应商的协作关系。与供应商协作强调的重点就是精准迅速的信息。戴尔不断地寻求减少库存，并进一步缩短生产线与顾客家门口的时空距离。按单生产还可以使戴尔实现“零库存”的目标。零库存不仅意味着减少资金占用的优势，还意味着减少作为PC行业的巨大降价风险。特别是计算机产品更新迅速、价格波动频繁，更使库存成本体现得淋漓尽致。戴尔工厂在接到订单后的4个小时，产品就能装车发货。

需要注意的是，当为戴尔“物料的低库存与成品的零库存”给予喝彩的同时，还应该看到：戴尔没有仓库，但是供应商在它周围有仓库。事实上，戴尔的工厂外边有很多配套厂家。戴尔在网上或电话里接到订单，收了钱之后会告诉你要多长时间货可以到。在这段时间里他就有时间去对订单进行整合，对既有的原材料进行分拣，需要什么原材料就下订单给供应商下单之后，货到了生产线才进行产权交易，之前的库存都是供应商的。毋庸讳言，戴尔把库存的压力转移给了供应商。这是供应商加入戴尔供应链的代价，也是一件两厢情愿的事情。因为，戴尔需要货物的量很大，加入戴尔的供应链就意味着拥有不断增长的市场和随之而来的利润。

资料来源：何晖、蔡润英：“浅析戴尔公司零库存的管理模式”，《景德镇高专学报》，第22卷第1期2007/03。

问题与思考：

1. 商品仓储管理的内容有哪些？重点是什么？
2. 戴尔公司是如何进行库存管理的？

任务一
商品的盘点管理

背景

××超市存货盘点报告

盘点基准日： 年 月 日 盘点时间： 年 月 日至 月 日

盘点范围：××超市的全部存货或者某货品的库存数量。

盘点方法：

1. 使用库存管理软件通过各种基准条件查询出全部货品的理论库存数量，然后通过人工在仓库中的实际盘点数进行一一对比，判断是否存在数量或重量上的误差（损耗）。

2. 将盘点结果与盘点日财务账面记录进行核对，寻找并分析差异原因，判断盘点结果是否可以接受。

盘点情况：

1. 仓库的存货摆放基本整齐，货品保存完好，无明显残破毁损情况；盘点人员对货物的品种、摆放等情况熟悉；

2. 盘点结果：账面数量与初次盘点的实际数量是否存在差异。

3. 差异原因主要为：(1) 超市商品一般失窃现象比较严重，这是造成差异的主要原因；(2) 盘点中商品编码记录有误，造成漏盘、误盘等；(3) 盘点时计量、记录出现错误；(4) 盘点结果录入时出现差错。

最后可得出准确的库存盘底报表。

请问：怎样才能做好商品的盘点工作？

学习目标

理解盘点概念；掌握盘点的方法；熟悉盘点的流程。

基础知识与技术

一、盘点概述

所谓盘点，是指定期或临时对库存商品的实际数量进行清查、清点的作业，即为了掌握货物的流动情况（入库、在库、出库的流动状况），对仓库现有物品的实际数量与保管账上记录的数量相核对，以便准确地掌握库存数量。

（一）盘点方式

盘点方式通常有两种：一种是定期盘点，即仓库的全面盘点，是指在一定时间内，一般是每季度、每半年或年终财务结算前进行一次全面的盘点，由货主派人会同仓库保管员、商品会计一起进行盘点对账；二是临时盘点，即当仓库发生货物损失事故，或保管员更换，或仓库与货主认为有必要盘点对账时，组织一次局部性或全面的盘点。主要包括以下几个方面：数量盘点；重量盘点；货与账核对；账与账核对。

（二）盘点分类

盘点分为手工盘点、盘点机盘点。

1. 手工盘点：主要靠人员手工记录盘点内容、商品数据，然后跟电脑核对。

2. 盘点机盘点：利用数据采集器设备，把需要盘点的商品信息导入采集器中，然后利用盘点机扫描商品条码，显示相应的信息，盘点人员根据实际数量录入采集，最后导入系统管理软件比对，生成盘盈盘亏单。

（三）盘点内容

1. 货物数量，通过点数计数查明商品在库的实际数量，核对库存账面资料与实际库存数量是否一致。

2. 货物质量检查，在库商品质量有无变化，有无超过有效期和保质期，有无长期积压等现象，必要时还必须对商品进行技术检验。

3. 保管条件检查，保管条件是否与各种商品的保管要求相符合。如堆码是否合理稳固，库内温度是否符合要求，各类计量器具是否准确等。

4. 库存安全状况检查，各种安全措施和消防、器材是否符合安全要求，建筑物和设备是否处于安全状态。

（四）盘点目的

店铺在营运过程中存在各种损耗，有的损耗是可以看见和控制的，但有的损耗是难以统计和计算的，如偷盗、账面错误等。因此需要通过年度盘点来得知店铺的盈亏状况。

通过盘点，一来可以控制存货，以指导日常经营业务；二来能够及时掌握损益情况，以便真实地把握经营绩效，并尽早采取防漏措施；三是核实管理成效。

具体来说，盘点可以达到如下目标：

1. 店铺在本盘点周期内的亏盈状况。

2. 店铺最准确的目前的库存金额，将所有商品的电脑库存数据恢复正确。

3. 查明损耗较大的营运部门、商品大组以及个别单品，以便在下一个营运年度加强管理，控制损耗。

4. 发掘并清除滞销品、临近过期商品，整理环境，清除死角。

二、盘点的原则和方式

（一）盘点的原则

1. 真实。要求盘点所有的点数、资料必须是真实的，不允许作弊或弄虚作假，掩盖漏洞和失误。

2. 准确。盘点的过程要求是准确无误，无论是资料的输入、陈列的核查、盘点的点数，都必须准确。

3. 完整。所有盘点过程的流程，包括区域的规划、盘点的原始资料、盘点点数等，都必须完整，不要遗漏区域、遗漏商品。

4. 清楚。盘点过程属于流水作业，不同的人员负责不同的工作，所以所有资料必须清楚，人员的书写必须清楚，货物的整理必须清楚，才能使盘点顺利进行。

5. 团队精神。盘点是全店人员都参加的营运过程。为减少停业的损失，加快盘点的时间，超市各个部门必须有良好的配合协调意识，以大局为重，使整个盘点按计划进行。

一般是每月对商品盘点一次，并由盘点小组负责各店铺的盘点工作。为了确保商品盘点的效率，应坚持三个原则：

1. 售价盘点原则。即以商品的零售价作为盘点的基础，库存商品以零售价金额控制，通过盘点确定一定时期内的商品溢损和零售差错。

2. 即时盘点原则。即在营业中随时进行盘点，“停止营业”以及“月末盘点”并不一定才是正确的盘点，超市（尤其是便利商店）可以在营业中盘点，且任何时候都可以进行。

3. 自动盘点原则。即利用现代化技术手段来辅助盘点作业，如利用掌上型终端机可一次完成订货与盘点作业，也可利用收银机和扫描器来完成盘点作业。

（二）盘点的方法

1. 抽样盘点。由审查单位或其他管理单位所发起的突击性质的盘点，目的在对仓储管理单位是否落实管理工作进行审核。抽样盘点可针对仓库、料件属性、仓库管理员等不同方向进行。

2. 临时盘点。因为特定目的对特定料件进行的盘点等。

3. 年终（中）盘点。定期举行大规模、全面性的盘点工作，根据相关的规定，一般企业每年年终应该实施全面的盘点，上市公司部分在年中还要实施一次全面的盘点。

4. 循环盘点。采用信息化管理的企业，为了确保料账随时一致，将料件依照重要性区分成不同等级后赋予不同循环盘点码，再运用信息工具进行周期性的循环盘点。

二、盘点的流程

（一）盘点计划

一般而言，盘点计划多在复盘日期的一个月前就要具体拟订而且发布。比如预定6月26日到6月30日为复盘（一般人所称的“大盘点”，就专指复盘而言），那么5月31日前就要确立盘点计划。这样才可以要求仓库人员做好预盘，以待复盘的完善执行；也同时要求生产现场，在复盘的多少天以前，调整生产作业，渐渐达成“净空”水准，以利盘点（因为“在制品”是最不容易“计价”的）。

（二）盘点时间的确定

决定盘点时间时，既要防止过久盘点对公司造成的损失，又要考虑配送中心资源有限、商品流动速度较快的特点，在尽可能投入较少资源的同时，要加强库存控制，可以根据商品的不同特性、价值大小、流动速度、重要程度来分别确定不同的盘点时间，盘点时间间隔可以从每天、每周、每月、每年盘点一次不等。如A类主要货品每天或每周盘点一次；B类货品每两三周盘点一次；C类不重要的货品每月盘点一次即可。另外必须注意的问题是，每次盘点持续的时间应尽可能短，全面盘点以2～6天内完工成为佳，盘点的日期一般会选择在：

1. 财务结算前夕。通过盘点计算损益，以查清财务状况；

2. 淡季进行。因淡季储货较少，业务不太繁忙，盘点较为容易，投入资源较少，且人力调动也较为方便。

（三）盘点及账务处理

超市与便利商店由于商品种类繁多，各类商品的实际成本计算有一定的困难，所以一般采用“零售价法”来进行账面盘点。

其计算公式是：账面金额 = 上期库存零售额 + 本期进货零售额 – 本期销售金额 + 本期调整变价金额。此外还需注意以下问题。

1. 各店铺必须做好盘点前的清账工作，对有单无货、有货无单等情况应及时查明原因，保证在盘点前完成账务处理，做到账账、账单相符。

2. 各店铺财务人员应于盘点前做出进销存报表，并对变价、报损单据汇总结账。

3. 盘点当天的营业额应全部结清，销货单据应全部入账。

4. 到期不能退货，商品全部报损。

（四）盘点人员的安排与培训

1. 盘点人员的安排。

（1）各部门除必需的留守人员外，所有人员均应参加年度盘点，包括行政部门等，必须支援楼面进行盘点。

（2）盘点前 1 个月，各个部门将参加盘点的人员进行排班，盘点前 1 周，原则上取消年假休息，盘点当日应停止任何休假。

（3）各个部门将参加盘点的人员报盘点小组，必须注明哪些是点数人员，哪些是录入人员。

（4）盘点小组统一对全店的盘点人员进行安排，分库存区盘点人员，陈列区盘点人员。

（5）盘点小组安排盘点日陈列区的人员时，各个分区小组中必须包括本区营运部门的经理、主管、熟练员工，其中经理任本分区内设置的分控制台台长。

（6）盘点小组在每一个分区小组的人员安排中，必须明确初点录入人员、点数人员、复点录入人员、点数人员等。

2. 对盘点人员的培训。盘点小组在成立后，必须制定详细的盘点计划，包括对盘点小组人员的培训、盘点管理层的培训、点数员工的培训、输入员工的培训等。建立培训档案，进行盘点培训的考核，要求所有参加盘点的人员均须通过考核。

盘点培训的具体内容主要有盘点表使用的培训和盘点点数的培训。

（五）盘点的环境准备

1. 盘点前对已验收入库的商品进行整理归入储位，对未验收入库属于供货商的商品，应区分清楚，避免混淆；对残次品，应进行清理、归类放齐；对退货商品应及时处理，暂无法退货的应进行标识；对赠品，则进行清理并单独存放加以标识。

2. 盘点场关闭前，应提前通知，将需要出库配送商品提前做好准备；

3. 账卡、单据、资料均应整理后统一结清，以便及时发现问题并加以预防；

4. 预先鉴别变质、损坏商品，及时从店铺中清理出报废品。对储存场所堆码的货物进行整理，特别是对散乱货物进行收集与整理，以方便盘点时计数。在此基础上，由商品保管人员进行预盘，以提前发现问题并加以预防。

5. 整理内仓、货架上的商品陈列。

6. 清除店铺内的死角。

（六）盘点表抄写、复查及编号

1. 各店铺陈列员应于盘点前1天按S型抄表法抄好一式三份的盘点报表。

2. 各店铺盘点负责人或组长、处长应对已抄好货架、内仓、堆装、端头陈列、精品柜、收银台周围的商品进行品名、规格、单价、保质期限等项目的复查，注意重箱、空箱的漏抄、重抄现象。

3. 对已抄好盘点表后的到货商品，应于盘点当天单独抄表，并注明附在所属大类中。

4. 店铺处长应对抄好的盘点表进行编号，并分出A、B、C表。

（七）盘点工具准备

1. 对盘点所需的各类可重复使用的工具，由营运部负责一次配齐，各店铺盘点负责人在盘点开始前发给盘点人员，盘点结束后负责收回保管，以后不应无故动用、增加。

2. 属正常损耗的盘点工具缺失，可由店铺盘点负责人提出申请后由营运部补发。

3. 常见盘点工具：若使用盘点机盘点，需先检查盘点机是否可正常操作；如采用人员填写方式，则需准备盘点表及红、蓝色圆珠笔。

（八）停业通告及厂商通告

1. 若因特殊情况，确需进行停业盘点的，应由店铺店长提出申请经总经理批准后进行，盘点前应在店外张贴停业通告。

2. 盘点前各有关部门应及时通知送货厂商在盘点前1天不宜送货。

（九）盘点过程

1. 预盘。预盘不限于仓库人员，而应该扩大到生产现场，因为生产现场难免仍有在制品，原则上，半成品、余料以及成品，在盘点前最好已经回缴仓库（但有些工厂则仍留在现场待盘点），当然也在一些“生产器具同样要盘点”。此外，采购与托外加工主办人员也不可能置身事外，因为很可能仍有一些模具等生产器具在外。当然，也有一些料品送出托外加工，仍留在托外工厂内，这也是我方的资产，同样列入盘点范围。预盘一般可分为以下三类：

（1）传统的表单盘点。在预盘阶段，首先由盘点主持人以计算机或会计部门的“永续盘存账”为基准做出“预盘明细表”，交给仓库（或现场等直接责任对象），要求依之“点”出应有数量，同时依新储位整顿存置定位，挂上盘点单，记录预盘有关字段，并把预盘结果（包括盘盈，盘亏的差异）呈报盘点主持人。也可以由盘点主持人直接做出“盘点单”交给预盘主办者，而不用“预盘明细表”。

盘点主持人除了要稽核预盘进行实况之外，仍要针对预盘的差异状况进行分析与调查，并采取补救措施。

依据“预盘明细表”，仓库人员在预盘阶段逐一清点，再挂上“盘点单”，是最合理的方式。

（2）数据采集器（盘点机）的盘点。使用数据采集器（盘点机）的前提条件是所有货品都必须有条码，一个条码唯一地代表了一种货品，条码重复和没有条码都是不行的。盘点机就是通过扫描条码来对货品进行清点的。将货物条码导入数据采集器（盘点机），而后经数据采集器（盘点机）整理导出为一个文档，此文档即相当于传统盘点的盘点单，之后的复盘也可据此文档进行复查。

（3）无线扫描枪（有线条码扫描器 + 无线条码适配器）的盘点。传统的扫描枪跟数据采集器（盘点机）的盘点方式很相近，主要的区别在于前者自身不带内存，只是实现即时传输，连接上电脑后，扫描所得的数据直接显示在光标定位的地方。后者自身就有内存，可以在不连接电脑的情况下工作，所以与电脑的距离不受限制。扫描所得的数据是首先存储在采集器的内存里面的，然后通过传输底座将数据传输上电脑实现批处理。

目前出现了一种新的盘点方案，那就是将传统的有线扫描枪升级为无线枪，再配合电脑端、手机端等的使用，以实现实时的数据传输和信息汇总。

2. 复盘。预盘既已完成就绪，就可进入复盘阶段。复盘工作多由盘点主持人指派与被盘点部门权责比较不相干的部门人士所担任。

复盘工作较为单纯，是根据预盘阶段的“盘点单”去复查，一般是采取“抽样”详查、每项全盘的观念。复盘者可以要求被盘者逐项将料品卸下，深入清点，再记入实际状况，填入“复盘”有关字段内。平常是撕下“盘点单”一联，回报予盘点主持人。

3. 盘点具体操作过程。

（1）盘点表的 A 表一般由该大类的陈列员自行盘点，A 表盘完后，由店铺盘点负责人安排非直接责任人盘 B 表，B 表盘点应与 A 表错开。

（2）B 表盘点过程中记录、点数、复核人员应在盘点表上签上全名。

（3）B 表盘点完毕后上交到店铺盘点负责人处，店铺盘点负责人应以 B 表为基准，核对 A、B 表的商品实存数，检查不相符的应立即安排盘 A、B 表人员同时复盘，核清准确数据后，填入 C 表。

（4）C 表完成后，由店铺盘点负责人、总部监盘人签字确认交给输表员，及时登录并打印收银单粘贴于 C 表上并签字确认。

（5）应对 C 表输入完毕得出结果需复查一次，确认无误后统计出店铺实际库存额，不应擅自涂改原盘点表。

（6）各店铺、配货中心均应以商品零售价进行盘点核算，加工部以进价进行盘点核算。各店铺财务人员应在盘点结束后 4 天内将汇总计算完毕的盘点报表报送有关部门。

注：当天营业额处理：盘点当天的营业额应全部结清，销货单据应全部入账。

4. 监盘规定。

（1）总部盘点小组负责组织人员对部分店铺盘点实行重点监查；

（2）监盘人员具体指导盘点工作，制止和纠正盘点工作中出现的失误；

（3）对内仓、精品柜进行全面复盘，货架商品抽查率应在 20% 以上；

（4）分析库存结构、指出库存结构的不合理之处，出具书面总结报告。

5. 盘点报告和商品检查。

（1）盘点报告。各店铺盘点负责人和财务人员在盘点结束后及时总结盘点全过程，填写有关盘点报告，出具书面盘点总结；盘点报告上所列内容应填写齐全、清晰明了，不应随意省略，涂改和出现串行、漏行。

盘点报告一般由财务人员、店铺盘点负责人、盘点小组成员共同签字确认后上交有关部门。

（2）商品检查。盘点过程中发现不合规定要求及近保质期的商品应及时处理、上报，按采购部有关要求在盘点表上记录。

6. 盘后整理工作。

（1）商品整理：将货架上因盘点时排列的商品按照原先的陈列方式或陈列原则进行整理。

（2）环境整理：对环境进行清洁、清扫工作。

7. 查清差异原因。盘点会将一段时间以来积累的作业误差，及其他原因引起的账物不符暴露出来，发现账物不符，而且差异超过允许误差时，应立即追查产生差异原因。

一般而言，产生盘点差异的原因主要有如下几个方面：

（1）记账员素质不高，登录数据时发生错登、漏登等情况；

（2）账务处理系统管理制度和流程不完善，导致货品数据不准确；

（3）盘点时发生漏盘、重盘、错盘现象，导致盘点结果出现错误；

（4）盘点前数据数据未结清，使账面数不准确；

（5）出入作业时产生误差；

（6）由于盘点人员不尽责导致货物损坏、丢失等后果。

8. 盘点结果处理。查清原因后，为了通过盘点使账面数与实物数保持一致，需要对盘点盈亏和报废品一并进行调整。除了数量上的盈亏，有些商品还将会通过盘点进行价格的调整，这些差异的处理，可以经主管审核后，用更正表进行更正。

9. 盘点处理。

（1）盘点盈亏责任。对店铺（配货中心）已进行账务处理的报废、残次品（含在途商品损失、有质量问题无法退货的商品）的金额应计入盘点盈亏。

（2）盘亏原因。

- 商品损溢的原因

①进货工作中出现的差错。主要由于验收时不认真、不全面造成的。

②外界条件对商品的影响。商品从购进到销售，经过运、存、整理、挑选、分级、称量等多道环节，会发生各种损耗。

③机械对商品的影响。在装卸、搬运、堆码中，受碰撞、挤压而发生残损和短少，如渗漏、散包、变形、破损等。

- 出现差错的原因。

①销售工作中出现的差错和长短款。

②报表凭证中的差错。

③盘点过程中出现的差错。如漏盘、溢盘、串号、盘点数字不实、计算不准、计量单位折算差错等。

④各种盗窃的暗损失。

（3）避免出现盘点盈亏的方法。盘点盈亏根本表现在商品的损溢，其归根结底是由于员工平时工作疏忽、责任心不强、不严格按照规程操作造成的。因此，要避免盘点中大的盈亏差错，必须加强全员的责任心培养与业务技术的提升。

任务二
商品的库存管理

背景

某小型企业拥有12项库存品，各种库存品的年需要量、单价如表10－1所示，为了加强库存品的管理，企业计划采用ABC库存管理法。假如企业决定建立ABC库存分析系统。

表10－1　　商品库存表

库存品名称	年需求量（kg）	单价（元）	金额（元）
1	8 000	9	72 000
2	95 000	8	760 000
3	5 000	3	15 000
4	50 000	4	200 000
5	1 000	11	11 000
6	125 000	5	625 000
7	20 000	5	100 000
8	20 000	8	160 000
9	5 000	5	25 000
10	2 500	7	17 500
11	6 000	5	30 000
12	5 000	4	20 000
合计			2 035 500

请问：对“背景”中的各种商品，企业应如何进行分类？

学习目标

理解商品库存及库存管理的概念；掌握ABC分类法的原理；熟悉库存控制的方法。

基础知识与技术

一、库存管理概述

库存是指在仓库中处于暂时停滞状态、用于未来的、有经济价值的物资。库存管理又称库存控制，是对制造业或服务业生产、经营全过程的各种物品、产成品以及其他资源进行管理和控制，使其储备保持在经济合理的水平上。库存控制是仓储管理的一个重要组成部门。

它是在满足顾客服务要求的前提下通过对企业的库存水平进行控制，力求尽可能降低库存水平、提高物流系统的效率，以提高企业的市场竞争力。

库存的合理控制应注意如下方面：

1. 库存量过大所产生的问题。增加仓库面积和库存保管费用，从而提高了产品成本；占用大量的流动资金，造成资金呆滞，既加重了货款利息等负担，又影响资金的时间价值和机会收益；造成产成品和原材料的有形损耗和无形损耗；造成企业资源的大量闲置，影响其合理配置和优化；掩盖了企业生产、经营全过程的各种矛盾和问题，不利于企业提高管理水平。

2. 库存量过小所产生的问题。造成服务水平的下降，影响销售利润和企业信誉；造成生产系统原材料或其他物料供应不足，影响生产过程的正常进行；使订货间隔期缩短，订货次数增加，使订货（生产）成本提高；影响生产过程的均衡性和装配时的成套性。

二、ABC 分类库存管理法

（一）ABC 分类法概述

ABC 分析方法的核心思想：在决定一个事物的众多因素中分清主次，识别出少数的但对事物起决定作用的关键因素和多数的但对事物影响较少的次要因素。它是根据事物在技术或经济方面的主要特征，进行分类排队，分清重点和一般，从而有区别地确定管理方式的一种分析方法。由于它把被分析的对象分成 A、B、C 三类，所以又称为 ABC 分析法。

（二）ABC 分类法的原理

ABC 库存管理方法运用数理统计的方法，对库存货物进行分类。ABC 分类法是根据库存品的年占用金额的大小，把库存品划分为 A、B、C 三类，分别实行重点控制、一般控制、按总额控制的存货管理方法。其中，A 类存货的年占用金额占总库存金额的 60% ~80%，其品种数却只占总库存数的 5% ~15%；B 类存货的年占用金额占总库存金额的 20% ~30%，其品种数却只占总库存数的 20% ~30%；类存货的年占用金额占总库存金额的 5% ~15%，其品种数却只占总库存数的 60% ~80%，见图 10 - 1。

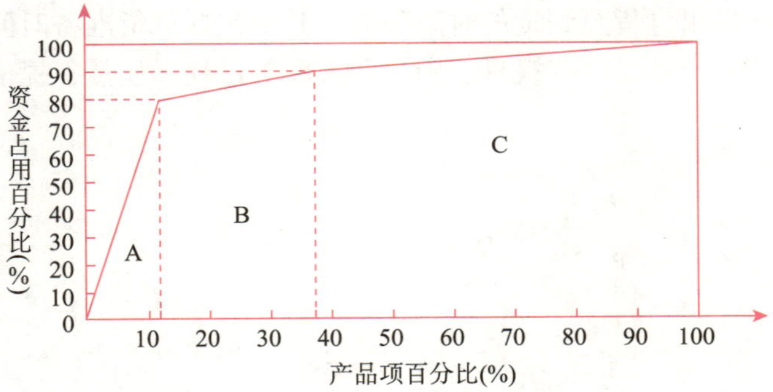

图 10 - 1 ABC 分类法

（三）ABC 三类存货的确定步骤

1. 列出企业全部存货的明细表，计算各种库存品的年占用金额。

2. 将库存品按年占用金额从大到小进行排列。

3. 计算各种库存品年占用金额与全部库存金额的比例，并进行累计。

4. 按照 ABC 分类的基本原理进行分类，确定 A、B、C 三类存货。当金额百分比累计到 70% 时，视为 A 类；介于 70% ~90% 之间视为 B 类；其余视为 C 类。

5. 绘制 ABC 分类图。以库存品种数百分比为横坐标，以累计占用金额百分比为纵坐标，在坐标图上取点，并连接各点，绘成 ABC 曲线。

（四）ABC 三类存货库存的控制

ABC 分类法的原理：分清关键的少数和次要的多数，重点问题重点处理，兼顾一般。

1. A 类存货库存控制策略。对于 A 类存货可以不设安全库存或设置少量安全库存，严格进行管理，严密控制库存，连续检查盘点。确定每个品种的经济订货量、保险储备量，防止缺货。

2. B 类存货库存控制策略。对于 B 类存货可以设一定比例的安全库存，一般控制，定期进行检查盘点。原则上要求计算经济订货量、保险储备量，将若干个物品合并一起订购。

3. C 类存货库存控制策略。对于 C 类存货可以设置较多的安全库存，批量进货，隔较长时间检查一次。不必专门计算存货量，可适当增加每次订货量，实行简易控制。

三、库存控制分类

库存控制系统都必须解决三个问题：隔多长时间检查一次库存量？何时提出补充订货？每次订多少？针对以上问题的解决方式，主要分为两种典型的库存控制系统。

（一）定量控制系统

定量订货控制法是指当库存量下降到预定的最低库存量（订货点）时，按规定数量（一般以经济批量 EOQ 为标准）进行订货补充的一种库存控制方法。

定量库存控制系统就是订货点和订货量都是固定量的库存控制系统，如图 10－2 所示。当库存量下降到订货点 Q_K 时，即库存控制系统就会按预先确定的订购量 Q 向供应厂家发出订货，经过交纳周期订货期（订货至到货间隔时间）T_{K1}，库存量继续下降，到达安全库存量 Q_S 时，收到订货 Q，库存水平上升 B。

订货提前期是从发出订货至到货的时间间隔，其中包括订货准备时间、发出订单、供方接受订货、供方生产、产品发运、提货、验收和入库等过程。显然，提前期一般为随机变量（见图 10－2）。

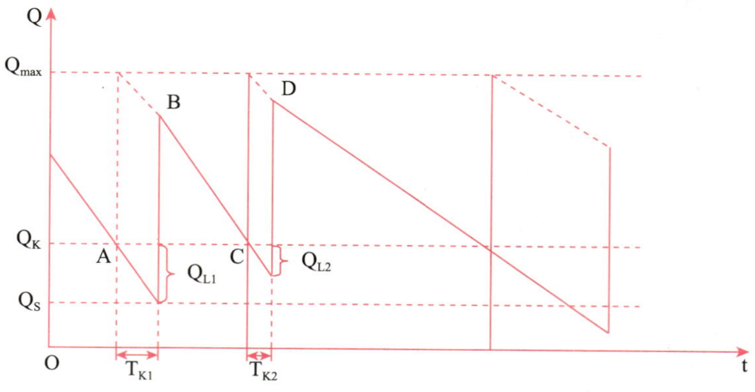

图 10－2 定量控制的运行模型

要发现现有库存量是否到达订货点 Q_K，必须随时检查库存量。固定量系统需要随时检查库存量，并随时发出订货。这样，增加了管理工作量，但它使得库存量得到严密的控制。因此，固定量系统适用于重要物资的库存控制。

为了减少管理工作量，可采用双仓系统。所谓双仓系统是将同一种物资分放两仓（或两个容器），其中一个仓使用完之后，库存控制系统就发出订货。在发出订货后，就开始使用另一仓的物资，直到到货，再将物资按两仓存放。

（二）定期控制系统

固定批量的系统需要随时监视库存变化，对于物资种类很多且订货费用较高的情况，是很不经济的。固定间隔期的系统可以弥补固定批量系统的不足。

定期订货法是预先确定一个订货周期 T^* 和一个最高库存量 Q_{max}，周期性检查库存，发出订货。订货批量的大小应使订货后的“名义”库存量达到额定的最高库存量 Q_{max}，如图10-3所示。当经过固定间隔时间 T^* 之后，发出订货，这时库存量降到 C，订货量为 Q_2（$Q_{max}-Q_{K2}$）；经过一段时间（T_{K2}）到货，库存量增加 D；再经过固定间隔期 T^* 之后，又发出订货，这样周期性地进行下去。

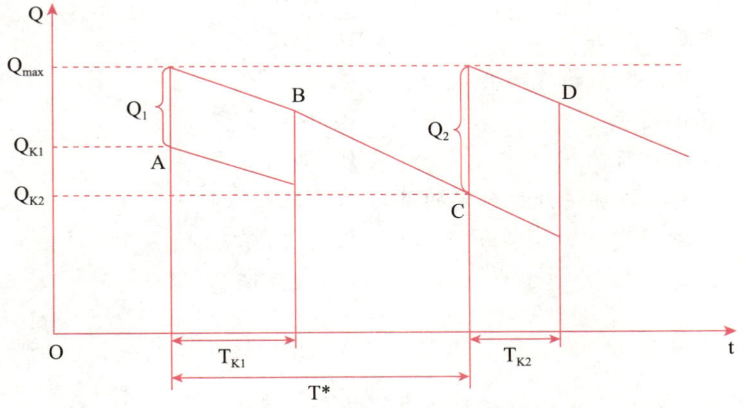

图10-3　定期控制的运行模型

固定间隔期系统不需要随时检查库存量，到了固定的间隔期，各种不同的物资可以同时订货。这样，既简化了管理，也节省了订货费。不同物资的最高水平 Q_{max} 可以不同，固定间隔期系统的缺点是不论库存水平 C 降得多还是少，都要按期发出订货，当 C 很高时，订货量是很少的。

习题与训练

△ 名词解释

盘点　库存　库存管理

△ 选择题

○ 单项选择题

(1) 商品盘点的分类有（　　）盘点、盘点机盘点。

A. 手工　　B. 电脑

C. 扫描器　　D. 采集器

(2) ABC 分类法中的 A 类是库存管理的（　　）。

A. 重点　　B. 一般

C. 多数　　D. 次要

(3) 定量库存控制系统的订货（　　）是固定的。

A. 批量　　B. 时间

C. 库存　　D. 提前期

○ 多项选择题

(1) 商品盘点的方式有（　　）。

A. 定期　　B. 临时

C. 季度　　D. 年度

(2) 库存控制的作用有（　　）等。

A. 保证需求　　B. 库存合理

C. 适量订货　　D. 降低费用

(3) 定期订货法预先确定的是（　　）。

A. 订货周期　　B. 最高库存量

C. 订货点　　D. 订货批量

△ 判断题

(1) 定期盘点是一种对仓库存货的全面盘点。（　　）

(2) 库存量过大或过小都会产生的问题。（　　）

(3) 定量库存控制系统是订货点和订货量都是固定量的库存控制。（　　）

△ 简答题

(1) 什么是盘点？盘点有几种类型？

(2) 盘点的方法和程序有哪些？

(3) 什么是库存？什么是库存管理？

(4) ABC 分类法的基本原理是什么？

(5) 库存控制的方法主要有哪些？

△ 论述题

(1) 试述盘点的目的。

(2) 论述商品库存的合理化。

△ 案例分析

家乐福库存商品管理模式

在库存商品的管理模式上，家乐福实行品类管理（Category Management）来优化商品结构。一个商品进入之后，会有POS机实时收集库存、销售等数据进行统一的汇总和分析，根据汇总分析的结果对库存的商品进行分类。运用ABC法对物料分类管理。“家乐福”根据流量大、移动快速，流量始终不变以及流量低、转移速度慢三种情况把物料分为A、B和C三类。这就有助于管理部门为每一个分类的品种确立集中的存货战略。然后，根据不同的商品分类拟订相应的库存计划模式，对于各类型的不同商品，根据分类制定不同的订货公式的参数。根据安全库存量的方法，当可得到的仓库存储水平下降到确定的安全库存量或以下的时候，该系统就会启动自动订货程序。

问题：你从家乐福对库存商品管理的模式上得到什么启示？

分析要求：学生分析案例提出的问题，拟出《案例分析提纲》；小组讨论，形成小组《案例分析报告》；班级交流，教师对各小组《案例分析报告》进行点评。

11 项目十一 商品养护管理

案例导入

苹果是我国四大水果之一，它果味芳香、甜酸爽口，可以增进食欲、促进消化，有非常好的保健作用。苹果还含有丰富的营养物质，它不仅含糖量高，还含有各种维生素，容易被人体吸收利用。要保证一年四季均有新鲜苹果上市，需要做好苹果储存期间的养护工作。

苹果在1℃贮藏比在4℃～5℃贮藏时寿命要延长一倍，但贮藏温度过低，可引起果实冻结或生理失调，也会缩短贮藏寿命。由于苹果富含水分，如果空气相对湿度低，就会散失水分，从而影响苹果的质量。

问题与思考：

1. 苹果应怎样保存？
2. 在储运过程中如何做好商品的保养和维护工作？

任务一 储运商品质量变化及其因素认知

背景

商品从生产到消费的整个流通过程中，或长或短总会有一次至几次停留，即称之为储存。商品在储存期间，表面看起来堆码得整整齐齐，一动不动，貌似处于静止状态，实际每时每刻处于运动状态。这种运动不仅表现在电子围绕原子核飞速运转的微观运动上，同时表现在本质改变、形态改变的宏观运动上，如食盐结块、糖果变形、肥皂开裂、橡胶发粘、塑料变脆、土豆发芽、水果腐烂等。许多商品在存放过程中，因为这样或那样的原因，都会发生一系列的变化。

请问：“背景”中的商品为什么会发生变化？主要原因有哪些？

学习目标

理解商品养护的概念；明确商品在储存中容易发生的质量变化；理解商品质量变化的原因。

基础知识与技术

商品养护是商品在储运过程中所进行的保养和维护。从广义来说，商品离开生产领域，在进入消费领域之前，这一段过程的保养与维护都称为商品养护。

商品只能在一定的时期内，一定的条件下，保持其质量的稳定性。商品经过一定的时间，则会发生质量变化，这种情况在运输和储存过程中都会出现。因此，根据商品容易破碎、腐烂和爆炸的相对程度不同，在储运上需要采取不同的防治措施。商品养护是一项非常复杂的技术性工作，在商品养护过程中，应贯彻以防为主，防重于治的方针。

一、储运商品的质量变化

在商品储运过程中，商品可能发生质量变化的类型可以概括为物理变化和化学变化。

（一）储运商品的物理变化

商品的物理变化，是指仅仅改变商品本身的外部形态，不改变商品性质的变化。

1. 储运商品的一般物理变化。

（1）挥发。挥发是低沸点的液体商品或经液化的气体商品在空气中经汽化而散发到空气中的现象。具有挥发性的液态商品，一般其表面分子都比较活跃，能不断地散发到空气中去。液态商品的挥发，不仅会造成商品数量减少，其商品质量也会降低，例如，各种香水中的香精受热易挥发，结果香水质量降低。而且有些商品挥发出来的气体（如乙醚、丙酮）还会影响人体健康，甚至发生燃烧或爆炸事故。

在一般情况下，商品中易挥发成分的沸点越低，气温越高，空气流速越快，接触空气表面积越大，挥发的速度就越快；反之，则慢。因此，对易挥发的低沸点的液态商品，如汽油、白酒、氨水、松节油、花露水、香水，以及文化用品中的涂改液等，应特别注意其包装容器的严密和严格控制仓库温度，保持在低温条件下储存，并要经常检查，防止事故的发生。

（2）溶化。溶化是某些具有较强吸湿性和水溶性的晶体、粉末状或膏状的商品吸收潮湿空气或环境中的水分至一定程度后溶解的现象。常见易溶化的商品有食品中的食盐、食糖、糖果等；化工商品中的明矾、氯化镁、硫代硫酸钠、氯化钙等；化肥中的氮肥及某些医药中的制剂等。

一般情况下，气温和相对湿度越高，这类商品越容易溶化。所以这类商品在储运过程中应避免其防潮包装受损，也不能与含水量大的商品混存，要保持储运环境的干燥凉爽，堆码也不宜过高，以防止压力过大而加速商品溶化流失。对这类商品还可采用密封的方法进行存放保管。

（3）熔化。熔化是指某些低熔点的固体商品在温度较高时，发生变软变形甚至熔融为液体的现象。易发生熔化的商品有：化妆品中的香脂、蛤蜊油、发蜡等；医药商品中的油膏类、胶囊、糖衣片等；化工商品中的松香、石蜡等。商品熔化的结果，有的会造成商品流失；有的会浸入包装，使商品和包装粘连在一起；有的商品产生体积膨胀，胀破包装；有的可能玷污其他商品；有的甚至因商品软化致使货垛倒塌，造成损失。

造成商品熔化的内在因素是商品成分熔点较低和易熔商品中含有某些杂质，其外界因素是日光直射和气温较高。所以这类商品在储运中应控制较低的温度，采用密封和隔热措施，防止日光照射，尽量减少温度的影响，特别是在炎夏季节，还要根据情况，适当采取降温措施。

（4）脆裂、干缩。某些商品在干燥空气中或经风吹过后，会出现脆裂或干缩现象。如纸张、皮革及其制品、木制品、糕点、水果、蔬菜等。商品的脆裂、干缩能导致商品质量严重降低，也会给储存、运输和销售部门带来很大不便，所以存储这类商品，应控制环境的相对湿度，防止日晒、风吹，使其含水量保持在合理范围内。

（5）渗漏。渗漏是指液体商品，特别是易挥发的液体商品，由于包装容器不严密，包装质量不符合商品的性能要求，包装内液体商品或受热或结冰膨胀或搬运装卸等原因而使包装破损所发生的外漏现象。商品的渗漏不但会造成商品流失，而且还会造成严重的空气和环境污染。所以对这类商品的储运，应加强交接验收，定期检查以及环境温湿度控制和管理。同时，木质容器要防止干燥干裂，金属容器要注意防潮防锈。另外，还要根据商品的特性，做好防高温或防冻工作。

（6）串味。串味是指吸附性较强的商品吸附其他气味、异味，从而改变商品本来气味的现象。具有吸附性、容易串味的商品，主要是它的成分中含有胶体物质，以及疏松、多孔性的组织结构。常见的容易串味的商品有：大米、面粉、木耳、食糖、饼干、茶叶、卷烟等。常见的引起其他商品串味的商品有：汽油、煤油、腌鱼、腌肉、樟脑、卫生球、肥皂、化妆品以及农药等。

预防商品的串味，应对易被串味的商品尽量采取密封包装，在储存和运输中不得与有强烈气味的商品同车、船装运或同库储藏，同时还要注意运输工具和仓储环境的清洁卫生。

（7）沉淀。沉淀是指含有胶质和易挥发成分的商品，在低温或高温等因素影响下，引起部分物质的凝固，进而发生沉淀或膏体分离的现象。常见的商品有墨汁、墨水、牙膏、雪花膏等，饮料、酒等在仓储中，离析出纤细絮状的物质，而发生混浊沉淀的现象。预防商品的沉淀，应根据不同商品的特点，防止阳光照射，做好商品冬季保温工作和夏季降温工作。

（8）玷污。玷污是指商品外表有其他污物，染有其他污秽的现象。商品玷污，主要是生产、储运中卫生条件差以及包装不严所致。对一些外观质量要求较高的商品，如绸缎呢绒、针织品、服装等要注意防玷污，精密仪器、仪表也要特别注意。

2. 储运商品的机械变化。商品的机械变化是指商品在外力作用下，发生形态变化。商品在搬运、装卸和堆码时，往往受到外力的碰撞、摩擦和挤压等机械作用而发生形态的变化，也叫机械损伤。

商品机械损伤形式，主要有破碎、散落、变形等。例如，玻璃、陶瓷制品等在受到碰、撞、挤、压和抛掷会破碎。搪瓷制品会掉瓷；金属制品会变形或压瘪；皮革制品受压变形后，影响美观；有的商品，由于包装不严，易造成脱落散开等。商品的机械损伤，有时会造成数量损失，有时会使质量发生变化，甚至完全失去使用价值。因此对于容易发生破碎和变形的商品，在储运过程中要轻拿轻放，避免高温、曝晒、撞击、湿度过大、重压，并保持包装完整。

（二）储运商品的化学变化

储运商品的化学变化与物理变化有本质的区别，化学变化是构成商品的物质发生变化后，不仅改变了商品的外表形态，也改变了商品的本质，并且有新物质生成，且不能恢复原状的变化现象。商品化学变化过程即商品质变过程，严重时会使商品失去使用价值。商品在储运过程中的化学变化，主要有一般化学变化、生理生化变化和生物学变化。

1. 储运商品的一般化学变化。储运商品常见的一般化学变化有分解、水解、氧化、聚合、老化、腐蚀等。

（1）分解。分解是指某些化学物质不稳定的商品，在光、热、酸、碱、潮湿空气等作用下，会发生化学分解的现象。分解不仅使商品的数量减少，质量降低，而且还会使其完全失效，有时产生的新物质还有危害性。例如用作漂白剂和杀菌剂的双氧水，在常温下缓慢分解，在高温下则迅速分解，生成氧气和水，此时双氧水失去了效用，氧气若遇到强氧化性物质还会发生燃烧或爆炸。

（2）水解。水解是指某些商品在一定条件下（如酸性或碱性条件）与水作用而发生的分解反应的现象。各种不同的商品，在酸或碱的条件下，发生水解的情况也不一样。例如，棉纤维在酸性溶液中，特别是在强酸的溶液中，易于水解，使纤维的大分子链断裂，分子量降低，从而大大降低了纤维的强度，棉纤维在碱性溶液中却比较稳定。羊毛纤维在碱性溶液中容易分解，而在酸性溶液中却比较稳定。因此，商品在储运中应尽量避免使商品发生变化所需的外部条件，尤其是不能与酸性或碱性商品混存。

（3）氧化。商品与空气中的氧或其他氧化性物质接触会被氧化的现象。商品的氧化，不仅会降低商品质量，有时还会在氧化过程中产生热量，发生自燃，甚至发生爆炸事故。易于氧化的商品种类很多，例如，某些化工原料中的亚硝酸钠、亚硫酸钠、硫代硫酸钠、保险粉等，都属于易氧化的商品；棉、麻、丝等纤维织品，如长期与日光接触，会发生变色现象，这也是由于织品的纤维材料被氧化的结果。因此，对于上述这些商品在储运中应选择低温避光的条件，避免与氧接触，同时还要注意通风散热等，如有条件可在包装容器内放入脱氧剂。

（4）金属腐蚀。金属与周围环境（主要是空气）发生化学反应或电化学反应所引起的破坏现象，即为金属腐蚀。习惯上把金属在大气中，由于氧、水及其他物质的作用而引起的变色和各种各样的腐蚀，称为生锈或者锈蚀。

金属锈蚀，与金属自身的特点有密切关系，还与储运的环境因素有关，主要有环境空气湿度、温度及空气中有害物质等。环境空气潮湿，有害物质多，温度升高都会加速金属商品的锈蚀。

（5）老化。老化是某些以高分子化合物为主要成分的商品，如橡胶制品、塑料制品以及纤维（合成纤维）制品等，受日光、热和空气中氧等环境因素作用而失去原有优良性能，以致最后丧失其使用价值的化学变化。

在老化现象中，高分子材料变软、发粘是其降解的结果，变硬、发脆、龟裂、丧失弹性是其交联的结果。例如，橡胶制品在高温或烈日下曝晒，会变得发软、发粘而变质；塑料制品和合成纤维在日光、热和空气中的氧等因素作用下，会发生变色、发脆、强力降低等。因此，在储运这些商品时，要注意防止日光照射和高温，尤其是曝晒。

（6）燃烧和爆炸。一般把能发光发热的剧烈的化学变化过程叫做燃烧。爆炸是指物质自一种状态迅速地转变成另一种状态，并在瞬息间以机械功的形式放出大量能量的现象。

燃烧需要有可燃物质、助燃物质和具有一定的温度，三者缺一不可。多数可燃物质都是由碳、氢、氧组成，助燃物质属于氧化剂，一般指空气中的氧。各种可燃物质的着火点和燃烧时释放的热能不同，因此，可燃物质的燃烧需要维持一定的温度，才能保证燃烧的完全性。

在储运商品中，有磷、汽油、苯、油漆、赛璐珞、金属钠等易燃物品，有黑火药、雷管、导火索、爆竹等易爆物品。

2. 储运商品的生理生化变化。生化变化是指有生命活动的有机商品，在生长发育过程中，为了维持生命，本身所进行的一系列生理变化。如粮食、水果、蔬菜、鲜鱼、鲜肉、鲜蛋等有机商品，在储运过程中，受到外界条件的影响和作用，往往会发生这样或那样的变化，这些变化的形式主要有动植物食品商品的呼吸、后熟、发芽和抽苔、僵直、成熟和自溶等。

（1）呼吸。呼吸是活鲜食品最基本的生理活动。其本质是在酶的参与下进行的一种缓慢的生物氧化过程。

呼吸作用具有两种类型：一种是有氧呼吸，是指活鲜食品在储运中，为了维持生命需要，在体内氧化还原酶的作用下，其体内葡萄糖与吸入的氧发生氧化反应；另一种是缺氧呼吸，是指其体内葡萄糖在无氧或缺氧情况下的呼吸。

从上述两种呼吸类型可以看出，它们的呼吸基质是一样的，最终都是消耗了有机体内的营养成分并产生热量而降低商品质量。有氧呼吸产生的热量，部分用做活鲜食品生理活动的能量，部分释放到外界环境中，可使储藏环境的温度升高，加速活鲜食品的腐烂变质，同时还会促使霉腐微生物生长繁衍，这对维护储运的植物性活鲜食品如原粮、蔬菜、水果等质量是十分不利的。缺氧呼吸实质是酒精发酵，其最终产物是酒精和中间产物乙醛等，会破坏活鲜食品的组织，使其腐烂，如积累过多，还会引起活鲜食品细胞中毒，其后果比有氧呼吸更为严重。

呼吸作用进行得快慢，受其生物学特性（如种类、品种、成熟度、不同器官和组织以及不同的发育时期等）和外界环境条件（如湿度、空气成分、机械伤害和病虫害等）的因素影响。例如，蔬菜的呼吸强度以叶菜最高，果菜次之，块根菜和块茎最低。果实的呼吸强度以浆果最大，仁果次之，核果再次之，柑橘类较小。

（2）后熟。后熟是指瓜果、蔬菜等食品在脱离母株后继续其成熟过程的现象。瓜果、蔬菜等的后熟作用，能改进其色、香、味以及适口的硬脆度等食用性能。果品、瓜类、有些菜类等商品在脱离母体后，物质的积累被迫停止，但食品中的有机成分的合成—水解平衡更趋向于水解作用方向，呼吸作用更趋向于缺氧呼吸类型，使商品质量和生理特性发生一系列变化，而后逐渐达到使用成熟度。后熟对这类食品在色泽、香气、口味及口感等方面有明显的提高，食用质量也得以改进。香蕉、柿子、西瓜和甜瓜等，只有达到后熟时，才具备良好的食用价值。后熟作用完成后，商品则容易发生腐烂变质，难以继续储藏甚至失去食用价值。

（3）发芽和抽苔。发芽和抽苔是二年生的蔬菜（如马铃薯、葱头、大蒜等）在存储时经过休眠期后的一种继续生长的生理活动。发芽是蔬菜短缩茎上的休眠芽开始发芽生长，而抽苔则是短缩茎上生长点部位所形成的花茎生长的结果。发芽和抽苔主要发生在一些变态的根、茎、叶菜储存的后期，如马铃薯芽眼中休眠芽萌发，萝卜顶部抽苔等。发芽和抽苔的蔬菜，因大量的营养成分转向新生的芽或花茎，使这类食品组织细胞变得糠松、粗老或空心，失去原有的鲜嫩品质，并且不耐储存。

造成蔬菜发芽和抽苔的因素主要有高温、高湿、充足的氧气和日光照射等。因此储存这类蔬菜时，应将温度控制在5℃以下，相对湿度为80%～85%，采用避光以及气调储藏法等措施控制其休眠期，以延缓发芽和抽苔的时间。

（4）僵直。动物死亡之后，呼吸停止，依靠血液循环的肌肉供氧也随之停止，但这时肉中的各种酶仍未失活，一些酶催化的生化反应仍在进行，此时因无氧存在，糖原、葡萄糖的分解只能以无氧酵解的方式进行，其物为乳酸。这样使肉的pH值逐渐下降，原来使肌肉呈柔软状态的成分减少，其结果造成肌肉组织收缩，失去原有弹性和柔软性，肉质变得僵硬。处于僵直阶段的肉，弹性差，保水性也差，无鲜肉自然气味，烹好时不易煮烂，熟肉的风味也差，不宜直接食用。但僵直阶段的肉（鱼）其主要成分尚未分解，基本保持了原有的营养成分，适合直接冷冻储藏。

（5）成熟。当僵直阶段之后，肉中的水解酶开始活化，肌肉的pH值逐渐回升，适宜的pH使组织蛋白酶开始发挥作用，缓慢地分解肌肉中的蛋白质为小分子肽或氨基酸、核苷酸，这不仅使蛋白质结构松弛，同时也赋予肉一种特殊香味和鲜味。

继僵硬之后，肌肉组织变得比较柔软嫩化，具有弹性，切面富有水分，且有愉快香气和滋味，容易煮烂和咀嚼，食用性质改善的肉称之为“成熟肉”。变化过程称为“肉的成熟（或后熟）”。经过成熟的肉有下列特征：肉尸表面形成一层干膜，此干膜既可以防止其下层肉质干燥，又可防止外界微生物的侵入；肉的切面有肉汁流出；肉汤具特异的芳香气味；肉富有弹性；肉呈酸性反应。

（6）自溶。当肉的成熟作用完成后，肉的生物化学变化就转向自溶作用。自溶作用是肉腐坏作用的前奏。在自溶酶的作用下，肌肉中的复杂有机化合物进一步被分解为分子量低的物质过程称自溶。由于空气中的二氧化碳与肉中的肌红蛋白的相互作用，可使肉色泽变暗，弹性降低，处于自溶阶段的肉，虽尚可食用，但气味和滋味已大为逊色。而且随着自溶作用的进行，肉的pH值逐渐向中性发展，这就为各种细菌的繁衍创造了适宜的条件。实际上，肉在自溶阶段的后期，常伴随有细菌的活动，而且处于自溶阶段的肉，已不适合长期保存。

肉的自溶与外界温度条件有密切关系。当温度低时，自溶作用缓慢，当温度高时，自溶作用则加速进行。这主要是由于温度可以影响自溶酶的活性所致。所以，生鲜肉类、禽类和水产品，都需要在低温下存储。

3. 储运商品的生物学变化。是指有生命活动的有机商品，受到其他生物的作用而发生的化学变化。生物学变化的形式有霉变、发酵、腐败、虫蛀、鼠咬等。

（1）霉变。商品霉变是由于霉菌在商品上生长繁殖而导致的商品变质现象。霉菌是一种低等植物，无叶绿素，菌体呈丝状，主要靠孢子进行无性繁殖。空气中含有很多的肉眼看不到的霉菌孢子，商品在生产、储运过程中，它们落到商品表面，一旦外界温度、湿度适合其生长时，商品上又有它们需要的营养物质，就会生长菌丝。其中部分伏在商品表面或深入商品内部，有吸取营养物质排泄代谢产物的功能，称为营养菌丝；另一部分菌丝竖立于商品表面，在顶端形成子实体或产生孢子，称之为气生菌丝。菌丝集合体的形成过程，就是商品出现“长毛”或有霉味的变质现象。

在生产实践中，对霉菌的应用也很广泛。例如毛霉是制腐乳、豆豉等食品的重要菌种，也是药材、肉类、粮食、水果、蔬菜、糕点、香烟、鞋帽商品上经常发生的霉腐微生物，对商品的破坏性也很大。霉菌中对商品危害较大的除毛霉外，还有根霉、曲霉和青霉。

商品霉变的实质是霉菌在商品上吸取营养物质与排泄废物的结果。这是因为霉菌吸收营养时必然要分解商品体原有的成分，由此使商品内在质量受到不同程度的破坏；而霉菌代谢产物如色素、有机酸和其他有机物，又使商品污染上色，破坏其外观，产生难闻的霉味及毒素；同时，商品的组织结构由于其成分被分解和有机酸等代谢产物的作用，商品还会出现变糟、发脆或强度降低等变质现象。

微生物的生长繁殖，除需必要的营养物质外，还需要适宜的环境条件，主要受温度、湿度的影响，其次有渗透压、辐射、酸、碱、盐类的影响。

（2）发酵。发酵是某些酵母（尤其是野生酵母）和细菌所分泌的酶，作用于食品中的糖类、蛋白质而发生的分解反应。发酵分为两种，一种是正常发酵，它广泛应用于食品酿造业。例如：我国白酒的生产工艺概括起来有固态发酵工艺、半固态发酵工艺和液态发酵工艺。另一种是非正常发酵，即空气中的这些微生物在适宜环境条件下作用于食品而进行的发酵。常见的这类发酵有酒精发酵、醋酸发酵、乳酸发酵和酪酸发酵等，这些微生物能在酱油、醋、葡萄酒等商品表面形成一层薄膜，不但破坏了食品中的有益成分，失去原有的品质，而且还会出现不良气味；影响这类食品的风味和质量，有的还会产生有害人体健康的物质。所以防止食品在储运中发酵的方法是，除了注意卫生外，密封和控制较低温度也是十分重要的。

（3）腐败。腐败主要是腐败细菌作用于食品中的蛋白质而发生的分解反应。尤其对含水量大和含蛋白质较多的生鲜食品最容易出现腐败。例如，植物性食品中的豆制品、动物性食品中的肉、乳、鱼、蛋等。腐败的基本原理是，食品中的蛋白质通过细菌自身分泌出的蛋白酶，先把蛋白质分解成氨基酸，除吸收一部分外，余下的将被进一步分解成多种有酸臭味和有毒的低分子化合物，同时还放出硫化氢、氨等有臭味的气体。

（4）虫蛀、鼠咬。商品在存储过程中，经常遭受仓库害虫的蛀食和老鼠的咬损，使商品体及其包装受到损失，它们排泄的各种代谢废物还玷污了商品，有的使商品甚至完全丧失使用价值。害虫和老鼠在生长发育和其他生命活动中，需要蛋白质、脂肪、糖类、维生素、水分及无机盐等营养物质。因此，含有这类营养物质的商品容易被蛀咬而受到破坏。一般情况下，皮毛、毛制品、皮革制品、竹木制品、纸张、纺织品、烟草、中药材、粮油、豆类、肉品等，都会受到虫鼠的蛀咬。

二、储运商品质量变化的因素

引起商品质量变化的原因有内因和外因两个方面：商品质量变化的内因是指商品自身的自然属性，包括商品的化学成分、结构、性质等，这些属性使商品具有某种变化的可能。商品质量变化的外因是指商品所处的外部环境。商品储运期间的质量变化，主要是商品内部运动或生理活动的结果，但与储运的外界因素有密切关系。在商品养护过程中，商品的自然属性不可能改变，只能通过控制商品所处的外部环境来控制商品质量的各种变化。这些外界因素主要包括：空气中的氧、日光、温度、湿度、微生物和昆虫等。

（一）日光和空气中的氧

日光中含有热量、紫外线、红外线等，它对商品起着正反两个方面的作用：一方面，日光能够加速受潮物品的水分蒸发，杀死杀伤微生物和商品害虫，在一定的条件下，有利于商品的保护；但是另一方面，某些商品在日光的直接照射下，又发生破坏作用。如日光能使酒类挥发、油脂加速酸败、橡胶塑料制品迅速老化、纸张发黄变脆、色布褪色、药品变质、照相胶卷感光等等。因此，要根据各种不同商品的特性，注意避免或减少日光的照射。

空气中的氧非常活泼，能和许多商品发生作用，对商品质量变化影响很大。比如氧可以加速金属商品锈蚀；氧是好氧性微生物活动的必备条件，使有机体商品发生霉腐；氧是害虫赖以生存的基础，是仓库害虫发育的必要条件；氧是助燃剂，不利于危险品的安全储存；在油脂的酸败、鲜活商品的分解、变质中，氧都是积极参与者。因此，在养护中，对于受氧气影响比较大的商品，要采取各种方法（如浸泡、密封、充氮等）隔绝氧气对商品的影响。

（二）空气的温度和湿度

1. 温、湿度的概念。

（1）空气温度。空气温度是指大气冷热的程度，简称气温。衡量空气温度高低的尺度称为温标，常用的温标有摄氏和华氏两种。

摄氏温标：是以纯水在标准大气压下的冰点为 0 度，沸点为 100 度，中间分为 100 等份，每等份代表一度，用℃表示。

华氏温标：是以纯水在标准大气压下的冰点为 32 度，沸点为 212 度，中间分为 180 等份，每等份代表一度，用℉表示。

摄氏温度（℃）和华氏温度（℉）之间换算公式为：

$$℃ = (℉ - 32) \times \frac{5}{9} \qquad ℉ = ℃ \times \frac{9}{5} + 32$$

空气温度主要从两个方面影响商品的质量变化，一是气温的高低影响着商品质量变化的速度。即一般商品在气温降低时，质量比较稳定，气温升高时，商品容易变质；二是温差变化大时某些商品容易引起干缩、结块、熔化等。

（2）空气湿度。空气湿度通常是指大气的相对湿度，也可以说是空气的干湿程度。空气湿度的变化对商品质量影响很大。湿度适宜，可保持商品的正常含水量，也可以维持商品的形态、重量等的正常状态。湿度增大或减小，可使商品引起潮解、膨胀、溶化或导致萎缩、干瘪、脆裂等。另外，空气湿度的增加，也会给附着在商品上的微生物繁殖提供条件。空气湿度的表示方法有以下几种：

空气湿度：指空气中含水汽的多少即潮湿程度。

绝对湿度：绝对湿度是指单位体积的空气中实际所含的水汽量，单位为克/米^3。空气中的绝对湿度与温度的变化成正比关系。

饱和湿度：饱和湿度是指在一定温度下，单位体积空气中所能容纳水汽的最大限量，也用克/米^{3}表示。如果空气中的水汽量超过此限量，多余的水汽就会凝结成液态水。

相对湿度：相对湿度表示空气中实际所含水汽量距离饱和状态的程度。即同一温度下，空气的绝对湿度与饱和湿度的百分比。其计算公式为：

$$相对湿度（\%）=\frac{绝对湿度}{饱和湿度}\times 100\%$$

相对湿度越大，表示空气越潮湿，相对湿度越小，表示空气越干燥。

空气的绝对湿度、饱和湿度、相对湿度与温度之间有着相应的关系。温度如发生变化，则各种湿度也随之发生变化。仓储环境的湿度常用相对湿度表示，相对湿度在70%以上称为高气湿，低于30%称为低气湿。相对湿度可用通风干湿表或干湿球温度计测量。

露点：是指含有一定量水蒸气（绝对湿度）的空气，当温度下降到一定程度时所含的水蒸气就会达到饱和状态（饱和湿度）并开始液化成水，这种现象叫做结露。水蒸气开始液化成水时的温度叫做“露点温度”，简称“露点”。如果温度继续下降到露点以下，空气中超饱和的水蒸气，就会在商品或其他物料的表面上凝结成水滴，此现象称为“水淞”，俗称商品“出汗”。

此外，风与空气中的温、湿度有密切关系，也是影响空气温、湿度变化的重要因素之一。

2. 温度对商品质量变化的影响。气温是影响商品质量变化的重要因素。温度能直接影响物质微粒的运动速度。一般商品在常温或常温以下，都比较稳定，高温能够促进商品的挥发、渗漏、熔化等物理变化和化学变化；而低温又容易引起某些商品的冻结、沉淀等变化，温度忽高忽低，会影响到商品的稳定性；此外，温度适宜时会给微生物和仓虫的生长繁殖创造有利条件，加速商品的腐败变质和虫蛀。因此，控制和调节储运商品的温度是商品养护的重要工作内容之一。

3. 湿度对商品质量变化的影响。空气湿度的改变，能引起商品的含水量、化学成分、外形或体态结构发生变化。湿度下降，将使商品因放出水分而降低含水量，减轻重量。如水果、蔬菜、肥皂等会发生萎蔫或干缩变形，纸张、皮革制品等失水过多，会发生干裂或脆损；湿度增高，商品含水量和重量相应增加，如食盐、食糖、化肥等易溶性商品结块、膨胀或进一步溶化，钢铁制品生锈，纺织品、竹木制品、卷烟等发生霉变或被虫蛀等；湿度适宜，可保持商品的正常含水量、外形或体态结构和重量。所以，在商品养护中，必须掌握各种商品的适宜湿度要求，按其具体商品及设备，尽量创造商品适宜的空气湿度。

（三）微生物

微生物的存在是商品霉腐的前提条件。微生物在生命活动过程中分泌一种酶，它把商品中的蛋白质、糖类、脂肪、有机酸等物质，分解为简单的物质加以吸收，从而使商品受到破坏、变质、丧失其使用价值。同时，微生物异化作用中，在细胞内分解氧化营养物质，产生各种腐败性物质排出体外，使商品产生腐臭味、色斑霉点，影响商品的外观，加速高分子商品的老化。

霉腐微生物的生存必须有一定的外界条件，否则就不能生存。

（四）光线

日光对于多数微生物的生长都有影响。多数霉腐微生物在日光直射下经1～4小时即能大部分死亡。所以商品大都是在阴暗的地方才容易霉腐。日光的杀菌作用，主要是日光中的紫外线能强烈破坏菌细胞和酶。一般微生物在紫外线灯下照射3～5分钟就会死亡。

（五）溶液浓度

多数微生物不能在浓度很高的溶液中生长。因为浓度很高的溶液能使菌细胞脱水，造成质壁分离，使其失去活动能力甚至死亡。例如能使蛋白质腐败的细菌，在10%～15%的食盐溶液中多数不能生长；能引起食物中毒的霉腐微生物，在6%～9%食盐溶液中也不能生存。另外多数霉腐微生物在60%～80%的糖溶液中也不能生存。因此，盐腌和蜜饯食品一般不易腐烂。但也有少数微生物对浓度高的溶液有抵抗能力，如蜜酵母能引起蜜饯食品的变质；嗜盐杆菌能使盐腌食品腐败。

（六）空气成分

多数霉腐微生物特别是霉菌，需要在有氧条件下才能正常生长，在无氧条件下不形成孢子。二氧化碳浓度的增加不利于微生物生长，如果改变商品储存环境的空气成分，使二氧化碳逐渐增加，使氧气减少，那么微生物的生命活动就要受到限制，甚至导致死亡。霉菌中的某些青霉和毛霉，当空气中的二氧化碳浓度达到20%时，死亡率就能达到50%～70%，二氧化碳在空气中浓度达50%时将全部死亡。

（七）仓库害虫

商品害虫的存在是商品虫蛀的前提条件。仓虫在仓库里，不仅蛀食动植物性商品和包装，有些仓虫还能危害塑料、化纤等化工合成商品，此外，白蚁还会蛀蚀仓库建筑物和纤维质商品。仓虫在危害商品过程中，吐丝结茧，排泄各种代谢废物玷污商品，影响商品的质量和外观。

（八）卫生条件和有害气体

卫生条件是保证商品免于变质腐败的重要条件之一。卫生条件不良，不仅使灰尘、油垢、垃圾、腥臭等污染商品造成某些外观疵点和感染异味，而且还为微生物、仓虫等创造了活动场所。因此商品在储运过程中，一定要搞好环境的卫生，保持商品本身的卫生，防止商品之间的感染。

任务二
储存期间商品的养护管理

背景

采收后的香蕉，由于其本身产生乙烯，自我催化而成熟，在成熟过程中，产生更大量的乙烯而刺激周围的香蕉成熟，这样连锁反应以致大量成熟，成熟的香蕉不能继续存放很久。对青绿硬实（未熟）的香蕉，人们采用冷藏的方法，可降低其呼吸高峰的到来，延迟乙烯的大量产生，从而达到延长贮藏寿命的目的。据试验，75%～80%饱满度的香蕉，在11℃～12℃温度下贮藏，效果较好。温度低于10℃，则发生冷害。

请问：香蕉有什么特点？香蕉在储存过程中应如何管理？

学习目标

理解商品储存的概念；掌握商品在储存过程中的保养和维护的基本方法。

基础知识与技术

一、商品储存的概念

商品储存是在商品严格检验的前提下，由分散汇集到流通领域，并通过妥善保管，然后投入市场销售的物流活动。储存对于弥合商品产、需在时间上的背离、保证市场供应不致中断，促进生产、满足消费、维护消费者的利益有着积极的作用。在市场经济条件下，商品生产与商品消费之间，需要由商品流通充当媒介，但商品生产与商品消费之间不仅情况复杂，而且两者之间又充满矛盾。

商品储存在发展生产、做好收购的基础上，及时地收储商品，成为商品流通的“蓄水池”，通过保管，以完好的商品保证市场供应。商品储存在接纳商品进入流通领域时，通过严格的商品检验，对商品的规格、质量、花色、品种进行监督，使商品保质保量、质价相称，防止伪劣商品混入流通领域，以维护消费者的利益和促进生产工艺的不断改进。

二、商品储存的基本要求

（一）严格入库验收

商品入库验收，主要包括数量验收、包装验收和商品质量验收三个方面。必须严格认真、一丝不苟，以保证入库商品数量准确，质量完好，包装符合要求。

（二）选择适当场所

商品储存场所主要包括：货场、货棚和库房。选择适当的储存场所是商品安全储存的基础。在选择商品储存场所中，要根据商品的性能和保管要求，安排适宜的存放地点。对怕潮易霉、易潮解和易生锈的商品，应存放在干燥通风的库房里；怕热和易挥发的商品，应存放在温度较低的阴凉处；鲜活易腐商品，应存放在低温库内；各种危险品要专库存放，符合防毒、防爆、防燃、防蚀的要求。同时要做到分区分类，科学存放，即品种分开、干湿分开、新陈分开、好次分开，尤其对性质相抵和消防方法不同的商品，不可同库混放，以免互相影响，发生事故。

（三）科学堆码

商品堆码是指商品的堆放形式和方法。堆码应当符合安全、方便、多储的原则。堆码形式要根据商品的种类、性能、数量、储存季节等条件决定。不同的商品，堆码方法也应有所不同。例如，对含水量高、易霉变，又需要通风的商品，在雨季应堆码通风垛，对小五金、小百货、交电零件等可在货架上堆码，对易弯曲变形的商品，应堆成平直交叉式实心垛等。

（四）做好商品在库检查

对在库储存的商品管理，要建立健全定期和不定期、定点和不定点、重点和一般相结合的检查制度。检查方法以感官检查为主，充分利用检测设备，必要时要进行理化检验。对检查中发现的问题，应立即分析原因，采取相应的补救措施，以保证商品的安全。

在库检查工作中，除检查商品外，还应检查库内各种仪器设备运转情况，确保设备处于良好状态。同时还要认真检查仓库的清洁卫生和消防设备，并做好防虫、防火、防霉等工作。

三、仓储商品的养护

（一）仓库温湿度的控制与调节

在商品储存中，绝大多数商品质量的变化是由仓库的温湿度变化引起的。因此，在仓储工作中温湿度的管理十分重要。保持必要的稳定的温度和适宜的湿度，是维护商品质量的重要措施之一。

控制与调节仓库温湿度的方法很多，有密封、通风、吸湿和加湿、升温和降温等。将几种方法合理地结合使用，效果更好。

1. 密封。密封是温湿度管理的基础，它是利用一些不透气、能隔热、隔潮的材料，把商品严密地封闭起来，以隔绝空气，降低或减小空气温湿度变化对商品的影响。密封也是进行通风、吸湿等方法的有效保证。

2. 通风。通风是根据空气流动的规律，有计划地使库内外的空气交换，以达到调节库内温湿度的目的。通风一般用于仓库的散热及散湿。其特点是简便易行，经济节约，收效大。通风方法有自然通风和机械通风。

3. 吸湿和加湿。在不能采用通风来调节湿度或需要迅速改变湿度的情况下，可采用吸湿剂、空气去湿机吸湿或用洒水、湿擦、盛水等方法增湿。在仓库储存中多数日用化工商品和纺织品要降低湿度，多数生鲜商品和鲜活商品需要增加湿度。

4. 升温和降温。在不能用通风来调节温度时，可用暖气设备来提高库房温度，也可用空调设备来升温或降温。

商品发生质量变化有一个从量变到质变的过程。因此商品养护工作必须坚持以防为主，从加强仓储温湿度管理入手，同时针对不同商品的不同性质、特点，采取相应的技术措施。

（二）霉腐的防治

商品防霉变、腐败就是针对商品霉腐的原因所采取的有效措施。在仓库储存中，主要是针对商品霉腐的外因，用化学药剂抑制或杀死寄生在商品上的微生物，或控制商品的储存环境条件。

具体地说，商品防霉腐的方法有：化学药剂防霉腐、气相、气调、低温冷藏、干燥以及其他的方法防霉腐。

（三）虫蛀的防治

仓库害虫的预防，就是采取有效措施，将害虫消灭在危害之前。通过杜绝害虫的来源，抑制或消除害虫适宜生长繁殖的条件，防止仓库害虫发生。一旦发生虫害，还可以用其他手段来消灭害虫。害虫的防治方法有物理防治和化学防治。

物理防治有高温杀虫、低温杀虫、电离辐射杀虫、灯光诱杀和微波、远红外线杀虫方法。化学防治按杀虫作用性质可分为熏蒸杀虫、胃毒杀虫和触杀虫三类。

（四）锈蚀的防治

金属的防锈蚀就是防止金属与周围介质发生化学作用或电化学作用，使金属免受破坏。在仓储中，一般采用改善仓储条件，涂油防锈。气相防锈，可剥性塑料封存，干燥空气和充氮封存等方法来防锈。一旦出现锈蚀，可以分别采用手工、机械或化学方法除锈，然后上油防锈。

（五）老化的防护

防老化是根据高分子材料的变化规律，采取各种有效措施，以减缓其老化速度，达到延长其使用寿命的目的。防老化要从两方面进行，首先从老化内因着手，在生产中采用改进聚合和成型加工工艺或改性的方法，提高商品本身的稳定性；其次，可采用添加抗氧剂、紫外光稳定剂和热稳定剂等防老剂、抑制光、氧、热等外因的作用，也可用物理防护的方法，如涂漆、涂蜡、涂油、复合材料、浸渍或涂布防老剂等，使商品免受外因的作用。

（六）防燃爆

易燃易爆商品在储存中，发生火灾与爆炸通常是在明火、摩擦和冲击、电火花、化学能或曝晒等外界因素作用下发生的。所以，库内绝对禁止吸烟和明火，禁止带入火种；禁止使用易因机械作用而产生火花的工具，禁止穿带铁钉的鞋入库，防止搬运中相互撞击、摩擦；必须将搬运用的电瓶车等装配防爆或封式闭马达，平时应切断库内电器设备的电源；禁止使用能产生大量热量的吸湿剂吸潮；禁止聚集的日光照射，避免日光曝晒。

一旦发生火灾，要根据燃烧物品的性质采取相应措施进行灭火。

（七）防生理生化变化

为了尽量延缓食品商品的生理生化作用以利于长期储存，必须破坏或抑制其酶的活性。通常采用低温、加热干燥、气调、辐射等储藏方法。

任务三
运输过程中商品的安全管理

背景

10 月 8 日，一货车载 312 桶危险品，冒充香料乘载滚装船欲经水路从四川运至江西，在三峡大坝上游处被长航公安局宜昌分局民警查获。

警方查实，货单注明的“香料”实为总重达 7.076 吨共计 312 桶一级危险品，包括易燃液体乳酸乙酯 170 桶、乙酸乙酯 125 桶、乙缩醛 7 桶、酸性腐蚀品丁酸 10 桶，按规定这些货物均不得从水上运输，民警遂扣留该车。

（资料来源：中国新闻网：《货车载一级危险品欲冒充香料过三峡被查获》，http：//www. scol. com. cn，2009/10/10。）

请问：应如何做好商品运输过程中的安全管理？

学习目标

理解商品运输及特种商品的概念；明确特种商品的运输要求。

基础知识与技术

商品运输是指商品空间上的位移，以解决产、需在空间上的矛盾，安全管理工作是商品运输工作的重要一环。保证商品运输的安全，是从事商品运输工作的人员必须十分重视和努力完成的一项任务。

一、商品运输安全管理的内容

商品运输安全管理的内容，主要包括两方面：一是防止商品运输事故；二是减少商品运输损耗。前者是防止商品在运输或装卸过程中，发生人身伤亡、商品毁损、短缺、残损、变质、水湿、盗窃、包装破漏以及单货不符、单货不同行造成的损失或差错事故等。后者是指减少商品在运输或装卸过程中，由于商品的物理、化学或生物学变化等自然原因所引起的商品减量和变质。例如，蔬菜、水果的水分蒸发、霉烂变质，油料及化工产品的挥发，食盐的走卤、食糖的受潮结块或溶化等等。

商品在运输过程中，都要经过发货、收货或中转以及装卸、搬运等环节。有的商品要经过长途运输，多次变换运输工具，有的商品要经过短途搬运，多次的收发手续。为保证商品在运输过程中的安全，有关部门都制定了相应的规章制度和安全操作规程，并要求严格执行。商品运输如果不注意安全管理工作，不遵守交通运输部门的规章和流通部门内部的规定，就必然导致各种货损、货差等事故的发生，浪费国家资财，增大运杂费用，甚至会人为地造成火灾、翻车、沉船等重大事故，使人民生命和国家财产造成不应有的损失，并且在政治上造成不良的影响。因此，搞好商品运输安全管理工作，是商业运输部门的一项严肃的政治和经济任务。

二、特种商品运输的安全要求

特种商品是指理化上具有某些特殊性质的商品，如化工危险品、鲜活易腐商品、易碎流汁商品等等。这些特种商品的运输必须采取相应的防护措施，才能使之完整无损地运达目的地，所以称为特种商品运输。由于这些商品的性质特殊，如危险品具有爆炸、着火、腐蚀、毒害、放射等特性；鲜活易腐商品具有容易变质霉烂特性；易碎流汁商品性脆易渗漏污染等等。在运输过程中，一旦发生事故，轻则影响人民的日常生活，重则危害人民生命财产的安全。

（一）特种商品在运输中的分类

1. 危险商品。危险商品是指在运输或使用过程中，稍不注意或处理不当，就会引起人身伤亡和国家财产毁损的商品。这些商品，根据不同的特性、形态以及受外界各项因素的影响和危险性的强弱分为九类。

大多数危险品同时具有多种危险性。如有些化工产品，既有强烈的氧化性，同时又具有爆炸性，分类则是按其主要危险性来区分类别。

在商贸部门经营的商品中，化工商品、石油类商品、日用工业品中的火柴、赛璐珞制品，以及某些化妆用品等，节日用的各种花炮，均属于具有危险性的商品。

2. 鲜活易腐商品。所谓鲜活易腐商品，就是指那些在运输过程中，需要采取特殊防护措施和保持一定温度，以防止腐坏变质、死亡掉膘的产品。如家禽、家畜、活鱼、鲜鱼类、肉类、动物油脂、鲜蛋、鲜奶、鲜蔬菜、鲜水果、冰、鲜活植物以及要采取防护措施，保持一定温度，才能保证质量的商品（如某些西药、疫苗）。这类商品有很大一部分是属于商贸部门收购的农副产品，是城乡人民日常生活必不可少的物资。

鲜活易腐商品，大致可分为活禽畜、冻结易腐商品和非冻结易腐商品三大类。

（1）活禽畜。是指活鸡、鸭、鹅、猪、牛、羊、马、骡、驴、兔等。

（2）冻结易腐商品。它的基本特性是在于它的温度保持在 -8℃以下，否则就会腐坏变质。商贸部门经营管理的冻结易腐商品有冻猪肉、冻羊肉、冻牛肉、冻兔肉、冻家禽、冻蛋、冻鱼等。

（3）非冻结易腐商品。主要有鲜蔬菜、水果、鲜蛋等。

3. 易碎流汁商品。易碎商品是指那些在运输、搬运过程中，受外力撞击、摔碰、受压或行车（行船）震动等外力作用时容易破碎损坏的商品，如玻璃及其制品、玻璃器皿、保温瓶（胆）、电灯泡、电视机、收音（录音）机、照相机和精密仪器等。

流汁商品是指那些包装破损后能污染其他货物的液体流汁商品，如墨水、墨汁、打印油、酒、饮料、生发油、乳等。

（二）特种商品在运输中的要求

1. 在发运时，首先要检查运输工具的技术状况，按照商品的特性来选择和调配适用的运输工具，对与商品性质相抵触或影响运输安全的因素，要及时研究提出改进措施。同时商品的外部状况要符合运输的要求。如不合要求时，要督促有关部门按规定办理，严禁不适合运输要求的商品进行运输。

2. 商品装卸时，要本着轻拿轻放，重不压轻的原则，严禁野蛮装卸。因为这些特种商品特性各异，如装卸不慎，易于发生运输事故或留有隐患。

3. 在装卸机具堆装这些商品时，除了与承运部门认真交接外，并要注意加固工作，以防意外。

4. 在运输过程中，派有押运人员的要明确其职责，押运人员要负责经常检查；未派有押运人员的应与有关部门讲明情况，以期引起重视。

5. 接运时，要认真检查运输工具的有关部位，如窗、门、钩、扣及铅封有无异状。有关货物运输凭证是否与商品相符，是否齐全，商品的包装有无破漏等等现象。如有问题，要及时向有关部门索取货运记录或普通记录，同时协同有关部门采取措施进行抢救，以免扩大损失。

由于特种商品性质特异，在发运、途中和到达时各有不同要求。

习题与训练

△ 名词解释

商品储存 商品运输 商品养护

△ 选择题

○ 单项选择题

(1) 储运商品的物理变化不包括（ ）。

A. 挥发 B. 溶解

C. 串味 D. 水解

(2) 易发生老化的商品是以下哪种商品（ ）。

A. 食品 B. 塑料

C. 五金 D. 陶瓷

(3) 鲜活易腐商品是指以下哪种商品（ ）。

A. 蔬菜 B. 橡胶

C. 白酒 D. 发乳

E. 香水

○ 多项选择题

(1) 属于生理生化变化的有（ ）。

A. 老化 B. 呼吸

C. 后熟 D. 风化

(2) 空气湿度的表示方法有（ ）等。

A. 相对湿度 B. 露点

C. 饱和湿度 D. 华氏温标

(3) 控制与调节仓库温度的方法有（ ）。

A. 吸潮 B. 通风

C. 加湿 D. 升温和降温

△ 判断题

(1) 空气的绝对湿度与温度的变化成正比关系。（ ）

(2) 在绝对湿度一定的条件下，空气的相对湿度与温度成正比。（ ）

(3) 呼吸作用不利于水果的储藏。（ ）

△ 简答题

(1) 商品在储存期间容易发生哪些质量变化？

(2) 仓储商品发生质量变化的原因是什么？

(3) 仓储商品养护的主要措施有哪些?

△ 论述题

(1) 分析贮存商品的质量变化及其因素。
(2) 试述特种商品的安全运输要求。

△ 实训题

某商品的养护管理调研

实训任务: 选择某类商品，分析其储运期间可能发生的质量变化，分析其质变的原因，说明应采取的养护措施。

实训目标: 该项目旨在训练学生发现问题和分析问题的能力。

实训步骤:

(1) 明确调查目标，确定调查的范围。
(2) 选择某类商品，进行调研分析。
(3) 撰写《某商品的养护管理调研报告》。
(4) 老师对学生的调研与分析进行点评。

组织形式: 以班级学习小组为单位，每小组制作一份调研分析报告。

△ 案例分析

茶叶的储存方法

根据茶叶的特性和造成茶叶质量变化的原因，从理论上讲，茶叶的储藏保管以干燥（含水量在6%以下，最好是3% ~4%）冷藏（最好是0℃）无氧（抽成真空或充氮）和避光保存为最理想。但由于各种客观条件的限制，以上这些条件往往不可能兼备而有之。因此，在具体操作过程中，可利用茶叶干燥这个必需的要求，根据各自现有条件设法延缓茶叶的质变过程，再采取一些其他措施。茶馆茶叶的储藏方法不妨可借鉴家庭的储藏方法。

问题:

(1) 茶叶才储存过程中容易发生什么变化?
(2) 家庭储藏茶叶常用的方法有哪些? 各有什么特点?

分析要求: 学生分析案例提出的问题，拟出《案例分析提纲》; 小组讨论，形成小组《案例分析报告》; 班级交流，教师对各小组《案例分析报告》进行点评。

主要参考文献

1. 万融主编：《商品学概论》，中国财政经济出版社 2010 年版。
2. 曹汝英主编：《商品学概论》，高等教育出版社 2010 年版。
3. 马林等主编：《全面质量管理基本知识》，中国财政经济出版社 2002 年版。
4. 中华人民共和国国家标准 GB/T 7635. 1；GB/T 7635. 2。
5. 中华人民共和国国家标准 GB 12904。
6. 中华人民共和国国家标准 GB/T 1. 1。
7. 中华人民共和国国家标准 GB/T 1335。
8. 中华人民共和国国家标准 GB 5296. 4。
9. 中华人民共和国国家标准 GB 8685。
10. 梁军主编：《仓储管理实务》，高等教育出版社 2003 年版。
11. 孙秋菊主编：《现代物流概论》，高等教育出版社 2003 年版。
12. 林修齐、席兴荣主编：《质量认证教程》，中国标准出版社 1998 年版。
13. 朱文涛主编：《仓储与配送管理》，冶金工业出版社 2009 年版。

相关网站

1. 国家认证认可监督委员会：http：//www. cnca. gov. cn。
2. 中国质检总局网：http：//www. aqsiq. gov. cn。
3. 中国标准服务网：http：//cssn. net. cn。
4. 中国强制性产品认证：http：//edu. china. com。
5. 百度：http：//www. baidu. com/。
6. 360 导航：http：//hao. 360. cn/？ wd_ xp1。
7. 标准网：http：//www. standardcn. com/。